中国人民大学研究报告系列

新闻传播与媒介法治年度研究报告

2011—2012

JOURNALISM AND
COMMUNICATION MEDIA RULE OF
LAW ANNUAL REPORT

陈 绚 张文祥 著

中国人民大学出版社
·北京·

总　序

陈雨露

　　当前中国的各类研究报告层出不穷，种类繁多，写法各异，成百舸争流、各领风骚之势。中国人民大学经过精心组织、整合设计，隆重推出由人大学者协同编撰的"研究报告系列"。这一系列主要是应用对策型研究报告，集中推出的本意在于，直面重大社会现实问题，开展动态分析和评估预测，建言献策于咨政与学术。

　　"学术领先、内容原创、关注时事、咨政助企"是中国人民大学"研究报告系列"的基本定位与功能。研究报告是一种科研成果载体，它承载了人大学者立足创新，致力于建设学术高地和咨询智库的学术责任和社会关怀；研究报告是一种研究模式，它以相关领域指标和统计数据为基础，评估现状，预测未来，推动人文社会科学研究成果的转化应用；研究报告还是一种学术品牌，它持续聚焦经济社会发展中的热点、焦点和重大战略问题，以扎实有力的研究成果服务于党和政府以及企业的计划、决策，服务于专门领域的研究，并以其专题性、周期性和翔实性赢得读者的识别与关注。

　　中国人民大学推出"研究报告系列"，有自己的学术积淀和学术思考。我校素以人文社会科学见长，注重学术研究咨政育人、服务社会的作用，曾陆续推出若干有影响力的研究报告。譬如自 2002 年始，我们组织跨学科课题组研究编写的《中国经济发展研究报告》、《中国社会发展研究报告》、《中国人文社会科学发展研究报告》，紧密联系和真实反映我国经济、社会和人文社会科学发展领域的重大现实问题，十年不辍，近年又推出《中国法律发展报告》等，与前三种合称为"四大报告"。此外还有一些散在的不同学科的专题研究报告也连续多年，在学界和社会上形成了一定的影响。这些研究报告都是观察分析、评估预测政治经济、社会文化等领域重大问题的专题研究，其中既有客观数据和事例，又有深度分析和战略预测，兼具实证性、前瞻性和学术性。我们把这些研究报告整合起来，与人民大学出版资源相结合，再做新的策划、征集、遴选，形成了这个"研究报告系列"，以期放大规模效应，扩展社会服务功能。这个系列是开放的，未来会依情势有所增减，使其动态成长。

中国人民大学推出"研究报告系列"，还具有关注学科建设、强化育人功能、推进协同创新等多重意义。作为连续性出版物，研究报告可以成为本学科学者展示、交流学术成果的平台。编写一部好的研究报告，通常需要集结力量，精诚携手，合作者随报告之连续而成为稳定团队，亦可增益学科实力。研究报告立足于丰厚素材，常常动员学生参与，可使他们在系统研究中得到学术训练，增长才干。此外，面向社会实践的研究报告必然要与政府、企业保持密切联系，关注社会的状况与需要，从而带动高校与行业企业、政府、学界以及国外科研机构之间的深度合作，收"协同创新"之效。

为适应信息化、数字化、网络化的发展趋势，中国人民大学的"研究报告系列"在出版纸质版本的同时将开发相应的文献数据库，形成丰富的数字资源，借助知识管理工具实现信息关联和知识挖掘，方便网络查询和跨专题检索，为广大读者提供方便适用的增值服务。

中国人民大学的"研究报告系列"是我们在整合科研力量，促进成果转化方面的新探索，我们将紧扣时代脉搏，敏锐捕捉经济社会发展的重点、热点、焦点问题，力争使每一种研究报告和整个系列都成为精品，都适应读者需要，从而铸造高质量的学术品牌、形成核心学术价值，更好地担当学术服务社会的职责。

前　言

　　这是一个网络化的时代，一个变革不断发生的时代，我们站在新闻传播这个前沿平台上，时刻关注着中国社会进步。我们从 2011—2012 年度撷取了 19 个事例进行评析，描述和记录这些曾吸引了百姓眼睛、牵动了百姓心灵的报道，记录下中国传媒法治成长的足迹。在依法治国的大势所趋下，中国法治建设不能也不可能将新闻传播排除在外。我们欣慰地看到，近年来，在社会精英、网络草根的共同努力之下，更在新闻界同仁、学术专家的呼吁之下，过去乏人问津的传媒法已逐渐生成一个新的学科，很多有志于传媒法治的学者开始致力于该学科的研究思考。本书的集纳成册更使我们深信，传媒法的成果不在山林，而在市井；不仅在书斋，更在传媒的实践、公众的关注、网民的围观中。这是社会进步的动力所在，也是传媒法治的力量之源。

　　互联网不仅打破了传统媒介之间的界限，极大扩展了网民的自主和表达，也对传统新闻管理体制提出了挑战，对媒体改革和文化产业发展起到了推动作用。而时代的召唤比技术的推动更让人感到变革的巨大力量。

　　2011 年 10 月 18 日，党的十七届六中全会审议通过了《中共中央关于深化文化体制改革推动社会主义文化大发展大繁荣若干重大问题的决定》。《决定》对于如何深化文化体制改革、推动社会主义文化大发展大繁荣的新的制度建设和举措都作了明确阐述，对创新文化管理体制、建设文化强国作出了规划。建设传媒强国是文化强国的题中应有之义。本书开篇即立足传媒和文化产业视角，解读这些重大决策将为完善传媒业管理制度、推动传媒法治带来怎样的契机。

　　2011 年 3 月 19 日，继 2001 年修订之后，行政法规《出版管理条例》经第二次修订并公布施行（国务院第 594 号令）。作为目前我国最高层次的新闻出版管理的法律文件，该条例自 1997 年施行以来，一直发挥着新闻出版管理基本法律规范的作用。本书梳理条例修改的 38 处内容，并对坚持不变的报刊主管主办制度进行分析，目的是在"变"与"不变"之间思考我国新闻出版体制改革和法治建设的未来走向。

近年来，"限令"成为广播电视媒体的热词。从广告限时、限播、限中插，到限娱乐、限电视剧题材，"限广令"、"限娱令"等一系列"限令"构成国家广电总局对广播电视媒体进行内容监管的行为，体现了政府主管部门"改善电视观众视听感受"、治理广电媒体的热切愿望。广播电视媒体播出电视剧、广告的行为需要政府管吗？对广播电视媒体内容的政府规制应遵循怎样的原则？政府规制行为有没有边界？政府规制与行业自律是什么关系？观众用遥控器投票，是不是比政府的手更有效？本书以西方国家广播电视业政府规制为比较视角，对规制理由、规制依据、规制目标、规制主体、规制结构、规制手段、规制效果等重要问题进行分析，提出在公共利益保护和行政法治原则下，实现中国广播电视政府规制的法治化路径。

从 2010 年微博元年开始，短短两年，微博已成为我国发展最快的互联网第一大应用。2012 年 9 月 27 日发布的《中国新媒体发展报告（2012）》蓝皮书披露，我国微博用户数量已达到 4.15 亿人，成为微博用户世界第一大国。网民可以借助微博表达自己心声，参与公共事件的讨论，微博被公认为"正在改变官方和公众话语权整体格局"。但微博空间治理也成为一个新课题。据上海交通大学舆情研究实验室统计，2011 年全年微博谣言数量比 2010 年增长 8 倍多。作为互联网管理的一个具体措施，2011 年 12 月 16 日，北京市政府新闻办公室、北京市公安局、北京市通信管理局、北京市互联网信息办公室制定的《北京市微博客发展管理若干规定》公布，要求新浪、搜狐、网易等各大网站微博在 2012 年 3 月 16 日起全部实行实名制，微博用户在注册时必须使用真实身份信息，采取"前台自愿、后台实名"方式。之后未进行实名认证的微博老用户，将不能发言、转发，只能浏览。天津、上海、广东等地也相继实行微博用户使用真实身份信息注册。微博实名制从动议到实施，一直受到网民高度关注，其原因是大家担心实名制会对言论自由带来限制性的影响。网络实名的背后交缠着"言论自由"、"舆论监督"、"避免公权力侵害"、"因言获罪的担忧"、"个人信息保密与维护"等众多法律问题。微博实名制到底会不会对公民网络表达自由构成过度限制？实行微博实名制的法律依据是否正当和合宪？本书在宪政和法治的视野下，对《北京市微博客发展管理若干规定》这一规范性文件的依据、效力及其背后的法律问题进行了分析，意在推动政府互联网规制中遵循权利保障和行政法治原则。

温家宝同志多次强调，要创造条件让人民监督政府，让权力在阳光下运行。而微博恰恰成了"倒逼"政府信息公开、让公权力告别暗箱操作的重要力量。2011

年发生的"7•23"温州动车事故中，人们第一次体会到微博在信息传播、追问真相、问责政府中的强大力量。灾难推动信息公开，汶川大地震是如此。造成重大伤亡的温州动车事故，又能累积怎样的进步呢？本书以该事故为分析对象，探讨微博信息传播及作用机理，研究政府信息公开的现状和难题，寄望公民微博表达能助推行政法治下的"有限政府、有效政府、亲民政府、透明政府"目标的实现。

2012年，"表哥"、"房叔"等贪腐官员的相继倒台，让人们对"网络反腐"的凌厉攻势刮目相看。"网络反腐"是互联网时代舆论监督的一种新形式，借互联网人多力量大的特点，携方便快捷、低成本、低风险的技术优势，更容易形成舆论热点，成为行政监督和司法监督的有力补充，发挥新闻媒体应该发挥但限于各种条件难以发挥的"监督政府"的作用。作为互联网在反腐败中的作用得到中国执政者认可的一个重要标志，中央党校出版社2009年出版发行的《中共党建辞典》收录了"网络反腐"的词义。本书对2012年发生的"网络反腐"最新案例进行评析，剖析网络反腐的利弊得失，并探讨反腐的制度建设，希冀能激活新闻媒体在反腐败中的功能，发挥新闻媒体监督政府的制度性作用。

曾风光无限的"亿万富姐"，却成了游走在生死边缘的阶下死囚。2012年1月18日，浙江省高院对被告人吴英集资诈骗一案进行二审宣判，宣布维持一审的死刑判决。但案件并没有随着二审终审宣判而结束，反而引发海内外舆论广泛关注，网民们对社会公平、死刑改革、民间资本出路、金融垄断、价值观标准等一系列问题展开一场罕见的讨论，一个普通案件迅速演变为一起法治事件。就在吴英命悬一线之际，社会各界在网络上围绕本案的讨论也如火如荼。吴英该不该死？舆论主流看法与法律判决截然相反，实属罕见。3月14日，温家宝总理"两会"答记者问时谈到吴英案，表示会审慎对待该案，并允许民间资本进入金融领域。4月20日，最高人民法院裁定不核准吴英死刑，案件发回浙江省高院重审。5月21日，浙江省高院对吴英案作出终审判决，以集资诈骗罪判处吴英死刑，缓期二年执行。之后，国务院决定设立温州市金融综合改革试验区，民间金融改革起步。吴英免死是尊重民意的一种体现，是法理与情理之间相互权衡的一次进步。本书以吴英案为标本，探讨网络时代舆论与司法的冲撞、民意与政府的协商。

另一个因网络舆论聚焦而成为公共事件的刑事个案是药家鑫案。本书对该案中非理性、一边倒"喊杀"的微博舆论和公共知识分子废除死刑的呼吁进行比较，对法院发放问卷征求判案意见的做法进行探讨，思考传媒（舆论）与司法之间复杂难解的关系。认为网络舆论或许有干预司法之嫌，但在司法还不具有真正的独立性和专业性的当下，若片面强调排除舆论监督和干预，司法公正更难实现。面对网络舆论,司法机关需要听取和回应民意,但绝不是对民意的简单依从,而是需要在现行法律框架下,按照法治的要求,遵循司法独立的精神,依据制度和程序来有效回应,通过司法的努力逐渐理顺传媒与司法、舆论与司法的关系。

传媒的行为不可避免会与公民的名誉权、隐私权、著作权等民事权利产生冲突。在互联网时代,表达权与民事权利之间的冲突和协调,是传媒法研究的重要问题。本书选取了三个案例:范曾诉郭庆祥、《文汇报》名誉侵权案,被称作"微博第一案"的金山诉周鸿祎微博侵犯名誉权案,百度文库版权纠纷,分别探讨文艺批评、学术争鸣与"公众人物"名誉权边界,微博言论与网络名誉权保护,信息自由与网络版权保护等重要问题,以期在具体案例中归纳、总结媒介侵权处理的规则,为权利间化冲突为和谐凝聚共识。

随着一系列食品、药品安全事件被媒体披露,企业社会责任(corporate social responsibility,CSR)成为社会关注的热点。企业社会责任要求企业在创造利润、对股东负责的同时,还要承担对员工、消费者、社区和环境的责任。因此,企业必须超越把利润作为唯一目标的传统理念,要在生产过程中关注人的价值,对消费者、对环境、对社会负责。企业社会责任事关千家万户的福祉,事关社会公共利益。在中国,倡导并推进企业承担社会责任具有非常重要的现实意义。对企业逃避社会责任甚至损害公众利益的行为,媒体有责任予以调查和披露。公众只有借助媒体的监测和守望,才能形成舆论对企业行为进行监督。而推动企业更好地承担社会责任,更离不开媒体的努力。本书选取央视对达芬奇家具真相的披露、毒胶囊事件的媒体报道两个案例,从传播学角度研究企业社会责任问题,同时从新闻伦理学与企业伦理学视角探讨媒体和企业的职业伦理准则,希冀能约束我国媒体、企业规范自身行为,推动双方自觉抵制政治、经济利益对自身行为的侵蚀,更好地发挥公共职能,维护公共利益。"企业社会责任传播",是本书在国内学术界率先发现的一个传播学新领域,希望我们的探索能引来更多学者的关注。

记者是强有力的,记者又是弱不禁风的,甚至无力保护自己的正当权利。2012年6月27日《西安晚报》记者石俊荣发表的一篇题为《慰贫会场咋有一盒高价烟?》的500字小稿,披露陕西省大荔县委书记慰问贫困老党员时面前摆放一盒九五之尊"天价烟"的情况。该稿件被网络转载后,人们联想起2008年12月发生的南京周久耕"天价烟"事件,纷纷猜测三年半之后的陕西大荔县这起"天价烟"事件该如何收场。但没想到结果竟然是报道此事件的记者被停职。网络舆论纷纷为该记者鸣不平。在网络传播和讨论的同时,传统媒体也迅速跟进,《中国青年报》、《法制日报》、《新京报》等媒体相继发表评论,批评陕西方面打压记者的行为。引人注目的是，新闻出版行政主管部门相关负责人对此事进行评论。6月30日15：56，新闻出版总署新闻报刊司新闻业务处处长农涛就石俊荣因报道被停职事件，在其腾讯认证微博表态："报道没有不当，地方滥用职权。"在舆论压力下，记者石俊荣终于被"复工"，该事件告结束。但该事件反映的问题却不应轻易被忘记：记者被停职的理由是什么？谁在侵害记者权利？记者职务权利与公民权利有什么不同？记者的职务权利如何保障？记者权利被侵害有何救济渠道？本书以记者被停职事件为分析样本，探讨中国新闻体制下记者权利的特殊性、记者权利与公权力的关系等问题，对如何限制公权力滥用、改变记者无力维权的现状提出思考。

谁来监督监督者？这个法治问题在传媒领域同样存在。置身于公权力管控之外的场域，无力的记者又会变得恣意和任性，特别是媒体被商业逻辑所左右，面对处于弱势的人群挥舞舆论监督的"大棒"或靠炒作新闻来吸引人眼球谋取媒体私利时，这个问题就显得格外突出。媒体既可以是善的力量，也可能作恶。本书选取媒体对广东佛山"小悦悦事件"报道，认为媒体对事件真相有意无意的扭曲和对18名所谓见死不救的"冷漠路人"的道德挞伐，暴露了市场化的媒体盲目炒作新闻的行为逻辑，让人更加警惕媒体行为给社会带来的不良影响。"小悦悦事件"报道不仅应该拷问路人的良知，更应该追问媒体的良知。

同样发生在广东的"最残忍的采访"则更暴露了我国现行新闻职业道德准则的无效和新闻媒体伦理共识的缺失。一个强奸案的受害者被一群无知无礼无德的记者"二次伤害"，本来新闻媒体可针对强奸犯罪行为展开舆论监督报道，但媒体却偏偏"剑走偏锋"，报道的重点不是揭露强奸嫌疑犯，而是揭示强奸受害人的丈夫如何无能和懦弱。电视记者的话筒则伸向瑟瑟发抖的受害人，一再追问被强奸的过程，电视画面不加处理地呈现受害人的惨状。即便是普通人都能判断这样的行为不妥，为什么记者却毫无道德感地如此行为呢？我们为"最残忍的采访"的受害人难过，也为中国新闻记者伦理水平之低羞愧。本书以犯罪新闻报道受害人保护为论题，分析媒体报道犯罪新闻的正当性、报道失范的根源、报道尺度的法律把握，介绍域外采访报道受害者的伦理规则，提出构建真正有效的中国新闻采编行为伦理规范。

近年来，各类假新闻屡屡发生，降低了媒体公信力，扰乱了新闻秩序，还损害了政府形象。尽管主管部门不断出台行政措施三令五申禁止，但虚假新闻、不实新闻依然呈上升趋势。2011年10月19日，国家新闻出版总署办公厅下发《关于严防虚假新闻报道的若干规定》，再次重拳出击治理虚假新闻。该规定明确的规则，很多是在新闻传播规律基础上概括的专业性规则，在西方国家的媒体编辑部也是常见的。但不同的是，在西方国家，这些专业规则和要求是新闻行业共同制定或者媒介机构订立，并成为每一位记者编辑认同和遵守的道德规范，而在中国却是由政府出面来规定的。前者是新闻行业自律规范，靠媒体及其从业人员自觉遵循。而在该《若干规定》中，尽管内容是专业性规则，却同时规定了很多行政处罚措施，显然不属于媒体和从业人员自觉遵循的自律规范。专业性规则为什么要靠政府强制推行？单靠政府规制是否有效？我们对《新闻记者》十年打假的情况进行分析，剖析假新闻屡禁不止的原因，对虚假新闻的行政手段治理、《中国新闻工作者职业道德准则》中虚假新闻的伦理规范进行了重点解析，提出应改变单一依靠行政规制"硬约束"的做法，积极推进制度创新，政府应把属于媒体自律的事项交给媒体和行业组织，支持新闻传播学界、业界和业外人士联合组建中国的新闻评议会。新闻评议会是国际通行的新闻界行业自律的一种机制。作为政府主管部门和记协职能的补充，评议会可接受公众对媒体行为的投诉，对媒体行为进行调查、总结，为政府行政管理发挥决策参考和辅助功能。通过新闻评议会的运行，不仅推动新闻伦理规范共识的生成、发展和完善，并在接受公众投诉、调查媒体新闻道德和责任问题、对媒体行为进行评议中，使新闻伦理道德动起来、活起来，激励媒体及从业人员讲良心、爱名誉。不需要政府三令五申，不需要记协苦口婆心，甚至不需要法庭判决，本书中论述的虚假新闻、"最残忍的采访"、"媒体暴力"等新闻媒体乱象丛生的现状就会得到根本的治理。

互联网深刻改变了信息传播的格局。在"人人都有麦克风"的 web 2.0 时代，全国 5.3 亿网民人人都是记者，个个都是自媒体。网民的网络言论要受法律的调整、政府的管理，还要受网站的控制。在微博环境下，网站是互联网信息服务提供者（internet content provider，ICP），是网络平台的提供者，内容则由微博用户生成（user generated content，UGC），网站并不需要对网络内容承担过重的注意和审查义务。特别是实行微博实名制后，因发布敏感、不实和侵权信息均可方便地找到当事人，由本人承担责任即可，还需要网站对网民发布的信息进行把关、审查吗？网站能以微博账户是免费服务为理由，随便封闭用户的微博吗？组建微博社区规则，让网民代表做社区委员对微博内容进行裁判，就是互联网自律？还是互联网内容审查的另一种形式？本书对微博被封第一案、新浪微博社区规则进行分析，希望找到网站内容管理的边界，为网民正当表达权利争得空间。

作为研究者，我们虽然没有足够的时间对本书案例中所涉及的每一个观点，都作深入和全面的推敲、论证，或以探赜求索、阐幽抉微、条分缕析的治学精神剖析之，但我们追求的是培植中国社会发展中科学、民主、健康的生长元素；我们更看重的是笔下文字和文本所呈现的使奸邪为之辟易、使公理和正义得到伸张的力量。我们将沿着这个路径，密切关注现实，从实践中汲取营养、解剖问题，酿成中国传媒法治的一粒粒种子，推动社会文明进步。本书只是开始。

目 录 ▶

一、传媒管理制度与传媒变革

二、传媒与公权力行使

三、传媒与公民权利保护

四、媒介监督与企业责任

五、记者权利与职业准则

六、网络内容审查与互联网自律

一、传媒管理制度与传媒变革

中国传媒的政治经济学纲领

——十七届六中全会举行并通过深化文化体制改革的重要文件

2011 年 10 月 18 日，中国共产党十七届六中全会审议通过了《中共中央关于深化文化体制改革推动社会主义文化大发展大繁荣若干重大问题的决定》。《决定》对文化制度建设和举措都作了明确阐述，主要内容如下：（1）充分认识推进文化改革发展的重要性和紧迫性，更加自觉、更加主动地推动社会主义文化大发展大繁荣。在科学发展道路上奋力开创社会主义文化建设新局面。（2）坚持中国特色社会主义文化发展道路，努力建设社会主义文化强国。我们必须坚持以马克思主义为指导；坚持社会主义先进文化前进方向，坚持为人民服务、为社会主义服务；坚持以人为本，贴近实际、贴近生活、贴近群众；坚持社会效益和经济效益有机统一；坚持改革开放，着力推进文化体制机制创新。（3）推进社会主义核心价值体系建设。坚持马克思主义指导地位；坚定中国特色社会主义共同理想；弘扬以爱国主义为核心的民族精神；树立和践行社会主义荣辱观。（4）全面贯彻"二为"方向和"双百"方针，为人民提供更好更多的精神食粮。坚持正确创作方向；繁荣发展哲学社会科学；加强和改进新闻舆论工作。要坚持马克思主义新闻观，牢牢把握正确导向，坚持团结稳定鼓劲、正面宣传为主，壮大主流舆论，提高舆论引导的及时性、权威性和公信力、影响力，发挥宣传党的主张、弘扬社会正气、通达社情民意、引导社会热点、疏导公众情绪、搞好舆论监督的重要作用，保障人民知情权、参与权、表达权、监督权。（5）大力发展公益性文化事业，保障人民基本文化权益。构建公共文化服务体系。发展现代传播体系。提高社会主义先进文化辐射力和影响力，必须加快构建技术先进、传输快捷、覆盖广泛的现代传播体系。要加强党报党刊、通讯社、电台电视台和重要出版社建设，进一步完善采编、发行、播发系统，加快数字化转型，扩大有效覆盖面。加强国际传播能力建设，打造国际一流媒体，提高新闻信息原创率、首发率、落地率。（6）加快发展文化产业，推动文化产业成为国民经济支柱性产业。构建现代文化产业体系。加快发展文化产业，必须构建结构合理、门类齐全、科技含量高、富有创意、竞争力强的现代文化产业体系。要在重点领域实施一批重大项目，推进文化产业结构调整，发展壮大出版发行、影视制作、印刷、广告、演艺、娱乐、会展等传统文化产业，加快发展文化创意、数字出版、移动多媒体、动漫游戏等新兴文化产业。（7）进一步深化改革开放，加快构建有利于文化繁荣发展的体制机制。深化国有文化单位改革。健全现代文化市场体系。创新文化管理体制。完善政策保障机制。推动中华文化走向世界。积极吸收借鉴国外优秀文化成果。（8）建设宏大文化人才队伍，为社会主义文化大发展大繁荣提供有力人才支撑。造就高层次领军人物和高素质文化人才队伍。加强基层文化人才队伍建设。加强职业道德建设和作风建设。（9）加强和改进党对文化工作的领导，提高推进文化改革发展科学化水平。切实担负起推进文化改革发展的政治责任。加强文化领域领导班子和党组织建设。

一、文化体制改革的目标——媒介政治经济的有效认同

媒介政治经济学是研究媒介与社会关系，特别是权力关系之间相互作用的学说，这些相互作用共同构建了传播资源的生产、分配及消费。这个概念表述对目前的中国新闻事业有相当大的实用价值。因为这可以使我们关注现在中国传播媒介是如何运作的，有什么政治的或经济条件，其中又有什么规律可循。亦可了解中国媒介的政治经济状况是如何为媒介提供可发展的前景的。

因此，比起普通的和传统的新闻传播理论与媒介理论相关概念表述，"政治经济"更有表现力，因为它直接表明了社会生活与社会关系中的控制和生存。媒介控制是在不断变化的环境中，党和政府、各团体成员，包括有权力的个人或内部组织所施加给媒体的。另外，控制的过程虽然是政治性的，但媒介的生存过程是经济性的，因为它涉及媒介的生产和再生产过程的发生，即媒介通过何种手段和途径来创造社会再生产所需要的物质。

作为传播批判学派的重要分支，传播政治经济学以马克思主义政治经济学为基础，同时吸收了制度经济学、新马克思主义政治经济学观念以及法兰克福的文化工业理论，将传播组织置于广泛的政治经济背景中，通过考察传播组织与政治、经济权力机构的相互作用，来揭示政治经济权力关系，特别是经济权力关系对大众生产、分配和消费的影响。在这里我们借用这个概念主要是想简要分析一下实现上述

十七届六中全会通过的深化文化体制改革目标的各项条件，以及如何实现。

1. 中国自改革开放以来，媒介政治经济关系变得复杂

20 世纪八九十年代，业内一般用"一元制度，二元运行"来描述媒介的政治经济关系。这是因为当时中国在政策上许可媒介部分内容非意识形态化、娱乐化和平民化；经济上，政府向媒介拨款减少，媒介的收入从主要依靠政府资助转向了依靠市场经营获得。"一元"制度就是指媒介为国家所有制，媒介组织机构是事业单位，属于人民所有。"二元"运行就是既要完成执政党和政府所要求完成的意识形态宣传任务，又要通过广告等市场经营收入支撑媒介的经济再生产。简言之，用市场上赚取的经济收入完成意识形态领域需要完成的政治任务。

自 1996 年开始，我国政府不断调整媒介文化事业，连续发布有关媒介业的法令和政策多种，涉及媒介业产权所有、结构调整、组建集团、内容版权、媒介进入资本市场、向跨国媒介集团及国际资本开放的领域及程度等。这是政治力量与资本力量结合，但在这个过程中政治力量继续进行资本化后的政治控制，资本力量表面上是媒介重组的主要力量，但每种资本力量由于政治力量的保护获得的资本回报是不同的，资本背后的政策导向凸显的权力力量是很明显的。

自 2001 年我国加入世界贸易组织以来，媒介重组中的主要力量——媒介集团、媒介与其他利益集团已经逐步进行着资本化。媒介资源、资本资源以及权力资源均在我国现行制度的急剧变动过程中日益集中。这种集中将会使我国媒介产业出现明显的差距，表现在东部与西部媒介、中央与地方媒介、中心与边缘媒介、主流的体制内媒介与非主流的体制外媒介等之间，在占有权力资源、媒介资源和资本资源上的分化日益加剧。政治、经济利益集团中的中央与地方、政府与市场、行政命令与资本要求、媒介与其他利益集团等之间权力和利益的博弈已经或正在完成。没有完成的原因也是因为我国的社会政治、经济结构仍然处于剧烈变动中。而其中有些媒介本身都已经是现实制度的既得利益者，从这种制度中获得了巨大的政治、社会权力，用政府赋予的这些特权再去获取丰厚的经济收益。

自 2002 年开始，中国媒介市场已经进入买方市场，特别是网络媒体的普及、受众读者的小众化，以及社会各阶层经济条件的迅速变化，又一次使得媒介出现了分化。那些与政治权力结合得更有力、更紧密的媒介在流失读者、受众市场的同时，依然获得了良好的生存空间。读者的流失意味着媒介公信力的自然降低，当然同时这些媒介在经济意义上的生存难度也越来越大。而另外一些初始创办就市场化的媒介在生存压力下，一方面以贴近真实、关注民生的报道获得了部分受众；另一方面在亲和资本力量，在寻找资本、开拓市场、整合联盟等方面表现得更加积极和

主动，以新媒体为手段，将政治与经济进行了结合，为自身发展开拓和创造条件。

2. 社会主义媒介作为社会主义意识形态工具所起的作用

传播政治经济学并不是将政治和经济的理论观点简单地结合，而是包含了价值取向的学术活动。西方的相关研究围绕着传媒业必须维护公共利益、公共领域以及普遍服务等基本原则的核心议题，传播政治经济学主要关注资本主义传播体制中的这些话题：作为文化工业部门的大众传媒业的生产和消费过程；传播机构与社会政治经济权力组织的相互作用；经济权力关系对大众传播业的决定性影响；在国际背景下，跨国媒介公司（文化公司）对民族国家主权、民族文化的影响；媒介私有权控制下媒介文化生产对公共利益、公共表达、公共领域造成的威胁；传播领域的阶级权力、阶级斗争以及传播领域的性别、种族等社会关系的分析；传播技术是否会带来民主社会；等等。虽然不像西方那样研究吸收了制度经济学的观点，但中国的社会主义市场经济改革，也为研究者提供了经济的视角。资本主义社会大众媒介的政治属性直接表现为资本控制的"社会公器"；而社会主义国家则表现为党性原则支配下的宣传舆论工具和"灵魂工程师"。我们要研究的是怎么才能胜任引领舆论的责任，如何实现政治宣传目标，即在社会主义市场经济的条件下，实现以下这些政治经济目标：

（1）要坚持马克思主义新闻观，牢牢把握正确导向，坚持团结稳定鼓劲、正面宣传为主，壮大主流舆论，提高舆论引导的及时性、权威性和公信力、影响力，发挥宣传党的主张、弘扬社会正气、通达社情民意、引导社会热点、疏导公众情绪、搞好舆论监督的重要作用，保障人民知情权、参与权、表达权、监督权。

（2）以党报党刊、通讯社、电台电视台为主，整合都市类媒体、网络媒体等宣传资源，构建统筹协调、责任明确、功能互补、覆盖广泛、富有效率的舆论引导格局。

（3）加强和改进正面宣传，加强社会主义核心价值体系宣传，加强舆情分析研判，加强社会热点难点问题引导，从群众关注点入手，科学解疑释惑，有效凝聚共识。

（4）做好重大突发事件新闻报道，完善新闻发布制度，健全应急报道和舆论引导机制，提高时效性，增加透明度。

（5）加强和改进舆论监督，推动解决党和政府高度重视、群众反映强烈的实际问题，维护人民利益，密切党群关系，促进社会和谐。

（6）新闻媒体与新闻工作者要秉持社会责任和职业道德，真实准确传播新闻信息，自觉抵制错误观点，坚决杜绝虚假新闻。

在网络传播方面要实现以下目标：

（1）实施网络内容建设工程，推动优秀传统文化瑰宝和当代文化精品网络传播，制作适合互联网和手机等新兴媒体传播的精品佳作，鼓励网民创作格调健康的网络文化作品。

（2）支持重点新闻网站加快发展，打造一批在国内外有较强影响力的综合性网站和特色网站，发挥主要商业网站建设性作用，培育一批网络内容生产和服务骨干企业。发展网络新技术新业态，占领网络信息传播制高点。

（3）广泛开展文明网站创建，推动文明办网、文明上网，督促网络运营服务企业履行法律义务和社会责任，不为有害信息提供传播渠道。

（4）加强网络法制建设，加快形成法律规范、行政监管、行业自律、技术保障、公众监督、社会教育相结合的互联网管理体系。

（5）加强对社交网络和即时通信工具等的引导与管理，规范网上信息传播秩序，培育文明理性的网络环境。

（6）依法惩处传播有害信息行为，深入推进整治网络淫秽色情和低俗信息专项行动，严厉打击网络违法犯罪。

（7）加大网上个人信息保护力度，建立网络安全评估机制，维护公共利益和国家信息安全。

从长期看，要实现上述这些目标，需要媒体集聚政治力量，创新意识形态控制力和吸引力，重新确立和维护30年来已受到其他价值体系侵蚀的社会主义公共利益与价值体系。并在新的政治经济制度的带动下，在与其他价值观念的博弈中胜出。但从目前的情况看，中国媒介资本力量裹挟着政治力量形成的力量将会对媒介的公共利益角色产生难以估量的影响，特别是资本在媒介的政治和经济活动中扮演着越来越重要的角色。

传播政治经济学的理论来源之一是马克思政治经济学与唯物史观，具有强烈的批判意识，从中国的实践看，在我国现行的政治和经济体系中完成我国媒介产业重组的资本化，可能会产生复杂的后果。

主流媒介对现有制度具有两重心理。一是这种制度具有的用政治权力换取经济收入的作用，使其不愿意轻易放弃这种体制带来的垄断地位，而这正是媒介行业产生寻租现象的制度根源，这种寻租与国家介入并赋予权力直接相关。二是这种制度具有的政治刚性以及由此带来的政治风险性，经常会因政治需要而使媒体不得不放弃经济考虑，这使得它们自身经常处在协调政治与经济平衡的过程中，更有甚者还会因处理不当而带来管理者政治生命的终结。在这种时候媒介业就非常急迫地希望实现资本化，一是资本化可能带来更大的政治空间；二是资本化可以让资本成为主要标准，带来更多的获取经济利益的机会；三是资本化可以解决地域和行业限制，使强势媒介可以依靠资本力量形成跨地区、跨行业和跨媒介的媒介集团，迅速在我国尚未成熟的市场上完成媒介财富的集中。[①]

当然在这里我们的目的并不是探讨媒介的政治经济关系，而是想厘清当代的媒介是否能担负起各项政治功能。媒介的政治功能包括：政治参与功能、权力监督功能、政治沟通功能、政治控制功能、议程设置功能、政治社会化功能等。[②] 之所以有这样的疑问，是因为媒介产业化和集团化的结果是，媒介在政治与经济的选择上，更多地将资本作为重心，追逐利益，而将政治目标和任务的实现流于表面化，即并不深入领会社会主义价值观概念体系的内涵，只是将政治目标作为不得不完成的任务，使树立观念、开启民智、达成共识的宣传流于空泛，很难达成宣传效果。

二、更新宣传模型

在现实中，中国媒介受政治、市场和专业特性的共同支配，是意识形态（包括行政特权）宣传、商业市场和广告、百姓话语的"强制性合意"。这种政治特权、利益诱惑、消费主义给媒介带来的是被动地位和被掌控。但要实现上述十七届六中全会深化文化体制改革的目标，中国的媒介一定要发挥媒介的能动性，自觉地激活围绕深化文化体制改革主题的话语"场域"，真正展示和实现新闻传播媒介在达成社会价值观共识中的传播意义。传统的主流媒介的话语"场域"已无法达成这样的宣传目标，我们应该将视线转向更广阔的网络媒介。即我们应该更新宣传模式，追寻传播效果的脚步。以下我们就探讨一下理由。

早在 2003 年，就有研究者对中国的"主流媒体"进行过考察："什么是主流？国家财政部机关报《中国财经报》是主流媒体，但影响远远不及才诞生四五年的《财经时报》或《财经》杂志。人民日报社所属《市场报》，有 20 年的历史，发行仅有几万份，《经济观察报》、《21 世纪经济报道》仅有三四年，发行已达 30 万份。因此，评价'主流'的标准，正在传媒业的飞速发展中变化着。以'出身论贵贱'的时代渐行渐远。"[③] 但在我国，主流媒体的概念仍是相对清晰的。新华社"舆论引

---

① 参见胡正荣：《后 WTO 时代我国媒介产业重组及其资本化结果——对我国媒介发展的政治经济学分析》，载《新闻大学》，2003（3）。

② 参见张昆：《大众媒介的政治属性与政治功能》，载《武汉大学学报》，2006（1）。

③ 陆杰：《谁是主流媒体？》，载《中国经济快讯周刊》，2003（46）。

导有效性和影响力研究"课题组认为目前中国的主流媒体主要有：

（1）以《人民日报》、新华社、中央电视台、中央人民广播电台、《求是》杂志、《光明日报》、《经济日报》为代表的中央级新闻媒体；

（2）以各省（自治区、直辖市）党报、电台和电视台的新闻综合频道为代表的区域性媒体；

（3）以各大中城市党报、电台和电视台的新闻综合频道为代表的城市媒体；

（4）以新华网、人民网等为代表的国家重点扶持的大型新闻网站。

（5）一些晚报都市报类、经济类、娱乐休闲类、信息服务类媒体发行量较大或收听收视率较高，在一些地区占有一定市场份额，具有一定品牌和影响力，可视为对主流媒体的某些功能作了拓展、延伸和补充。[①]

我们暂且同意上述关于主流媒体的概念。随着网络媒体的发展，网络目前也已成为主流媒体。

1. "主流媒体"的赋予在动态竞争过程中进行

回顾历史，党历来坚持对主流媒体的领导，从早期重视《新华日报》的战斗性，到新华社的新闻的发布，再到《解放日报》的改版。由于条件所限，在新中国建立以前，党领导下的媒介数量非常有限，那时也没有"主流媒体"的概念，有的只是"党报党刊"及党直接领导下的通讯社、广播电台这样的概念。

随着新中国的建立和中国社会的发展，中国的报刊、电台在数量上渐渐地多了起来。但新中国成立初期至 20 世纪 50 年代末期的大跃进，以至接下来的"文化大革命"十年，党报党刊等媒体直接代表党和政府行使着权力。这些时期都是媒体的非正常时期。

改革开放以后，中国的媒体在数量上有了突飞猛进的发展。从 1979 到 2009 年这 30 年间，媒体已经逐渐回归到"载体本位"的角色。重要的已经不是出身，即这个报纸曾经是不是"党报"，而是"你究竟为谁（对象）""做（报道）了些什么"。而宣传工作做得好坏也就有了新的评价前提：媒体要有受众。也就是说，受众是进行和完成好宣传工作的前提。要真正做好新闻宣传工作、做好党和政府的喉舌，并不能只看该媒体是不是原来概念中的党报，而是要看媒体是否有"影响能力"和"传播效果"。在报道和宣传的过程中，要真正做到以下两点才能做好党和政府的喉舌：一是全局审视，宏观把握。事物之间是普遍联系的，而当单个新闻事件处在孤立位置时，也许并不能清楚地读出它自身蕴涵的新闻价值和意义。这就要

---

① 参见新华社课题组：《主流媒体与舆论力量：主流媒体判断标准和评价》，载《中国记者》，2004（4）。

求新闻工作者树立全局观和背景意识，洞察形势。只有熟悉党和国家近期重要的方针、政策，了解社会运行趋势，才能跳出事件本身报道新闻，以中国的社会发展为参照系，衡量出新闻事实的独特性、首创性等不寻常价值。二是把握住事物是现象和本质的统一。现象是表面的、可感知的，而本质是内在的、深刻的。很多新闻在报道开始时，众多媒体一拥而上，但真正有思考的报道并不多。这要求媒体对共有的新闻资源精耕细作，透过现象看本质，当其他媒体还停留在对现象和简单动态的记录时，深层追问，将新闻背后的东西呈现给读者。

虽然党历来坚持对主流媒体的领导。但是，党的领导方式应与时俱进，中国的"主流媒体"历来被赋有传播党的思想理论，党的路线、方针、政策的职责。然而，只有当主流媒体同时成为人民的喉舌时，才能得到更广泛的群众的心理认同，其导向和整合功能才能在人民群众中转化成实际的效力。因此，尊重事物发展的客观规律，不断改善党对主流媒体的领导方式，可以更好地实现党在社会中的引导功能。也就是说，将传统的"党报""党的新闻机构"这样的概念天然地赋予前述定义的"主流媒体"已没有太多的意义了。

新华社"舆论引导有效性和影响力研究"课题组的研究成果表明，判断主流媒体有六条标准：（1）具有党、政府和人民的喉舌功能，被国际社会、国内社会各界视为党、政府和广大人民群众意志、声音、主张的权威代表；（2）体现并传播社会主义意识形态和与之相适应的价值观，坚持并引导社会发展主流和前进方向，具有较强影响力；（3）具有较强公信力，报道与评论被社会大多数人群广泛关注并引以为思想和行动的依据，较多地被国内外媒体转载、引用、分析和评判；（4）着力于报道国内外政治、经济、社会、文化等领域的重要动向，是历史发展主要脉络的记录者；（5）基本受众是社会各阶层的代表人群；（6）具有较大发行量或较高收听、收视率，影响较广泛受众群。[①] 达到上述标准并成为"主流媒体"并不是哪家媒体自我标榜是"主流"就可以实现的，最根本的一点就是要拥有大量的"受众"。媒体是否为主流媒体，是否在社会上有地位，要看媒体的"实力"。这个实力包括：在社会上的影响力，在读者中的认可率，在客户那里的广告量，还有自愿订阅的份数、每张报纸的传阅率等等。在市场经济日益完善的今天，是不是主流媒体，不是自封的，也不是哪个部门认定的，而是由受众和市场说了算的。

首创"主流媒体"这一概念的美国麻省理工学院教授诺姆·乔姆斯基（Noam Chomsky），在他的一篇题为《主流媒体何以成为主流》（What Makes Mainstream

---

① 参见新华社课题组：《主流媒体与舆论力量：主流媒体判断标准和评价》，载《中国记者》，2004（4）。

Media Mainstream）的文章中指出，主流媒体又叫"精英媒体"（elite media）或"议程设定媒体"（agenda-setting media）。这类媒体设置着新闻框架（the frame-work）。按照乔姆斯基教授的理论，媒体卖的产品不是报纸或电视节目，而是卖它的受众。《纽约时报》的读者多是华府高官、华尔街财阀、哈佛教授。这些政商学界精英正是《纽约时报》批量推销的"产品"对象，所以商家才愿意每年投 25 亿美元的广告。先是《纽约时报》办得好，再是政商学界精英看。也就是说什么人看、多少人看是成为主流的前提条件。

有作为才有地位，主流媒体地位的获取、维护、巩固，不是与生俱来的，更不是一劳永逸的。我们的主流媒体，从获得人们的认可，到市场认可，到成为产品、商品，并不以办媒体者的意志为转移，而是需要经过在内容和形式上，适应市场、历史与人民的选择，引领、推进和代表先进生产力、先进文化和最广大人民的根本利益。

"主流媒体没有承袭制，更没有终身制！它只有前述的本质规定：报道社会发展动向（新闻），传播社会主流意识（宣传），影响较广泛的受众群（舆论）。每一家媒体，都必须在这个三位一体的过程中证明自己的主流身份。"[①]

2. "主流媒体"与政府"绑定"的利弊

论及本文前述所定义的"主流媒体"与政府的关系，恐怕用"绑定"这个词并不为过。但这种"绑定"，意味着什么？产生了什么后果？这是我们今天应该认真思索的。

众所周知，近些年来我国社会出现了道德危机，新闻界也同样出现了危机，从前些年的"有偿新闻"到近些年的"有偿不闻"；从新闻管理机构处罚的"金元宝事件"到"封口费事件"；还有改革开放 30 年来都如影随形地跟着中国新闻界的"炒作"、"低俗"问题都是很有力的说明。

因为本文中前面列举的那些"主流媒体"得来这个名分太容易，而且"主流媒体"就是做得不好，也不会失去这个名分，没有什么可担心的，它们可以毫不压抑"媒介集团"的私欲和私利，肆无忌惮地向市场攫取。这么多年来媒体有些不道德的做法，在大多数国家都会被称为"丑闻"的，但在我国很快就会变得"默默无闻"。

在"文革"十年中，因为有行政权力的干预，媒介凭借自身的"话语优势"和"行政权"背景，将传播内容按自己的意志随意摆弄，把一切价值按照自己的需要

---

① 张立伟：《增强主流媒体影响力三题》，见人民网，2005-02-03。

任意颠倒。在它面前没有神圣的东西，没有客观的价值标准，媒介嘲弄价值、曲解事实、杜撰历史的行为，对培养国民不良的性格起了推波助澜的作用：什么善恶、美丑、真假、荣辱、罪与非罪，都是瞎扯！既然不在乎任何价值标准，也就不介意任何伦理禁忌和道德底线了。

"文革"结束后，一些有民族责任感的思想家深感我们民族因"左"祸导致的人性扭曲和价值失范，试图为民族文化和道德的康复做一些工作，这就有了当时思想界的两个举动：一是关于人道主义和异化问题的讨论，二是呼吁反思"文革"，全民忏悔。遗憾的是，非但这两项工作都未能进行下去，中国的新闻界更是无太多"反思"之意，而是以媒介也是受极左思想干扰，也是受害者这种说法为挡箭牌一推了之。因此，媒体在"文革"中积淀的一些反人性、无理性甚至无法无天的因素，传播意志形态中一些翻云覆雨、混淆视听的习惯，新闻人人格中一些不顾事实、指鹿为马的品质被或多或少地保留下来。以前那些消解新闻界新闻人底线伦理的因素不仅没有消除，反而借助市场经济打开的缺口，改头换面，愈演愈烈。

在计划经济体制下，媒体有行政的约束而无道德的约束。改革开放后，媒体只是在原有的行政约束下又增加了一些法律的约束，但依然没有完善的道德约束机制。于是那些在旧体制中隐含的恶，又有了充分展示的机会。它们摇身一变，在一种重利轻德的氛围中更加肆无忌惮地胡作非为。一些丧失媒介职业人尊严、损害媒介信誉的事时有发生，并不断刷新纪录。在世界上绝大多数国家，媒介丑闻会导致公众对媒介的信任危机，甚至导致媒介的倒闭和垮台；但是在我们国家这些媒体却因为与政府这种"绑定"的关系，"任凭风浪起，稳坐钓鱼船"。那些造假受贿的新闻人，只要能够对媒介上级行政主管部门说清楚，不管犯错的原因在公众看来是多么不可原谅，都有可能在"一荣俱荣，一损俱损"概念遮蔽下，大事化小，小事化了。犯了错误的媒介机构负责人，在公众眼里早该引咎辞职了，但有时只要他厚着脸皮挺一挺，也就没有人去追究了，过后也就风平浪静了。他们不但一副道貌岸然的样子，还以社会道德评判人的姿态教训别人！这样的事情多了，其他人也见怪不怪，羞耻感也就自然没有了。这样的事频频发生，更会向那些投机者传达这样一个误导信息，以为每次出事，政府都会替他们埋单，以后他们就更肆无忌惮，更不尊重市场规律了。

"后计划经济体制"奉行"抓老鼠"的哲学——抓到老鼠就是好猫。于是大家各显神通，从有记者干敲诈勒索的勾当，到向广告客户发布虚假收视率，再到行使不正当竞争行为攻击竞争对手。媒介市场没了规矩，只有待分食的蛋糕，只有掠食者和被掠食者。过去在"阶级斗争"中培养起来的有些媒体人人性中倚仗行政权不可一世的一面，现在改头换面地出现在市场竞争之中。赤裸裸地向人们展现优越："我"是主流媒体，"我"占据着垄断地位，你们活该倒霉。

有人将之归结为改革开放后市场经济的实行，是西方"利己主义"和"金钱至上"思想的侵入。这里的"利己"当然是打着为媒介的小集团利益或组织利益的幌子。每家媒体都有权争取和维护自身的物质利益，但这里关键的是每家媒体在利己时不能妨碍他人利己，不得损害其他媒体的利益，更不能损害国家的利益，而这里的"国家利益"并不是仅仅指有形的物质利益，也指由于媒体的不当行为致使国家、政府和党形象受损、公信力受损。中国媒体利己的典型形式是：谁有行政权的背景，谁就"得利"。这是我们特有的强权政治式的利己主义，以致企业单位对媒介唯恐避之不及，于是民间才有了"防火、防盗、防记者"的说法。

金钱至上的确是西方资本主义的特色。但所谓金钱至上，主要是指一切都商业化，一切都成了买卖关系，一切都遵循等价交换原则；而商业化的前提又是按照市场规则进行，维系市场规则的则是完整严明的法律体系。然而，我们社会中有些媒介的"金钱至上"，恰恰是践踏法制、无视公共利益、为假恶丑张目。也就是说，我们是在虚构一个"西方"，而为媒体忘却了自己的社会责任找寻理由。

媒介要发展，发展是硬道理，但为什么发展，发展的目的和标准是什么，在这些关键问题上，我们却没有清醒的认识。媒介数量发展本身成了目的，媒介为了吸引受众而"沟通"，为了不失去读者观众而"监督"。在此，媒介应有的传播功能从目的变为手段，媒介被利用来"作秀"、"炒作"。更有甚者，媒介发展不是为了提高传播效率，发挥媒介的社会功能，而是为了"养"另一些媒体人，或是某些人的政绩，是为了某些人的仕途和乌纱帽。这类"目中无大众"的大众媒体和充满权力欲的媒体负责人正在以扭曲的政绩改变着新闻界。最终将使一个好端端的媒体面临"伪主流化"、"空壳化"的境遇。

中国社会需要稳定，中国社会需要有社会主义立场的媒体，中国社会更需要有永远坚定地站在党和政府的立场上、站在中国人民立场上的媒体。但上述这些不道德的媒体到底是在消解社会上的不稳定的因素，还是它们本身就是不稳定因素？在这些关键问题上，我们应该有清醒的认识，否则，政府迟早要为这些无德媒体埋单。而只有这些无德媒体与媒体人有了忏悔意识和负疚意识，中国的新闻道德和社会价值观建设才有希望。

2008年6月20日，胡锦涛总书记发表讲话，指出媒体工作总体原则是"必须坚持党性原则，牢牢把握正确舆论导向"，在文风上"必须坚持以人为本，增强新闻报道的亲和力、吸引力、感染力"，在报道方式上"必须不断改革创新，增强舆论引导的针对性和实效性"，从媒体发展趋势来看，"必须加强主流媒体建设和新兴媒体建设，形成舆论引导新格局"，最后从保障角度要求"必须切实抓好队伍建设"[①]。这也是对中国所有媒体工作的号召和要求，能认真实践上述工作并尽所能地达到目标的就是中国的主流媒体，因为主流媒体的影响力即是舆论领导能力，媒体没有实实在在受众，就谈不上影响力，也就不能实现舆论领导。

3. 理顺政府与媒体的关系

在中国加入世界贸易组织之后，有关主管部门重申：我国的新闻媒体由国家经营，不吸收外资和私人资本，新闻传媒仍是思想宣传的阵地。现在外资虽然不能直接投入传媒，却可以投入传媒依法设立的下属企业、公司。中国广告市场在 2005 年年底已经全面开放，外资独资企业进入中国广告产业可享受国民待遇，

中国是继续实行媒介保护政策为本土媒体提供"保温箱"式的制度保护，还是积极地探索一条更加符合未来发展之路，党和政府应该为中国的媒介事业做些什么？这是我们应思考的。我们认为，应利用这段时间，为中国本土媒体提供公平竞争的环境，培育出真正有国际竞争力的"中国主流媒体"。

党和政府有关部门应对照国际传媒的发展模式，结合中国媒介产业的优势，明确媒介产业发展方向，以国际化背景下中国媒介保护和发展为策略，充分发挥媒介组织和政策法规的宏观调控作用，从整体上把握好中国媒介的发展方向。从现阶段来看，中国媒介发展出现的"瓶颈"问题，绝大部分因素是有些号称"主流"的媒体并没有将更多的心思花在如何做好宣传，提升传播效果上，而是利用"垄断"的媒介资源去谋单位的利益，这样的无序化竞争又会引起不良的连锁反应，导致其他媒介的不平衡。

一些自认为是主流媒体，捧着国家铁饭碗吃"皇粮"，却因为不思进取或无法作为反喝了"黄米粥"，开始口口声声抱怨它们一方面要承担机关代言的宣传任务，另一方面又得不到计划经济时代的所谓"经费补贴"，而且还要"经济效益与社会效益双丰收"的媒体，已承担不了"主流媒体"的责任。如果再视其为"主流媒体"，会有碍于媒介事业的发展。只有在公平竞争的前提下，各竞争主体才会提高传播质量，增进传播效果。因为媒体的买方市场已成气候。过去的行政指令、卖方垄断早已扭不过利益驱动的势能，因为读者和客户的自由选择权越来越大。没有了发行量的媒体如何称得上主流？

---

① 参见诸培璋、李兆丰：《主流媒体的功能定位与发展方位——学习胡锦涛〈在人民日报社考察工作时的讲话〉》，载《新闻传播》，2008（12）。

由于我们国家一些相关政策与制度的缺失，在一定程度上限制了真正可以算是主流媒体、代表主流民意的媒体的发展，一些媒体想要创新，想要从真正体现社会的价值的角度去发展，但终究只能够在被限定的圈子里活动。但在市场经济条件下，尽管短期利益的诱惑使大量的媒体泡沫不断生生灭灭，但大浪淘沙，英雄渐出。党和政府应委以这些拥有大量受众的媒体重任。运用的方法，可以是对主流新闻、重大宣传战役的政策倾斜，如接近新闻源的便利、传播范围的共享等等；也可以是对宣传效果的事后表彰，即使有资助补贴，也更多探索以奖代补的方式，鼓励"干事"而不是"养人"。这两点，要对现有的主流与非主流媒体一视同仁，以形成公平竞争主流的机制，鼓励更多的媒体向主流媒体挺进。这对扩大党的执政基础，增强主流意识形态的影响力是件大好事。

同时，这也就意味着，主流媒体将在竞争主流地位的动态中确立、巩固或者调整。这对增强现有主流媒体的整体活力也是件大好事，因为有竞争对手的压力，才有落后的忧患和超前的欲望，才能提供改进和创新的动力。对手的成功证明贴近实际、贴近生活、贴近群众不是口号，证明创新内容、创新形式、创新手段永无止境，这就逼得媒体越来越注重新闻价值，讲究实际效果，不断增强新闻宣传的针对性、实效性和吸引力、感染力。不可否认，在竞争中，一些主流媒体将失去主流地位，一些非主流媒体将上升为主流，动态升降中，个别主流媒体的边缘化，不会导致主流媒体的整体弱化；恰恰相反，优胜劣汰，吐故纳新，是为了锤炼主流媒体的整体实力和影响力，是为了淘洗出真正的强者！

另外，党和政府还要为所有媒体营造公平的信息环境。信息公平问题，实际上就是信息传播与接受活动主体之间的平等相待问题。而信息传播与接受活动主体之间的平等相待问题，主要体现在信息资源的获取、分配和利用这三个方面，主要分别强调信息获取机会的公平、信息资源配置的公平和信息渠道使用的公平。

我国的政府信息公开制度建设，也有了可喜的进步，《中华人民共和国政府信息公开条例》已经于 2008 年 5 月 1 日起施行。条例规定："行政机关公开政府信息，应当遵循公正、公平、便民的原则。""行政机关应当及时、准确地公开政府信息。"这些信息是指"涉及公民、法人或者其他组织切身利益的；需要社会公众广泛知晓或者参与的；反映本行政机关机构设置、职能、办事程序等情况的；其他依照法律、法规和国家有关规定应当主动公开的"。同时，"行政机关发现影响或者可能影响社会稳定、扰乱社会管理秩序的虚假或者不完整信息的，应当在其职责范围内发布准确的政府信息予以澄清。"社会信息公平的主要责任在于政府，因为社会信息的 80％由政府所有。如果政府信息不公开，必然造成政府与民众之间的严重的信息不对称状况。

为了保障信息公平，建设公平的信息社会，国家信息政策和信息法律必须解决好反信息垄断问题。信息领域中的特权性垄断，主要表现为部门垄断和价格垄断。这种特权性垄断，破坏了信息市场竞争的公平秩序，最终侵害的是广大信息消费者的利益。反信息垄断的理想目标就是限制信息垄断企业在信息不对称的条件下，利用它所掌握的垄断信息，文过饰非、巧取豪夺。信息垄断包括信息技术垄断、信息市场垄断、信息内容垄断等多方面。我国目前应该进一步建立健全信息政策与法律，进一步加大对这些法律法规的执法力度，进一步规范信息市场，使中国的媒介市场公平、公开、公正、有序。

三、达成世界一流媒体的传播能力共识

《中共中央关于深化文化体制改革推动社会主义文化大发展大繁荣若干重大问题的决定》提出：要加强国际传播能力建设，打造国际一流媒体，提高新闻信息原创率、首发率、落地率；提高社会主义先进文化辐射力和影响力，必须加快构建技术先进、传输快捷、覆盖广泛的现代传播体系。要加强党报党刊、通讯社、电台电视台和重要出版社建设，进一步完善采编、发行、播发系统，加快数字化转型，扩大有效覆盖面。要建立统一联动、安全可靠的国家应急广播体系。完善国家数字图书馆建设。整合有线电视网络，组建国家级广播电视网络公司。推进电信网、广电网、互联网三网融合，建设国家新媒体集成播控平台，创新业务形态，发挥各类信息网络设施的文化传播作用，实现互联互通、有序运行。

1. 成为国际一流媒体的条件

什么是国际一流媒体？关于国际一流媒体的评定标准，学术界和业界有一些不同的说法。简单地说，其信息传播活动应具有跨国性，信息传播的经营活动应具有跨国性，影响力应具有国际性。具体来说，我们比较同意这样的总结：

（1）能很好地履行引导社会舆论、提供教育服务等公益责任，并在这方面具有较高的观众满意度。这就需要媒体拥有相当的基础规模，作为一个信息制播平台存在的基础性指标，包括媒体的整体规模水平、国际覆盖能力、制作播出能力等，是其他两类指标的基础。

（2）具有较高的知名度和世界品牌。即有强大国际影响力，包括品牌影响力、话语权、舆论引导力等要素。如CNN崛起之后，曾被称为"联合国安理会的第六个常任理事国"，其创始人特纳曾声称"CNN的镜头摇到哪里，安理会的议程就讨论到哪里"，其议程设置能力之强，以至于海湾战争和索马里事件之后国际学术界出现了所谓的"CNN效果"（CNN effect）一词。正如西方学者所称，CNN在其鼎盛时几乎就成了全球新闻的代名词，这些都是媒体影响力的表现。

（3）有强大的运营能力。国际媒体的经济收入水平、创收能力以及产出效益等经济财务指标，反映媒体的经营发展与运营管理水平。当前世界媒体的产业化特征十分明显，强大的运营能力包括市场开拓能力和管理能力，只有运营能力强的媒体才可以获得广泛的影响力。[①]

2. 国际一流媒体在网络时代争夺公众的基础

自从网络发展以来，国际一流媒体BBC、CNN等纷纷把战略重点放在了与新媒体的融合、转型上。BBC为新媒体和技术部设置了高规格的技术权限，从2006年开始实行全媒体战略，深度整合内部的内容资源，对机构进行重组，打破媒体界限。按照内容重组为视频、新闻、音频 & 音乐三个跨媒体的部门。另外设立了"未来媒体与技术部"，让技术统筹协调三部门的跨媒体节目生产。在新闻制播方面打破媒体界限，整合成一个多媒体的新闻中心，把新闻资源按受众需求与传播途径的差别来重组和调整，并在其适合的媒体平台上播放。同时，BBC与Facebook，Twitter结成合作伙伴，把以前独立的广播、电视、网络整合成一个跨媒体的传播平台。

CNN利用新媒体技术，全面改革内部组织结构，打造全媒体制作流程。在内部建立了统管所有素材的总任务台，专门收集全球各地送来的新闻素材，供各个媒体编辑使用。CNN电视记者和网站记者不分彼此，电视记者为网站写稿，网站记者也可以以报道员的身份在电视露面。CNN还推出新业务，主动地融入互联网传播业务，向全球网民征集新闻照片、影像等，多方位传播、扩大其节目的影响力。[②]

从历史的角度看，国际一流媒体的形成原因，可以概括为以下三点：

首先，国家力量在国际一流媒体的形成过程中是重要的基础条件。具有国际影响力的媒体，一定产生在实力强大且具有国际影响力的国家。如英国的《泰晤士报》是1785年创刊的，到19世纪中期成为世界知名媒体，其背后是率先完成了工业革命的大英帝国的支撑。美国的《纽约时报》1851年创刊，到20世纪初开始获得了国际影响，其背后因素同样是美国在19世纪末的崛起（1894年美国的GDP开始居世界第一）。

---

① 参见刘笑盈：《什么是国际一流媒体》，载《对外传播》，2009（2）。
② 参见胡占凡：《建设世界一流媒体　加强国际传播能力》，见央视网，2012-08-23。

其次，重大新闻事件是国际媒体崛起的重要契机。在媒体的发展史上，我们可以看到很多这样的事例。如果说对海湾战争的报道使 CNN 一举成名，在伊拉克战争中 FOX 则开始崛起。我国媒体的例子也十分明显，伊拉克战争是我国媒体第一次对境外单一事件大规模地直播报道，结果 CCTV-4 和 CCTV-9 的收视率分别提高了 28 倍和 6 倍。

再次，媒体自身的准确定位和不懈努力是其成为国际媒体的关键。主流媒体的本质、核心和标志只有一个，就是以它的思想影响力受到社会主导阶层的关注，成为社会主流人群每天必阅的媒体。国际一流媒体都具有自己独特的理念和定位。

我国国际地位在不断上升，经济的发展也为我国创造国际一流媒体奠定了物质基础。实事求是地说，我国的国际一流媒体还在形成的过程中，并且受到了政治体制改革滞后的阻碍。我国最接近国际一流媒体标准的新华社、中国国际广播电台和中央电视台等，除了都存在着各种问题外，最大的局限就在于其在国际传播中声音的"兼容性"，或在政治文化领域中的独特性有余，而与他国的共识性不足。传播的全球化与世界传播主体和声音的多元化，构成了公共领域的全球化，或者说全球性的公共领域正在一个形成的过程中。这一点是中国媒介国际化概念中需要关注的。当然这个问题总体上还受制于中国政治体制改革这个大背景。

3. 走出目前的困境，向国际一流媒介迈进

"当前社会上存在的种种丑恶现象，从根本上说是缘于经济改革没有完全到位、政治改革严重滞后、行政权力变本加厉地压制和干预民间正当经济活动，造成广泛寻租活动的结果。"[①] 寻租现象在中国媒介领域的表现也是普遍和严重的。媒介体制的改革势在必行，它是中国媒介走向国际化一流媒体的第一步。目前，有两种可能的前途摆在前面：一条是沿着完善市场经济、加速政治体制改革道路前行，限制行政权力，走向法治的市场经济；另一条是沿着强化政府作用的国家资本主义的道路前行，走向权贵资本主义的穷途。

2008 年以来被炒得很热的"中国模式"就是后一种观点的代表。它宣称，中国经济能够在近二三十年中创造世界公认的优异成绩，根本原因正在于中国拥有一个强势的政府和具有强大控制力的国有经济。这种体制能够正确制定和成功执行国家战略，不但中国应该继续坚持现有体制，世界各国也应该学习借鉴。而一些代表寻租活动特殊既得利益的人们，不但积极维护现有体制，还力求进一步增强各级政府不受约束的权力，以便扩大寻租活动的制度基础。

---

① 吴敬琏：《我国经济社会矛盾几乎到了临界点》，载《财经》，2012 (17)。

第三种社会力量公开亮出了回到改革开放前旧路线和旧体制的主张。他们极力要让人们相信，目前中国遇到的种种问题，不管是腐败猖獗、分配不公，还是看病贵、上学难，甚至国有资产流失、矿难频发，都是市场化改革造成的。他们给出的解决方案是：扩张政府的权力，加强行政机关对经济生活的干预；工商业实行"国进民退"，实现再国有化；农业重新"归大堆"，实现再集体化。甚至要求重举"无产阶级专政下继续革命"的旗帜，"再来一次无产阶级文化大革命"，实现"对资产阶级的全面专政"！

然而，在舆论导向出现偏差、理性的讨论受到压制的情况下，改革开放前旧路线和旧体制的捍卫者利用腐败日益猖獗、弱势群体受损害感日益强烈的情势蒙蔽和迷惑大众，把反对的目标从权贵既得利益者转向市场化改革，试图把大众引向歧途。

中国克服社会弊病、避免历史悲剧的正道，在于全面建立和完善市场经济体制。这就是说，要排除特殊利益的干扰，推进市场化的经济改革和法治化、民主化的政治改革，铲除权贵资本主义的基础，并使公共权力的行使受到宪法法律的约束和民众的监督。除此之外别无他途。因为近年来中国改革处于停滞状态，所以当务之急是重启改革议程，切实推进经济改革和政治改革。为了建立法治，需要在以下两方面加强工作。

第一，要在全体公民特别是各级官员中树立法治观念。在传播领域即要树立法无禁止即自由的法治观念，这也是当代先进政治文化的一个重要组成部分，是现代社会核心价值的一项重要内容。它是对中国传统的媒介只是党和政府的"喉舌"观点的更新，"革命意识形态观"决定一切思想和行为的观念已成为历史，在科学发展观指导下的当代中国，要求树立法律至高无上的地位，而一切组织和个人，包括执政党和执政党的领导成员，都必须和只能在法律规定的范围内活动，而不能凌驾于法律之上。当然这也包括新闻媒介要实事求是地进行信息传播和报道新闻，将宪法规定的公民应有的基本权利落到实处，解除意识形态的束缚，真正建立起现代核心价值观。

第二，建立符合公认的基本正义的法律体系。首先，法律和行政机构的政令都必须符合宪法。宪法的主要内容和功能是进行权力的配置：它一方面要确立公民的新闻传播权、文化享用权、知情权等基本权利，保证这些权利不受侵犯；另一方面要划定政府的权限范围，防止政府侵犯公民权利。其次，在法治的条件下，法律必须具有透明性。透明性有以下的基本要求：一是立法过程要有公众的广泛参与；二是法律要为公众所周知。按照现代法治观念，不为公众所周知的法律，是不生效的法律。现在有些政府官员无视人民的知情权，把反映公共事务处理过程并与民众切身利益密切相关的法律和行政法规当做党政机关的"内部文件"，并加以"保密"，或者在公众不知情的情况下，在政府内部寻求处理的办法。在这种情况下，不法官员很容易上下其手，枉法害民。

政治体制的进一步改革，意味着各级政府要进行自我革命，放弃部分权力和增加新的社会服务职能。而割舍自己的权力和进行自我革命通常是十分困难的。因此，某些政府官员往往成为进行政治改革的阻碍力量。他们或者竭力阻挠市场化改革的进行，力求保持寻租的阵地，或者力图在改革中加进自己的私货，把改革扭曲为新的寻租机会。[①]

中国新闻改革须有马克思主义思想指引。马克思、恩格斯在"新莱茵报"审判案中指出了当时报刊所处的地位是动辄得咎，马克思将之形容为是："只有当揭露已经失去任何意义的时候，才能进行揭露。"[②] 马克思认为，报刊有揭露社会现象的权利，报道其所目睹的事情，不以集团的利益而改变，这是对读者的知情权负责。在抨击地方检察机关和宪兵的文章中，只是在履行其揭示的职责，是千真万确的事实，就不应该视为侮辱或诽谤。

反思我国现状，在我们社会主义制度的社会中出现的利益矛盾中，新闻媒介迫于权力的压力不能理智地对待，而是失去独立思考地谄媚于一些团体组织，忘记了新闻媒介的责任的情况还是不少的，这反而给社会造成了不良影响。

新闻媒介具有监督的作用。既然是监督，就应该是相互的，不能以上下级来划分界限。但党和政府的政策规定同级党报不能批评同级党委，这是在新中国成立初期制定的一条规定，但是显然它的存在有极大的不合理性，给地方媒体的批评监督造成很大的困难，造成很多无人能监督的权力真空。如马克思恩格斯所言，如果记者编辑做的"只有当揭露已经失去任何意义的时候，才能进行揭露"，新闻媒介就失去了存在的意义。

改革开放 30 多年来，我国新闻出版事业取得了巨大成就，但毋庸讳言的是，新闻出版体制本身没有实质性改变。如果把这 30 年的改革开放称为第一期改革开放，那么，接下来的 30 年可以称为第二期改革开放。应值此改革开放更上层楼的关键时刻，特别是在互联网已不可逆转地兴起普及的情况下，开启现行新闻出版体制的改革之路。传播权已然在网民手中了，人人都是"自媒体"新闻的"把关人"，

[①] 参见吴敬琏：《中国向何处去？——政治体制改革的一个思路》，载《财经》，2012 (17)。
[②] 《马克思恩格斯全集》，中文 1 版，第 6 卷，280 页，北京，人民出版社，1961。

改革不仅对马克思的新闻出版思想的实现，而且对于解放我们民族的精神创造力、争取改革开放的更大成就，都具有重大而深远的意义。

客观地说，"政府垄断新闻出版事业是我国现行新闻出版体制的根本特征，这是远离马克思新闻传播理念的。这种传播体制，不管其产生和存在的原因是什么，为之辩护的理由有多少，都决不能说是符合马克思主义思想的。更重要的是，这种体制已经越来越不适应我国进一步深化改革开放的需要。"[①]

现行新闻出版体制的具体问题十分复杂，相应的改革也决不是一件简单的事情。在此仅仅是提出问题。让有智者和有志者来共同思考，只有这样做才符合马克思所说的"诚实研究"的原则。恩格斯在晚年就已发现，马克思主义阵营内部有一种令他忧虑的不宽容。对此，他告诫说："难道我们要求别人给自己以言论自由，仅仅是为了在我们自己队伍中又消灭言论自由吗？"[②] 恩格斯的提醒值得我们深思，因为中国社会的科学发展离不开自由、独立的媒介。

[①]　徐长福：《弘扬马克思新闻出版自由的思想　开启现行新闻出版体制的改革之路》，见中山大学哲学系网站，2008 - 10 - 08。

[②]　《马克思恩格斯全集》，中文 1 版，第 37 卷，324 页，北京，人民出版社，1971。

变与不变的意涵

——从《出版管理条例》第二次修订
看我国新闻出版行政管理制度

一、新修订的《出版管理条例》有七大亮点

2011 年 3 月 19 日，继 2001 年修订之后，行政法规《出版管理条例》经第二次修订并公布施行（国务院第 594 号令）。条例对 2001 年 12 月 25 日发布的原《出版管理条例》（国务院第 343 号令）作了 38 处修改，在指导思想、出版单位的设置与管理、出版物的进口、出版物的出版、法律责任等方面都有重要修订，新增了"出版物的监管"一章。该条例作为目前我国最高层次的新闻出版管理的法律文件，自 1997 年施行以来，一直发挥着新闻出版管理基本法律规范的作用。那么，条例的最新修改，对出版管理制度作了哪些调整和改变？对我国出版管理制度体系和未来新闻出版业的发展有什么影响？对公民言论出版自由保护将发挥什么作用？条例对哪些重要内容未作修改？这些仍保留的制度体现了什么样的制度设计理念？

2011 年 4 月，国家新闻出版总署法规司司长于慈珂撰文介绍了此次修订《出版管理条例》的政策背景和思路，并分析了新条例的七大亮点。[①]

（1）体现新闻出版体制改革和产业发展的要求，增加对出版单位分类管理的规定。一是在相关条款中增加关于出版产业的表述；二是按照事业单位法人和企业法人类别对出版单位进行分类，在设立、变更、注销等程序方面分别作出不同规定。

（2）适应信息时代新技术发展的需要，反映新技术、新业态的管理要求。随着新业态的发展，网络出版已成为出版业的重要力量。如何在条例中体现网络出版管

---

① 参见于慈珂：《〈出版管理条例〉〈音像制品管理条例〉修订解读》，载《出版参考》，2011（7）。

理的内容，是本次修改中的重点问题之一。经反复研究，考虑到设立网络出版单位的具体审批条件和其管理要求与传统出版单位有所不同，新条例在附则中作了授权规定，授权由新闻出版总署按照新条例的原则另行制定"网络出版审批和管理办法"。除此以外，近年来实体出版物的网上销售异军突起，网上书店的管理也亟待加强，为此，新条例增加专门条款，明确利用信息网络从事出版物发行要取得《出版物经营许可证》，同时强化了网络交易平台经营者的身份验证义务和监督责任。

（3）完善准入制度及监管措施，增加有关监督管理的专章规定。出版单位的法人准入、产品准入、人员准入、岗位准入这四大准入制度是出版管理的基本制度。由于现行《出版管理条例》的体例限制，除法人准入制度外，其他监管制度在行政法规中并无体现。随着依法治国方略的深入实施，新闻出版系统已经全面完成了政企分开，新闻出版行政机关的职能发生根本转变，行政管理方式发生重大变化，迫切需要完善行业监管制度。新条例总结了长期以来新闻出版行政管理的经验，增加了监督管理专章，强化了新闻出版行政部门的监管职责，明确了质量检查制度、综合评估制度和出版从业人员职业资格制度，在法规层面完善了四大准入制度。

（4）巩固行政审批制度改革的成果，取消部分审批项目，缩短审批时限。一是依照国务院关于取消和调整审批项目的决定，删除现行条例中关于从事出版物印刷业务由公安机关按照特殊行业进行审批的规定。二是提高审批效率，将出版单位设立、变更的审批时限由 90 日调整为 60 日。三是依据国务院有关决定，明确规定出版单位变更资本结构、设立分支机构等事项须经审批。新条例还根据有关情况，调整了出版物进口经营单位的审批条件，增加了进口经营单位变更有关事项须经审批的要求。

（5）深化中小学教材出版发行体制改革，修改中小学教科书出版、发行的管理规定。现行条例规定，中小学教科书出版、印刷、发行单位，由出版、教育、价格主管部门以招标或者其他公开、公正的方式确定。由于实践中出现了一些新情况和新问题，义务教育阶段的绝大部分学生可以享受到国家通过政府采购方式免费提供的教科书。2008 年 9 月，有关部门经报请国务院批准，不再推行中小学教科书出版、发行招投标工作。为继续深化教科书出版发行体制改革，确保教科书出版发行业健康有序发展，新条例规定，中学小学教科书出版、发行单位应当具有适应教科书出版、发行业务需要的资金、组织机构和人员等条件，并取得国务院出版行政主管部门批准的教科书出版、发行资质；其中，纳入政府采购范围的中学小学教科书，其发行单位还须按照《中华人民共和国政府采购法》的有关规定确定。

（6）鼓励出版物"走出去"和文化创新、服务三农，完善国家支持鼓励的规定。新条例充实了支持、鼓励的出版物范围，增加了对推进文化创新、促进国际文化交流以及服务农业、农村和农民，促进公共文化服务有重大作用的出版物的支持和鼓励。

（7）加强行政执法，完善法律责任。随着新闻出版改革的深入，出版单位结构调整增多，新条例完善了出版单位中止及终止出版活动的退出机制，避免出版单位多年来"只生不死"的局面；此外，根据多年执行实践反映的问题，新条例在违法行为处罚数额、出版物质量处罚、吊销人员资格等方面完善了法律责任的有关规定。

二、新条例主要修改部分的内容分析

（一）总则部分的修改

总则部分的修改主要有以下几项：

一是将第一条、第十条、第四十八条中的"出版事业"修改为"出版产业和出版事业"。

二是将第三条修改为："出版活动必须坚持为人民服务、为社会主义服务的方向，坚持以马克思列宁主义、毛泽东思想、邓小平理论和'三个代表'重要思想为指导，贯彻落实科学发展观，传播和积累有益于提高民族素质、有益于经济发展和社会进步的科学技术和文化知识，弘扬民族优秀文化，促进国际文化交流，丰富和提高人民的精神生活。"

三是将第六条至第八条及其后面的条款中"出版行政部门"修改为"出版行政主管部门"。

四是将第七条中的"可以检查与违法活动有关的物品"修改为"可以检查与涉嫌违法活动有关的物品和经营场所"①。

这些修订，扩大了出版管理条例的适用范围，明晰了出版活动指导思想和出版行政主管部门的定位，并扩大了出版行政主管部门的职权。

（二）关于出版单位设立与管理规定的修改

《条例》第二章是有关出版单位设立与管理的条款，是此次修订的重点之一。

---

① http://www.gov.cn/flfg/2011-03/19/content_1828564.htm.

该部分修改的内容主要有：

其一，规定"设立的出版单位为事业单位的，还应当办理机构编制审批手续"。

其二，将原第十四条中的"自收到设立出版单位的申请之日起 90 日内"修改为"自受理设立出版单位的申请之日起 60 日内"。

其三，将原第十五条第二款"出版单位经登记后，持出版许可证向工商行政管理部门登记，依法领取营业执照"修改为："出版单位领取出版许可证后，属于事业单位法人的，持出版许可证向事业单位登记管理机关登记，依法领取事业单位法人证书；属于企业法人的，持出版许可证向工商行政管理部门登记，依法领取营业执照。"

其四，将原第十七条第一款修改为："出版单位变更名称、主办单位或者其主管机关、业务范围、资本结构，合并或者分立，设立分支机构，出版新的报纸、期刊，或者报纸、期刊变更名称的，应当依照本条例第十二条、第十三条的规定办理审批手续。"同时规定了出版单位作为事业单位和企业单位应分别办理的登记手续，还对原第二款"到原登记的工商行政管理部门办理变更登记"，具体化为作为事业单位和企业单位应分别办理的手续。

其五，将原第十八条修改为："出版单位中止出版活动的，应当向所在地省、自治区、直辖市人民政府出版行政主管部门备案并说明理由和期限；出版单位中止出版活动不得超过 180 日。出版单位终止出版活动的，由主办单位提出申请并经主管机关同意后，由主办单位向所在地省、自治区、直辖市人民政府出版行政主管部门办理注销登记，并报国务院出版行政主管部门备案。"同时规定了出版单位分别属于事业单位和企业单位应办理注销登记的职责。

其六，将原第二十一条改为第四十九条，修改为："出版行政主管部门应当加强对本行政区域内出版单位出版活动的日常监督管理；出版单位的主办单位及其主管机关对所属出版单位出版活动负有直接管理责任，并应当配合出版行政主管部门督促所属出版单位执行各项管理规定。出版单位和出版物进口经营单位应当按照国务院出版行政主管部门的规定，将从事出版活动和出版物进口活动的情况向出版行政主管部门提出书面报告。"

其七，将原第二十二条改为第二十一条，增加一款，作为第二款："出版单位及其从业人员不得利用出版活动谋取其他不正当利益。"[①]

上述修改的特点和意义分别在于：第一点体现了与事业单位改革和体制相匹

---

① http：//www.gov.cn/flfg/2011-03/19/content _ 1828564. htm.

配。第二点反映了总结实践经验的可操作性和合理性。第三点体现了我国出版单位体制改革的现状和现实，即事业单位法人和企业单位法人并存。第四点将变更"资本结构"、"设立分支机构"纳入了应办理审批手续的范围，从而加强了对这两类行为的管理规范。第五点修改的特色是给予了 180 天时间的中止出版活动的宽限期，即一定时间内中止出版活动不必然要注销，从而更好地保障了出版单位的利益。第六点新增的内容强化了出版单位的主办单位及其主管机关的管理责任，并将管理范围扩大到出版物进口经营单位，从而有利于提高出版管理效能和出版管理水平。第七点修改也属于新增内容，强化了对出版单位和从业人员的依法从业、自律的要求，对于克服现实中存在的一些出版单位及其从业人员不正当谋利活动具有警示和威慑作用。[①]

(三) 关于出版物的印刷或者复制和发行规定的修改

《条例》第四章是关于出版物印刷或者复制和发行管理的规定。本次修改的主要内容有：

其一，对原第三十二条"从事出版物印刷或者复制业务的单位"办理申请手续中取消了向"公安机关"办理相关手续的规定。

其二，对从事出版物的印刷、复制或者发行的不同性质的单位，其审核许可主管部门作了重要调整，不再像原规定一样笼统地分为"从事报纸、期刊、图书的全国性连锁经营业务的单位"以及"从事报纸、期刊、图书总发行业务的发行单位"。修改后的《条例》第三十五条将从事出版物印刷或者复制业务的单位具体分为从事出版物总发业务的单位、从事出版物批发业务的单位、从事出版物零售业务的单位和个体工商户、从事出版物连锁经营业务的单位、从事出版物发行业务的单位和个体工商户，并对这些不同的单位的审核许可规定了不同的主管部门。

其三，增加一条作为第三十六条："通过互联网等信息网络从事出版物发行业务的单位或者个体工商户，应当依照本条例规定取得《出版物经营许可证》。提供网络交易平台服务的经营者应当对申请通过网络交易平台从事出版物发行业务的单位或者个体工商户的经营主体身份进行审查，验证其《出版物经营许可证》。"

其四，增加一条作为第三十七条："从事出版物发行业务的单位和个体工商户变更《出版物经营许可证》登记事项，或者兼并、合并、分立的，应当依照本条例第三十五条的规定办理审批手续，并持批准文件到工商行政管理部门办理相应的登

---

① 参见冯晓青：《〈出版管理条例〉最新修订的重大意义和内容探析》，载《出版发行研究》，2011 (6)。

记手续。

"从事出版物发行业务的单位和个体工商户终止经营活动的，应当到工商行政管理部门办理注销登记，并向原批准的出版行政主管部门备案。"

其五，将原第三十九条修改为："国家允许设立从事图书、报纸、期刊、电子出版物发行业务的中外合资经营企业、中外合作经营企业、外资企业。"允许三资企业从事的发行业务中增加了"电子出版物发行业务"①。

上述修改中，第一项系与当前从事出版物印刷或者复制业务的单位申请实际相吻合，也体现了不同行政管理部门职责分工的需要；第二项反映了当前我国从事出版物印刷或者复制业务的单位多元性和多层性的现实，需要在原规定基础上细化；第三项体现了网上书店等出版物发行新渠道的发展，促使出版管理适应网络信息化时代需求的特点，以便对信息网络空间出版活动进行规范和管理；第四项是新增内容，旨在规范变更登记等业务；第五项则意在适当扩大允许三资企业从事的相关业务的范围。从以上修改的内容可以看出，《出版管理条例》的这次修订力图将新技术发展、新兴产业纳入其中，但其实际操作性很成问题。在互联网等新技术的推动下，数字出版已成为一种区别于传统出版的新的出版形式，对数字出版的管理仅仅用《出版管理条例》已不能完全来涵括和规范。有学者注意到，和修订前发布的《出版管理条例（征求意见稿）》相比，新条例明确其规范对象"出版物"为"报纸、期刊、图书、音像制品、电子出版物等"，并不包括"网络出版物"。在新条例第七十三条明确"网络出版审批和管理办法，由国务院出版行政主管部门根据本条例的原则另行制定"②。此举说明，规范传统出版的要求很难适用于数字出版。数字出版的主体是纯粹的市场主体，它们可以按照同为行政法规的《互联网信息服务管理办法》、《电信条例》办理 ICP 经营许可证、网络文化经营许可证等互联网牌照，但不可能如《出版管理条例》要求传统出版单位的那样，"有符合国务院出版行政主管部门认定的主办单位及其主管机关"。这就是新条例依然难以适用于网络出版行为的原因。

(四) 关于新增出版监督管理的规定

《条例》第六章关于出版监督与管理的规定是新增的内容。共新增四条规定，具体为：第五十条："出版行政主管部门履行下列职责：（一）对出版物的出版、印

---

① http://www.gov.cn/flfg/2011-03/19/content_1828564.htm.
② 参见魏武挥：《〈出版管理条例〉和盛大文学》，载《第一财经日报》，2011-03-31。

刷、复制、发行、进口单位进行行业监管，实施准入和退出管理；（二）对出版活动进行监管，对违反本条例的行为进行查处；（三）对出版物内容和质量进行监管；（四）根据国家有关规定对出版从业人员进行管理。"第五十一条："出版行政主管部门根据有关规定和标准，对出版物的内容、编校、印刷或者复制、装帧设计等方面质量实施监督检查。"第五十二条："国务院出版行政主管部门制定出版单位综合评估办法，对出版单位分类实施综合评估。出版物的出版、印刷或者复制、发行和进口经营单位不再具备行政许可的法定条件的，由出版行政主管部门责令限期改正；逾期仍未改正的，由原发证机关撤销行政许可。"第五十三条："国家对在出版单位从事出版专业技术工作的人员实行职业资格制度；出版专业技术人员通过国家专业技术人员资格考试取得专业技术资格。具体办法由国务院人力资源社会保障主管部门、国务院出版行政主管部门共同制定。"

有学者认为，这些规定明确了出版行政主管部门应当履行的职责的具体内容，有利于为出版行政主管部门行政执法提供具体指导，提高出版行政主管部门主动执法意识和行政执法能力；明确了出版行政主管部门实现监督检查的内容，有利于提高出版管理质量；规范了出版物的出版、印刷或者复制、发行和进口经营单位行政许可程序，有利于相关单位合法开展业务。新条例第五十三条还规定了对出版专业技术人员实行职业资格制度，这有利于调动出版专业技术工作者的积极性和创造性，提高出版工作的专业技术水平。无疑，新增加的内容体现了对加强出版监督管理重要性的认识，有利于提高我国出版监督管理水平。[①]

（五）关于法律责任规定的修改

法律责任是法律法规规范的重要内容。对行政法规来说，法律责任就意味着行政处罚。《行政处罚法》第十条规定：行政法规可以设定除限制人身自由以外的行政处罚。法律对违法行为已经作出行政处罚规定，行政法规需要作出具体规定的，必须在法律规定的给予行政处罚的行为、种类和幅度的范围内规定。而按照该法规定，行政处罚的种类包括：警告；罚款；没收违法所得、没收非法财物；责令停产停业；暂扣或者吊销许可证、暂扣或者吊销执照；行政拘留。这意味着，作为行政法规的《出版管理条例》只能规定行政拘留以外的行政处罚。

对新条例第八章规定进行梳理，其行政处罚种类包括：警告、罚款（如"违法经营额 1 万元以上的，并处违法经营额 5 倍以上 10 倍以下的罚款；违法经营额不

---

① 参见冯晓青：《〈出版管理条例〉最新修订的重大意义和内容探析》，载《出版发行研究》，2011（6）。

足 1 万元的，可以处 5 万元以下的罚款"）、取缔、没收（如"没收出版物、违法所得和从事违法活动的专用工具、设备"、"责令限期停业整顿，没收出版物、违法所得"、"责令停止违法行为"、"吊销许可证"、"吊销资格证书"、"不得担任法定代表人或主要负责人"等）；有关刑事处罚的规定包括："依照刑法关于非法经营罪的规定，依法追究刑事责任"；"走私出版物的，依照刑法关于走私罪的规定，依法追究刑事责任"。明确对"出版行政主管部门和其他有关部门工作人员"的处罚，行政处罚包括降级直至开除。构成犯罪的，依照刑法关于受贿罪、滥用职权罪、玩忽职守罪或者其他罪的规定，依法追究刑事责任。条例还规定了出版单位及其法定代表人（主要负责人）、从业人员的责任：单位违反本条例被处以吊销许可证行政处罚的，其法定代表人或者主要负责人自许可证被吊销之日起 10 年内不得担任出版、印刷或者复制、进口、发行单位的法定代表人或者主要负责人。出版从业人员违反本条例规定，情节严重的，由原发证机关吊销其资格证书。

新条例规定的法律责任涵盖行政责任、刑事责任、民事责任三种责任，既包括人身罚、财产罚，还包括资格罚；既对出版行为、出版单位规定罚则，还对出版从业人员明确了处罚，同时对出版行政主管部门和其他有关部门工作人员的违法行政行为，明确了处罚。与原条例相比，新条例的"法网"更加严密，同时体现了对作为管理者的主管部门工作人员行使权力行为进行监督和控制的意图。

三、新闻出版单位仍实行主管主办制度

有学者提出，新修订的《出版管理条例》，不只是改动的要注意，还有一个没有改动的地方更值得我们注意，就是主办单位和主管机关的制度没有改。[①]

新条例第二章"出版单位的设立与管理"明确，设立出版单位应当具备的 6 项条件中，包括"有符合国务院出版行政主管部门认定的主办单位及其主管机关"（第十一条）。设立出版单位的申请书应当载明的事项中包括"出版单位的主办单位及其主管机关的名称、地址"，"申请书应当附具出版单位的章程和设立出版单位的主办单位及其主管机关的有关证明材料"（第十三条）。国务院出版行政主管部门应当自受理设立出版单位的申请之日起 60 日内，作出批准或者不批准的决定，并由省、自治区、直辖市人民政府出版行政主管部门书面通知主办单位；不批准的，应

---

① 参见魏永征：《在 2011 年十大传媒事件研讨会演讲》，见魏永征博客，http://weiyongzheng.com/archives/32008.html#more-32008。

当说明理由（第十四条）。设立出版单位的主办单位应当自收到批准决定之日起60日内，向所在地省、自治区、直辖市人民政府出版行政主管部门登记，领取出版许可证（第十五条）。出版单位设立的一系列行为都需主办单位做出，出版行政主管部门也只受理主办单位的申请。没有主办单位，出版单位是无法完成设立行为的。

出版单位变更名称、主办单位或者其主管机关、业务范围、资本结构，合并或者分立，设立分支机构，出版新的报纸、期刊，或者报纸、期刊变更名称的，应办理审批手续。出版单位除前款所列变更事项外的其他事项的变更，应当经主办单位及其主管机关审查同意，向所在地省、自治区、直辖市人民政府出版行政主管部门申请变更登记，并报国务院出版行政主管部门备案（第十七条）。从条例规定看，出版单位的主办单位才是有民事行为能力的民事权利主体，报纸编辑部、期刊编辑部等不具备民事行为能力，民事责任由主办单位承担。

在新增的第六章"监督与管理"中，原条例中第二十一条改为第四十九条，并且加了一段话："出版单位的主办单位及其主管机关对所属出版单位出版活动负有直接管理责任，并应当配合出版行政主管部门督促所属出版单位执行各项管理规定"，明确了主办单位和主管机关对出版单位的直接管理责任。

在新条例发布之前，业界和学界曾有人预测，修订后的《出版管理条例》将适应新闻出版业从事业单位改制为企业，而取消或者逐步取消主管、主办单位等"婆婆"，以使出版单位成为真正的市场主体，推动我国出版产业的发展。

但在最终出台的新条例中，主办单位和主管机关制度非但没有改变，而且有所加强。

有学者注意到，在新条例公布的同一个月，新闻出版总署发布了第一号公告，宣布有451个规范性文件继续有效，其中一个文件就是1993年发布的部门规章《关于出版单位的主办单位和主管单位的职责的暂行规定》，该规章是1997年《出版管理条例》施行以前公布的。该规章规定主办单位与出版单位是领导与被领导的关系，不能是挂靠关系。主办单位必须领导、监督所办的报刊符合党和国家规定的正确的政治方向。报刊如发生严重错误和其他重大问题，由主办单位承担直接领导责任。这些规定现在依然有效，只是由新条例再次重申而已。新条例的重申表明，报刊等出版单位的主管、主办制度将继续坚持下去。[①]

按照国家主管部门安排，除部分党报、党刊、出版社保持事业单位性质不变，

---

① 参见魏永征：《在2011年十大传媒事件研讨会演讲》，见魏永征博客，http://weiyongzheng.com/archives/32008.html＃more-32008。

我国绝大多数新闻出版单位已经或者正在转企改制，由文化事业变成文化产业。新闻出版业的产业属性得到空前强化，但因为主管主办制度的存在，报刊等出版企业与《公司法》意义上的企业相比，会有相当大的特殊性。

《公司法》规定的公司类别有：有限责任公司，其中包括一人公司、国有独资公司；还有股份有限公司以及上市公司。其基本治理结构为"出资人—董事会—公司管理机构"。但是报业公司、出版公司等出版企业，其结构就变成了"主管机关—主办单位—报业公司或出版公司"。出版企业如果是一人公司，主办单位就是出资人。如果要成立国有独资公司，按照《公司法》规定出资人应当是国资监管机构，就是国资委、国资局或者国资处，在普通公司里国资委就直接置于董事会—公司管理机构的上面。但是在新闻出版机构里，这个出资人只能放在旁边，因为还有主管机关和主办单位是出版企业的上级，出资人国资管理机构可能只是在资产上有一点监督作用，其他管理包括内容管理方面按照《出版管理条例》来进行。如果它要成立一个有限责任公司或者股份有限公司的话，加上另外的出资人，这些业外出资人是不能与主办单位分享任何管理权力的。有没有主办单位不是出资人而是由别的地方出资的呢？早就有这样的个案了，比如《财经时报》的主管机关是内蒙古新闻出版局，主办单位是内蒙古新华报业中心，但是出资人是杨澜和吴征的阳光公司，这个出资人对出版管理活动是不负任何责任的，还是由主办主管单位来管理。《财经时报》在报头上还说是阳光公司所在的集团成员，但这只是一个名义。后来《财经时报》因为被认为违反宣传纪律而停刊整顿还是由内蒙古新闻出版局下的处罚，阳光公司对此没有任何发言权，后来把资金撤了，《财经时报》就没能再出下去。所以改企后的出版公司、报业公司，同《公司法》意义上的普通企业还是有很大不同的。出版业改企，媒介成为产业，但该产业不同于一般产业。新条例告诉我们：报刊出版业的改企还是在原有的主管机关主办单位体制上进行，而不是像一些人想的那种独立的市场运行的主体。[①]

四、从新条例看我国出版自由保障与出版行政法制现状

(一) 我国新闻出版法制现状

出版自由是指公民享有通过出版物公开表达和传播意见、思想、感情、信息、

---

① 参见魏永征：《在 2011 年十大传媒事件研讨会演讲》，见魏永征博客，http://weiyongzheng.com/archives/32008.html#more-32008。

知识等的自由。言论、出版和表达自由是最重要的公民自由和权利之一，是民主政治制度的重要标志和象征。约翰·弥尔顿在《论出版自由》中，最早对出版自由作了阐发："让我们有自由来认识，抒发己见，并根据良知作自由的讨论，这是一切自由中最重要的自由。"马克思曾深刻地指出，发表意见的自由是一切自由中最神圣的，因为它是一切的基础。恩格斯强调，每个人都可以不经国家事先许可无阻地发表自己的意见，这也就是出版自由。我国《宪法》第三十五条明确规定：中华人民共和国公民享有言论、出版、集会、结社、游行示威的自由。在我国的法律制度下，公民享有的言论出版自由这一宪法基本权利，需要通过具体法律法规来保障，同时这些法律法规也往往构成对公民基本权利的限制。认识我国出版自由保障状况，就需要分析我国出版法制状况。

法治国家普遍实行"法律保留原则"，即对公民基本权利的限制，只能由狭义的法律作出。这里的"法律"是指由享有立法权的机关制定的具有普遍约束力的规范性文件，而不是行政机关制定的低位阶文件。我国《立法法》规定，对公民政治权利的剥夺、限制人身自由的强制措施和处罚，只能制定法律：尚未制定法律的，全国人民代表大会及其常务委员会可授权国务院根据实际需要，对其中的部分事项先制定行政法规，但是有关犯罪和刑罚、对公民政治权利的剥夺和限制人身自由的强制措施和处罚、司法制度等事项除外。这意味着，对言论自由等基本权利的限制和剥夺属于"绝对法律保留"范围，只有最高国家权力机关制定的法律才可以限制。

但是限于我国法制建设的渐进性和现实条件，到目前，我国还未制定《新闻法》、《出版法》，形成了"一法五条例"（《著作权法》、《出版管理条例》、《音像制品管理条例》、《印刷业管理条例》、《计算机软件保护条例》和《著作权法实施条例》）为主的出版法律法规体系。有关言论出版自由的法律规范，效力等级最高的为国务院制定的行政法规《出版管理条例》。

在以行政法规为主的出版管理制度体系下，还出台了《期刊管理暂行规定》、《普通中小学教材出版发行管理规定》、《出版物汉字使用管理规定》、《音像制品出版管理办法》、《出版物印刷管理规定》、《出版管理行政处罚实施办法》、《电子出版物管理规定》、《出版物市场管理暂行规定》等一系列注重执行性和管理性的部门规章。

进入新世纪，行政许可法的颁布对依法行政提出更高要求，互联网的普及带来网络出版的蓬勃发展，加入WTO使出版业面临对外开放的挑战，文化体制改革要求制度建设为文化产业的发展创造空间。为了适应新的形势，出版法律制度进行了全面更新。在出版行政法制体系中居基础地位的《出版管理条例》、《音像制品管理条例》等行政法规先后进行了数次修订。部门规章也相应进行了全面调整；为了与行政许可法等上位法协调，推进依法行政，新闻出版总署先后废止了五批规范性文件；为了应对互联网带来的网络出版迅猛发展，规范网络出版行为，制定了《互联网出版管理暂行规定》；为了适应加入 WTO 的需要，促进出版业对外开放，多次对外商投资印刷企业、分销企业的相关规定作出调整；为推进文化体制改革，形成稳定、规范的市场秩序，更新了《出版物市场管理规定》、《电子出版物出版管理规定》、《音像制品进口管理办法》、《订户订购进口出版物管理办法》等规章；为进一步推进出版行业规范管理，更新了《报纸出版管理规定》、《报社记者站管理办法》，制定了《新闻记者证管理办法》、《关于严防虚假新闻报道的若干规定》等相关规定。

（二）出版行政法制现状分析

1. 对出版自由的保障与限制

《宪法》第三十五条明确了公民享有出版自由的权利。《出版管理条例》是《宪法》之下唯一对公民出版自由作出规定的法律法规。作为行政法规，尽管该条例宣示了保障出版自由的原则，但更多条文着眼于对出版的管理，事实上构成对出版自由的限制。

《条例》中有关出版自由的表述共有两处条款：在第一条立法目的中，明确"保障公民依法行使出版自由的权利"；第五条第一款规定："公民依法行使出版自由的权利，各级人民政府应当予以保障。"新闻出版总署工作人员撰文认为，"扫黄"、"打非"及打盗版工作，也是对公民依法行使出版自由权利的一种保障。[①]

与宣示出版自由的条款相伴的是强调对出版自由限制的规定。第一条明确的诸立法目的中，第一个目的就是"加强对出版活动的管理"。第五条第二款明确："公民在行使出版自由的权利的时候，必须遵守宪法和法律，不得反对宪法确定的基本原则，不得损害国家的、社会的、集体的利益和其他公民的合法的自由和权利。"条例还对出版活动的价值取向和内容提出了要求。第三条规定，"出版活动必须坚持为人民服务、为社会主义服务的方向，坚持以马克思列宁主义、毛泽东思想、邓小平理论和'三个代表'重要思想为指导，贯彻落实科学发展观，传播和积累有益于提高民族素质、有益于经济发展和社会进步的科学技术和文化知识，弘扬民族优

---

① 参见于慈珂：《关于新〈出版管理条例〉的几个重要问题》，载《出版发行研究》，2002（2）。

秀文化，促进国际文化交流，丰富和提高人民的精神生活。"第四条规定，"从事出版活动，应当将社会效益放在首位，实现社会效益与经济效益相结合。"

关于设立出版单位的审批制度，《条例》第九条规定，"报纸、期刊、图书、音像制品和电子出版物等应当由出版单位出版。"第十一条明确了设立出版单位应当具备的具体条件，其中之一是"有符合国务院出版行政主管部门认定的主办单位及其主管机关"。这实际上排除了公民个人办报、办刊的可能性，也排除了无主管主办单位的非国有主体设立出版单位的可能。这种制度被传媒法学者魏永征先生概括为"公民有自由，媒体归国家"。审批制区别于国际通行的登记制，之所以实行审批制而不实行登记制，是因为出版单位既具有一般行业属性，又有意识形态特殊性，既是大众传媒，又是思想宣传阵地，事关国家安全和政治稳定，负有重要的社会责任。为确保党和国家对思想宣传阵地的领导，确保出版单位将社会效益和社会责任放在首位，在新闻出版的关键环节即出版单位的设立上，必须实行严格的国家审批制度。[1]

关于出版物禁载制度，除《条例》第三条要求出版活动要体现"两为"方针等政治要求，第二十五条明确"禁载十条"，明确了出版物不得含有的违禁内容。第二十六条明确了以未成年人为对象的出版物禁载内容。而实现内容管理的方式主要不是实行政府事先检查，而是强化出版单位的编辑责任。第二十四条规定，"出版单位实行编辑责任制度，保障出版物刊载的内容符合本条例的规定。"含有违禁内容的出版物不得出版、印制、进口、发行，如有违反就要承担相应的法律责任。

相比较而言，出版自由的条款为原则性的笼统规定，对出版自由的限制条款则具体得多。

2. 出版行政法制存在的问题

(1) 立法层级偏低。出版自由是宪法规定的公民基本权利。按照法治国家和国际公约明确的原则，对基本权利的保障与限制应当由法律作出。大部分大陆法系的国家都有新闻出版法，如瑞典、芬兰在几百年前就制定了《出版自由法》。我国《立法法》也明确了法律保留事项，其中对公民政治权利的剥夺应当由法律作出规定，作为政治权利之一的出版权利的规范，理当由法律作出规定。然而，我国出版行政法制体系中位阶最高的法律文件为《出版管理条例》，修订后也仍是行政法规。在具体行政管理中，出版行政主管部门依据的更多是部门规章及其他规范性文件，立法权威性、科学性、稳定性不足，无法对出版活动中形成的所有法律关系进行全

---

[1] 参见于慈珂:《关于新〈出版管理条例〉的几个重要问题》，载《出版发行研究》，2002 (2)。

面规范。总的来看，出版立法的层级不能满足出版事业、出版产业发展的需要。

（2）对出版自由权利保障不足。如前所述，《条例》第一条明确的立法目的，既"保障公民依法行使出版自由的权利"，也要"加强对出版活动的管理"。应该明确，这些目的中，前者应当是立法的终极目的，是第一位的；后者是第二位的，应当服务于公民出版自由这一目的。目前，我国已加入《经济、社会及文化权利国际公约》，签署《公民权利和政治权利国际公约》，正在等待全国人大批准。我国政府已两次发布《国家人权行动计划》，强调要保障公民的表达权利。但从《出版管理条例》看，公民出版权利保障的条款还有很多不足，如权利的内容、界限以及相关的权利救济等问题尚无清晰的规范。只是笼统地强调"公民的出版自由是具体的、相对的、有限度的，必须在法律规定的范围内行使"[1]。体现在规范中，就是要求"公民在行使出版自由的权利的时候，必须遵守宪法和法律，不得反对宪法确定的基本原则，不得损害国家的、社会的、集体的利益和其他公民的合法的自由和权利"。其取向不是给国家或政府而是给公民设定义务，不是限制政府行为，而是限制公民行使权利行为。这种规定容易导致限制过宽过滥，甚至使权利保障落空。

（3）对出版物内容审查的标准不够明确。在《条例》第二十五条、第二十六条明确的出版物禁载内容中，所涉及的国家秘密、诽谤、淫秽、迷信等都是比较复杂的问题，由于规则的模糊性，容易造成政府主管部门管理的随意性。出版单位编辑在对出版物内容进行审查把关时，由于缺乏统一执行标准，为了避免出问题，往往审查过严，甚至草木皆兵，容易造成过度限制，使权利保障难以实现。

（4）偏重管理，管理倾向明显。由于出版业与意识形态的特殊关系，相对其他行业有更多的政府管制，强调自上而下的行政管理，对行政相对人合法权益的保障不够。顺应行政法治要求，修订后的《出版管理条例》在依法行政、规范管理、服务行政相对人方面有了明显进步，但依然有较重的管制色彩。新条例法条中共有27处"不得"、12处"禁止"、30处"批准"、27处"许可"、12处"备案"。而关于出版自由权利则只有简单的原则规定。出版行政主管部门的规章也体现了相同特点，重行政管理，轻权利保护。可以说，包括条例在内的出版行政法制体系，还是管制法范畴，而不是权利保障法。

（三）构建法治化的出版法律体系

我国已明确建设社会主义法治国家的目标，并宣布已形成中国特色的社会主义

---

[1] 于慈珂：《关于新〈出版管理条例〉的几个重要问题》，载《出版发行研究》，2002（2）。

法律体系。在这个法律体系中，是否应有《出版法》或《新闻法》的位置？本文认为，为了更好地保障公民言论出版自由，让《宪法》第三十五条的"六大自由"（言论、出版、集会、结社、游行、示威）告别没有法律保护，甚至因此沦为限制多于保护的"六小自由"的状况，制定《新闻出版法》已势在必行。

从目前情况看，制定《新闻出版法》的时代要求非常迫切，现实条件也逐步形成。首先，十七届六中全会作出了关于深化文化体制改革，推动社会主义文化大发展大繁荣的重大决定。在文化国际化的大背景下，传统的以预防、审批为主的文化管理手段已经在相当程度上阻碍了文化产业的进一步发展，限制了文化市场的进一步壮大，抑制了文化活动主体独立性的形成，为此要求以体现公开的、固定化的、平等的为固有特性的法律规范来管理、调整文化活动，促进文化发展，保障文化活动主体发展的原动力。而《公民权利和政治权利国际公约》获得批准后，还涉及处理中国国内法与国际公约两者关系，其原则大致是：中国国内法没有规定而国际公约有规定的，适用国际公约，但中国提出声明和保留的除外；中国国内法的规定与国际公约的规定相冲突的，国际公约优先。《出版管理条例》与公约相冲突的规定将会自动失效。公约在中国的实施方式，是采取"转化"适用，还是采取"纳入"适用，亟须研究解决。尽快制定与之相适应的《出版法》不失为积极应对的方式之一。①

其次，固守现有新闻出版法制体系是缺乏前瞻性的，不能适应未来发展需要，甚至会阻碍我国文化产业发展目标的实现。目前我国政府对传媒产业的管理依据行政隶属关系，主要以行政手段直接干预和约束传媒的行为，很大程度上带有计划经济管理体制延续的性质。政府既是政策、规章的制定者与监督执行者，又是具体业务的实际经营者，政企、政事、管办不分，使市场机制难以发挥有效配置资源的作用。政府对出版管理方式的转变势在必行。十七届六中全会通过的决定已明确要求，要"加快文化立法，制定和完善公共文化服务保障、文化产业振兴、文化市场管理等方面法律法规，提高文化建设法制化水平"。

再次，不能适应深化文化体制改革的需要。我国绝大多数报刊社、出版社已转企改制，由事业单位转为企业，组建企业集团，有的已改股上市。转企后的出版单位，管理上首先应受《公司法》约束，但如前所述，大部分出版企业实际上仍处于"企业单位事业管理"状态。这种状态是非正常的，随着更多出版企业改股上市，

---

① 参见上海市政协文史资料委员会：《对制订〈出版法〉若干问题的再认识》，载《联合时报》，2012 - 06 - 12。

势必要求严格执行《公司法》。如何处理《出版管理条例》与《公司法》之间的冲突，将成为困扰出版业等文化产业的发展。相对《公司法》，《出版管理条例》仅属于行政法规，立法层次偏低，在日常管理上将陷入受更高层次法律制约的尴尬地位。

最后，如前所述，《出版管理条例》难以对以互联网和数字出版为代表的网络出版活动和行为进行规范。如果像条例第七十三条明确的那样，对"网络出版审批和管理办法，由国务院出版行政主管部门根据本条例的原则另行制定"，再出台针对网络出版的部门规章或其他规范性文件，仍难避免法规规章之间的冲突与协调，不能脱出部门立法重管理、轻保障的窠臼，也不能适应产业发展需要。而被邓小平同志强调"一个字也不能改"的十三大报告早已明确了制定《出版法》的任务。

《出版管理条例》颁布施行至今已有15年，已经具备了"经过实践，积累经验，待条件成熟时再上升为法律"的时机和条件。《出版法》不仅为社会主义法律体系所必需，同时也是深化出版改革的题中应有之义，更是社会主义文化大发展大繁荣的必要条件之一。从世界各国制定《出版法》的历史进程来看，《出版法》是经济、文化从封闭走向开放、从严苛走向宽松的标志之一。① 当前，人民权利觉醒和政治民主化的大势告诉我们，中国已走到了这个阶段。

---

① 参见上海市政协文史资料委员会：《对制订〈出版法〉若干问题的再认识》，载《联合时报》，2012 - 06 - 12。

广播电视内容政府规制的边界

——"限广令"的比较分析

一、广电总局的"限令"

近年来，"限令"成为广播电视媒体的热词。从广告限时、限播、限中插，到限娱乐、限电视剧题材，一系列"限令"构成国家广电总局对广播电视媒体进行内容管理和监督的行为，体现了行政主管部门治理广电媒体的热切愿望。

2011 年 11 月 25 日，国家广电总局发出《〈广播电视广告播出管理办法〉的补充规定》(广电总局令第 66 号)，明确自 2012 年 1 月 1 日起，播出电视剧时，每集（以 45 分钟计）中间不得再以任何形式插播广告。这一规范性文件是政府主管部门对广电媒体播出广告行为的一种管理措施，被媒体称作"限广令"。

事实上，限广令并不是一道命令，而是很多道命令。有学者分析，截至 2003 年，广电总局及相关部门制止广播电视机构插播广告的通知及文件已有 6 个，但都没有得到彻底的执行。[①] 据笔者初步梳理，仅限制刊播广告的"限广令"，就有 14 项之多。这些"限令"内容繁杂细致，分别指向电视广告内容和广告播出行为，甚至针对同一类广告播出行为反复出台措施。从 1997 年 2 月 19 日广电部发出《关于进一步加强广播电视广告宣传管理的通知》对广告的内容、广告总量和广告插播进行全面规范开始，之后出台的每一道"限令"规制的对象都大同小异。针对电视广告内容的有：对药品、医疗器械、丰胸、减肥、增高产品等 5 类电视购物节目发出"禁播令"；严令禁播 8 类涉性药品、医疗、保健品广告；坚决禁止涉性广告等。针

---

① 参见郑保章、程佳琳：《对广播电视广告播放管理办法的深层思考》，载《采写编》，2003（6）。

对电视广告播出行为的"限令"则多数指向电视剧插播广告，具体包括：影视剧片头、片尾插播广告；超时插播广告；在传送转播节目时插播游动字幕广告；广告夸张宣传；时政新闻类节目商业冠名等。梳理一系列广告"限令"可以看出，在不厌其烦地"三令五申"后，广电总局对所规制对象的容忍度不断变小直至为零，"限广令"事实上已变成了"禁令"①。

本文以广电总局 2012 年施行的"限广令"为主要分析对象，将其与西方法治国家对广播电视内容规制的做法进行比较，分析政府对广电媒体播出广告行为进行规制的正当性、必要性和实效性，明晰管理行为应遵循的原则和界限，探讨广播电视政府规制与行政法治的关系，并对改进我国广播电视政府规制提出建议。笔者认为在完善政府规制的同时，应积极引导建立行业自律体系，依靠自净机制来规范广电媒体行为；让电视观众用手中的遥控器来"投票"，相信受众的力量会逼迫电视行业提高自律水平，促使电视台在商业利益与社会利益之间寻求平衡。唯此，规制的目标才有望以较低的社会成本得到实现。

二、限制广播电视广告的法理依据

1. 广告的言论自由属性

认识"限广令"，首先应了解广电媒体播出广告行为的性质。广告是市场经济的产物，也是一种高度开放的大众传播行为和社会活动行为，在信息时代扮演着极为重要的角色，是社会经济活动中不可或缺的要素。② 我国的报刊、广播电视媒体尽管还是"公益性文化事业"的组成部分，但其产业属性不容忽视，要靠广告经营获得的收入来实现其再生产。媒体的逐利性决定了它会主动追求广告，播出广告是媒体经营行为的重要部分。

但广告并不仅是商品信息的传播，还是一种言论形态，被称作"商业言论"。在美国，从 1791 年《权利法案》写入美国宪法，直至 1942 年，美国最高法院从未考虑过广告是否受宪法第一修正案的保护。1942 年的一个判例明确写道：商业言论——广告——不受言论自由的宪法保障的保护。1964 年"纽约时报诉沙利文案"

---

① 2010 年 1 月 1 日起施行的部门规章《广播电视广告播出管理办法》规定，电视台在播出每集 45 分钟长的电视剧时，可在每集中插播两次商业广告，每次时长不得超过 1 分 30 秒。其中，在 19:00—21:00 之间播出电视剧时，每集可插播一次商业广告，时长不得超过 1 分钟。每小时电视广告的播出时间不能超过 12 分钟。2012 年 1 月 1 日起施行的《〈广播电视广告播出管理办法〉的补充规定》则明确，播出电视剧时，不得在每集（以 45 分钟计）中间以任何形式插播广告。这已构成对前法的修改。

② 参见陈绚：《广告道德与法律规范教程》，1 页，北京，中国人民大学出版社，2010。

含蓄地否定了这一判例。之后的一系列案件进一步明确了广告作为商业言论受保护的原则。受保护的核心原理就是：广告常常传递了重要信息。1976 年联邦最高法院推翻弗吉尼亚州禁止药店为处方药价格做广告的判决阐述了这一原理：无论广告有时看起来可能是多么乏味与泛滥，但是它传播了关于谁正在以何种价格、何种理由生产与销售何种产品的信息。只要我们维持一种自由企业主导的经济，我们的资源就将在相当程度上通过无数的私人经济决定来分配。保证上述决定在整体上是理智的、信息充分的，这是一个公共利益的问题。为了这个目的，商业信息的自由流动是不可或缺的。① 广告作为商业言论，受言论自由保护，已成为法治国家的共识。

2. 广告表达自由受到限制

作为商业言论，广告有其自由表达的空间，但与一般言论相比，广告言论与自由、民主等宪政价值关联较少，其内容和发布形式受到较多的限制。限制和管理的主体是政府。"限广令"限制了广告的表达，也对广电媒体播出广告的"自主经营权"构成限制。② 需要考量的是，这种限制是否正当。

按照宪法原理，对言论自由等基本权利的限制，只有当基于（广义的）公共利益之考量、公益考量的必要性及须以法律来限制等三个要件存在时，方可侵犯人民的基本权利。③ 也就是说，政府限制言论自由的权力也要受到限制，应遵循如下原则：一是合法性原则。即政府规制必须依照已经公布的法律作出。这里的"法律"是指由享有立法权的机关制定的具有普遍约束力的规范性文件，而不是行政机关制定的低位阶文件。该原则也称"法律保留原则"。二是合目的性原则。要求政府限制言论目的正当，这些"目的"包括公共利益、私人利益和维护司法公正与权威。如日本《广播电视法》第 3 条规定："只要不是基于法律授予的权限，任何人都不能对广播电视节目进行干涉或者限制。"对广告等广播电视内容的限制，还与广播电视媒体区别于报刊的特殊属性有关。

3. 政府干预广播电视的理由

与对报业实行自由放任政策不同，西方发达国家普遍把广播电视行业界定为一类比较特殊的行业，将广播电视服务视为一种准公共产品和社会必需的服务，通过

---

① 参见［美］唐·R·彭伯：《大众传媒法》，516 页，北京，中国人民大学出版社，2005。
② 《宪法》第十六条明确"国有企业在法律规定的范围内有权自主经营"。广电媒体实行事业单位、企业化经营，应享有国有企业的自主经营权。
③ 参见陈新民：《德国公法学基础理论》，348 页，济南，山东人民出版社，2001。

政府规制^①来保障这种社会必需品的稳定、可靠供给。政府规制广播电视的理由，首先是电磁频谱的稀缺，为了避免资源稀缺导致破坏性竞争，"基于公众的利益、方便和必需"而对广播电视进行管制。由于广播电视的发展不仅仅涉及经济效益，更关乎人们的信息渠道、意见的自由表达和政治的民主化等社会效益，公共利益是政府规制广播电视的正当性理由。

为了实现公共利益，多数国家实行广播电视公营、商营并行体制。其中公共广电媒体作为公共产权的运营主体，不以营利为目的，不刊登广告，资金主要来自公众交纳的视听费（执照费），保证其运作具有独立性，不受政府和广告商的影响。在"放松规制"的时代背景下，各国商业广播电视获得快速发展。商业广电媒体作为公共产权和私有产权的混合运用主体，一方面接受政府委托，运用电波资源这一社会共有财产，组织广播电视生产；另一方面，作为商业主体，从事与广播电视服务有关的商业活动，通过广告服务等获取收益。广播电视广告规制主要针对商业广电媒体。

数字技术使频谱资源的稀缺得到根本改善。美国联邦通信委员会（FCC）由此宣布"稀缺性"作为广播电视规制的立论基础已不再有效。^② 现在主要是基于"无所不在理论"、"影响巨大理论"及"社会能力弱者保护理论"对广电媒体进行规制。"无所不在理论"认为广播电视媒体有很强的渗透力，可能随时出现在视听者面前，因此要为不令人反感及为保护未成人而对广播电视进行监管。"影响巨大理论"认为广播电视利用声像的影响力及即时性，造成的影响十分巨大，因而有必要进行管制。"社会能力弱者保护理论"是为了保护心智未成熟的青少年不受色情、暴力影响而产生的管制。这几种理论也构成了对广播电视广告进行规制的理由。

反观中国广播电视业，过去政事高度融合的传统型事业单位正在向企业化管理的现代事业法人转变，广电服务本身的经济属性凸显，由纯公共产品向准公共产品、混合型产品转化。转型期的广电传媒市场具有很大的特殊性。第一，具有事业型市场的属性。事业型市场是公共产品和准公共产品的供求市场，由于公共产品没有确切的市场价格，仅靠市场机制，不能真正实现资源的最优配置。第二，市场主体行为的非单纯性。在广电传媒市场中，我国广电媒体虽然正在成为公共产品和公共服务市场的供给主体，但是，作为市场主体的逐利性和利益最大化的行为逻辑，势必影响公共产品的质量和公共服务的提供。近年来，广电媒体过度娱乐化、广告

---

① 所谓规制（regulation），也称管制，主要是指具有法律地位、拥有独立权限的政府规制机构对特定个人和经济主体采取的一系列行政管理与监督行为，包括采取许可证制度、实施制裁等行政措施。

② 参见 ［美］彼得·K·普林格尔等：《电子媒介经营与管理》，266 页，北京，北京广播学院出版社，2004。

内容低俗的现象为公众难容，并成为政府规制对象，说明广电传媒市场显现的负外部性已在侵损公共福利。另外，我国广电传媒业垄断结构特殊，既存在国家法定垄断支配的市场，如晚间新闻联播市场，也有行政性垄断支配的业务；既包含自然垄断产业环节，也包含经济性垄断的因素。在缺乏政府有效监管的情况下，这种内部化的"垄断效益"往往同时会带来社会成本的增加。[①] 在中国的制度环境下，规范的现代传媒事业法人应当是受政府监管、向社会提供公共服务、具有事业型市场主体地位的法人。和西方相似，广电服务的公共产品性、广电传媒市场的外部性以及广电行业的垄断性，可以成为我国政府干预广电媒体行为的合法性理由。

三、对政府规制广播电视广告的比较分析

在中国的制度环境下，政府规制广播电视的直观表现就是一道道"限令"。

西方国家规制广播电视广告，是不是也有类似"限令"？规制措施的依据是什么？规制主体有什么不同？规制手段和规制效果如何？本文对中西方广播电视政府规制的做法进行比较分析，以厘清相关问题。

1. 规制依据与规制目标

西方国家都建立了以宪法或宪法性法律为基础的一般法体系，在一般法的基础上注重运用统一的专门法（或相关法）对公共和商业广播电视媒体进行约束。多数发达国家制定了广播电视专门法，少数发达国家制定了广播电视相关法，如媒介法、传播法和通信法等。[②] 美国《1927年广播法案》创立了美国广播业规制的法律基础。《1934年通信法案》奠定了电子传媒的规制政策框架，明确节目必须符合公共利益的事后监管体系，一直是美国电子媒介规制政策的基础。该法案确定由联邦通信委员会来替代联邦广播委员会（FRC），包括广播、电话、电报、电视以及微波和卫星传送等所有电子媒体都被纳入该机构的规制范围。之后颁布的《1984年有线通信政策法》、《1990年儿童电视法》、《1992年有线电视消费者保护及竞争法》和《1996年通信法》等相关法律均作为实施管理的依据。

在广播电视广告监管方面，各国都有相关立法。英国的《2003年通信法》设有专门条款，对商业电视媒体播出广告作出了详细规定。韩国依据《贯彻执行〈广播电视法〉的总统令》作出硬性规定：无线广播每小时播出广告的时间不得超过11

---

① 参见张志：《论中国广电业的政府规制》，载《现代传播》，2004（2）。
② 参见国家广播电影电视总局发展研究中心课题组编著：《发达国家广播影视管理体制和管理手段研究》，4页，北京，中国传媒大学出版社。

分 20 秒，地面电视每小时播出广告的时间不得超过 10 分钟，且不能打断节目进行插播。有线电视和卫星电视每小时播出广告的时间应在 10～12 分钟之间。法国规定，电视二台、电视三台等公共电视媒体每小时播出广告的时间不能超过 8 分钟，电视一台、都市六台等商业电视媒体每小时播出广告的时间不能超过 12 分钟。[①] 德国《青少年保护法》规定，公共电视台在晚间、节假日均不得播放广告，且每天广告不得超过 20 分钟；商业电视台虽可以在晚间、节假日插播广告，但不得超过节目总时间的 20%。

看起来西方国家也有"限广令"，其目标同样是减少不健康节目被播出的机会，对播出不健康节目的媒体进行制裁。但事实上，中外做法有质的不同。西方国家广播电视内容规制有严格的法律依据，规范的稳定性和可预见性高；严格依照法律授权实施事后审查和追惩，避免事前检查对言论造成过度限制；政府规制接受司法审查，规制对象有权提起诉讼，实现权利救济，行政法治程度高。通过司法渠道，约束广播电视媒体的行为，同时约束各类监管机构的监管行为。如美国的特许模式体现了美国政府的规制理念和规制内容，被认为是一种规制最完全也最为彻底的形式。[②] 其对商业广播电视的管制被称为"扬眉管制"，意思是说联邦通信委员会避免对广播电视节目发出特别指令。[③] 规制内容上，美国政府不对节目进行事前检查，但独立规制机构联邦通信委员会有权对不健康的节目罚款，并有权在许可证更换时对节目实施事后审查，判断节目是否服务于公共利益。1946 年联邦通信委员会发表的蓝皮书将公共利益具体化的内容就包括"合理限制广告的数量和内容"。联邦通信委员会还颁布了一系列规则，对儿童节目和广告进行规制。从 20 世纪 70 年代开始，西方国家普遍放松规制，但公共利益的传统从未动摇过，广告播放限制的目的是为了维护公共利益。[④]

对我国"限广令"规范进行梳理发现，《广告法》作为广告规制的法律基础，还很不完善，在许多方面缺少必要规定，有一些规定太抽象，不具操作性。目前，对广播电视播出机构严重违法播放广告的，如何追究其直接责任人和直接主管人责任，《广告法》没有规定。工商行政机关依据《广告法》的执法权难以对广播电视

---

① 参见庞井君主编，国家广播电影电视总局发展研究中心编著：《国外广电影视体制比较研究》，11 页，北京，中国国际广播出版社，2007。

② 参见［英］安东尼·奥格斯：《规制：法律形式与经济学理论》，269 页，北京，中国人民大学出版社，2008。

③ 参见［美］丹尼尔·C·哈林、［意］保罗·曼奇尼：《比较媒介体制》，227 页，北京，中国人民大学出版社，2012。

④ 参见国家广播电影电视总局发展研究中心课题组编著：《发达国家广播影视管理体制和管理手段研究》，9 页，北京，中国传媒大学出版社，2007。

播出机构的广告播放进行有效管理。这些缺陷，已有很多专家和管理者指出。[①]
1997年施行的行政法规《广播电视管理条例》第四十二条笼统规定："广播电台、电视台播放广告，不得超过国务院广播电视行政部门规定的时间。"实际起作用的规范中，位阶等级最高的为国家广电总局制定的部门规章《广播电视广告播出管理办法》、《〈广播电视广告播出管理办法〉的补充规定》，其余均为位阶和效力更低的规范性文件。这些多表现为"通知"的"红头文件"，对广播电视广告的限制性规定偏重行政性、政策性管理，事前审查的色彩浓厚，有的还与《广告法》等上位法有所抵触，很难看做规范程度高的法治化规制。

至于规制目标，可从一道道"限令"的目的看出。1988年国家工商局、广电部发出的《关于加强电视广告宣传管理的通知》表述为："为了进一步加强对电视广告的管理，维护广告宣传的严肃性和广告经营的正常秩序，纠正并杜绝各种不良倾向和行为。"1997年发布的《关于进一步加强广播电视广告宣传管理的通知》表述为："为认真贯彻党的十四届六中全会精神，把握广告宣传正确的导向，正确引导群众消费。"1999年发布的《关于坚决制止随意插播、超量播放电视广告的紧急通知》则认为，随意插播广告、超量播放广告的行为"严重违反了国家关于电视广告管理的有关规定，严重损害了广播电视作为党和政府喉舌的形象，严重侵害了广大电视观众的利益，必须坚决予以制止"。2004年1月1日施行的《广播电视广告播放管理暂行办法》第一条明确，制定该规章是"为保证广播电视广告的正确导向，规范广播电视广告播放行为，加强广播电视广告管理"。2006年广电总局、工商总局发布的《关于禁止播出虚假违法广告和电视"挂角广告"、游动字幕广告的通知》，目的是"为净化荧屏，严肃纪律"。2010年1月1日施行的《广播电视广告播出管理办法》的目的是"为了规范广播电视广告播出秩序，促进广播电视广告业健康发展，保障公民合法权益"。2010年2月发布的《关于进一步加强广播电视广告审查和监管工作的通知》是"为将总局61号令（即《广播电视广告播出管理办法》）等规定切实贯彻到位"。2011年10月发布的《关于进一步加强广播电视广告播出管理的通知》则是为了"纠正问题，切实规范广告播出秩序"。最近的一道"限广令"是着眼于观众的收视感受和电视行业的健康发展。[②] 规制的目的并无一致表述，带有较浓政治色彩和管理倾向，虽可笼统地看做为了维护公共利益，但公共

[①] 参见张国才：《改革开放以来我国广播电视广告规制的发展与问题》，载《中国广播电视学刊》，2009（1）。

[②] "把取消电视剧中间插播广告作为广播影视系统构建公共文化服务体系、提高公共文化服务水平、保障人民基本文化权益、体现以人为本的服务宗旨的重要举措。"见《广电总局关于贯彻执行〈《广播电视广告播出管理办法》的补充规定〉的通知》，见国家广播电影电视总局网站，http://www.sarft.gov.cn/articles/2011/11/28/20111128 123519650324.html，2012-10-05。

利益的内涵带有很大的不确定性。

2. 规制主体和规制结构

大多数发达国家都依法设立了广播电视业的政府行政管理机构，行使相应的监管权力，如英国的文化媒介体育部、法国的文化传播部、加拿大的遗产部、日本的总务省、韩国的文化观光部。但发达国家对广电媒体进行内容规制的主体并不是政府部门，而是在行政管理之外设立的独立规制机构，如美国的联邦通信委员会、英国的通信办公室（OFCOM）、法国的最高视听委员会（CSA）、韩国的广播委员会（KBC）。独立规制机构依法设立，与政府行政管理机关保持一定距离；在宪法和法律授权范围内独立行使对广播电视行业和媒体的监管权。多数机构拥有开办广电媒介的许可（审批）权和节目内容的监管权、规则制定权，少数独立规制机构拥有准司法权。采取这种体制的原因是，西方各国出于建立有限政府、法治政府和有效政府的目的，自 20 世纪 80 年代开始推进广播电视行业的规制改革，将政府的许多管理职能划归独立规制机构。政府对广播电视媒体的直接干预大大减少，通过由政府控制的独立规制机构来监管媒体和行业，不仅增强了广播电视监管的专业化和民主化程度，而且明显提高了监管的公平性和有效性。[①]

我国的广告行政管理机构是工商行政机关，但广播电视广告管理有其特殊性。2004 年前，对广播电视广告播出机构违法广告的处理决定权在工商行政机关。从 2004 年 1 月 1 日国家广电总局制定的部门规章《广播电视广告播放管理暂行办法》施行，首次以总局令的形式对广播电视广告的内容、播放总量、广告插播、播放监管等作出全面规范后，广电行政部门直接监管广播电视广告的职能大大增强。该规章规定了广播电视行政部门负责对广播电视广告播出活动的管理及对违法广播电视广告活动及其责任人行使处理权，而对于工商行政部门的广告监管权基本没有涉及，只在"情节严重的，由原批准机关吊销许可证，同时对直接责任人和主要负责人追究相关责任"这一规定中，不指名地涉及工商行政管理机关。自此，广电行政部门行使广播电视广告处理决定权，但如何处理工商行政机关对广播电视广告的管理权？广电总局的管理权来自法律授权还是权力的自我宣示？如果是后者，是否有效？事实上，广电、工商行政机关之间的行政权配置尚未厘清，仍有发生规制重叠、规制真空和权力冲突的可能。另外，我国对广播电视的规制，只有单一的政府规制，并不存在独立规制机构，规制结构单一。

---

① 参见国家广播电影电视总局发展研究中心课题组编著：《发达国家广播影视管理体制和管理手段研究》，5 页，北京，中国传媒大学出版社，2007。

3. 规制手段和规制效果

发达国家管理广播电视媒体的基本方法，是实行外部监管和内部治理相结合，即政府监管、独立规制、社会监督、行业自律及媒体自我约束相结合。这种规制方法的特点有：（1）以事后监管为主，如美国联邦通信委员会由于宪法对公民言论和表达自由的保护性条款，一直没有建立对广播电视节目内容的事前审查制度，只能出于维护公共利益的需要，把播出内容的事后审查作为广播电视许可证更换审查的一项内容。其中包括对广告数量是否过多的考量。（2）外部监管与内部自主规制相结合，逐步加大自主规制的范围和比重。（3）直接管理与间接调控相结合，越来越强调间接调控的作用。（4）指导性管理与强制性管理相结合，政府的行政管理多属于"非强制性行政行为"（noncoercive form of administrative action），以行政许可和行政指导为主。独立规制机构的监管则强调二者的结合。（5）约束机制与激励机制相结合，越来越强调在法制框架内建立监管者与被监管者之间的合作机制。（6）政府监管与独立规制机构监管相结合，越来越重视独立规制机构的监管作用。[1]对公共广电媒体的管理，依法自治为主，外部监管为辅，通过内部治理和必要的外部约束，确保公共媒体的公共服务性质和独立地位。对商业广电媒体的管理主要依靠外部监管和内部自律，前者指政府与独立规制机构的监管和社会监督，后者指行业自律和内部治理。

社会监督方面，多数发达国家形成了对商业广电媒体的社会监督机制。例如，德国《广播电视州际协议》规定，在商业广播电视机构中须设立频道顾问部门。该顾问部门既不隶属于政府也不隶属广播电视机构，成员来自各类社会团体，代表社会公众对广播电视机构进行监督，以建议和激励的方式保证舆论多元化与频道内容的多样性。

行业自律的细则对规范广播电视广告行为发挥了重要作用。以英国为例，自律机制在英国广播电视系统中一直占有非常重要的位置。自律机制一般是由行业组织或媒体组织制定节目标准，以此规范和约束广播电视媒体以及从业者的行为，其约束效力等同于法规。无论是公营的英国广播公司还是商营的广播电视公司都有自律性规章，并公之于众，以便从业人员遵守和公众监督。自律性规章一般比较全面、详尽和周密，成为指导媒体从业人员行为的准则。如英国广播公司制定的《编辑指导原则》，商营的独立电视网对外公布的《独立电视网价值观和政策》、《独立制片

---

① 参见国家广播电影电视总局发展研究中心课题组编著：《发达国家广播影视管理体制和管理手段研究》，6页，北京，中国传媒大学出版社，2007。

人指导原则》、《独立制片人委托节目的行为规范》等，就节目赞助、广告等明确行为规范和标准。还建立投诉机制，实现公众对广播电视内容的监督和社会控制。日本商业广电媒体则必须严格遵守行业维权与自律性组织"民间放送联盟"制定的各种自律性规章，如行业性共同规范《广播电视伦理基本纲领》、《日本民间放送联盟·广播电视基准》等，《基准》的内容包括广告、医疗广告、化妆品广告、金融广告、不动产广告及广告时间等多个方面。民间放送联盟还设立"放送基准审议会"，保障该基准得到执行。日本新闻协会于1958年首次制定、1976年重新修订的《新闻广告伦理纲领》以及在此基础上于1976年制定、1991年修订的《新闻广告刊登基准》，对广播电视行业的广告业务管理具有约束作用。

中国广播电视行业一直实行直接、强制、全面的"计划性管制"，体制和政策因素的刚性约束十分明显。尽管在市场经济条件下规制发生变迁，但还未建立起具有"公共规制"性质的现代政府规制体制。作为单一规制主体，广电行政机关既是广电媒体的所有者又是监管者。法治明确政府部门"不能做自己行为的法官"，而我国广电行政部门与广电媒体仍存在"管办一体"的特征，行政行为难以做到利益的超然性。按照规制俘获理论（capture theory of regulation），规制者如果被所规制的产业或利益集团所俘获，所制定的法律、规定、政策等保护的是被规制产业的利益，而不是公众的利益，规制的正当性就会变味。2012年开始施行的"限广令"的规制目标就受到怀疑。[①] 依靠单一的行政命令式要求，"限令"的规制效果如何？从常理看，如果被规制的违法违规行为令行禁止，限令、禁令就用不着三令五申了。针对电视台播出广告的行为，连续多年不厌其烦下达"限令"，一道比一道严厉，难说与政府规制的局限性无关。早在2004年，新闻媒体就发出疑问：红头文件为啥管不住电视台？[②] 广电服务依靠市场配置资源会出现市场失灵，但政府过度规制，甚至替代市场机制，也会造成政府失灵。红头文件遭遇的尴尬反映了一道道"限令"、"禁令"后的政府失灵。

四、中国广播电视广告规制法治化的可能路径

我国媒介规制变迁中，一直没有超越对规制和正式约束的移植阶段，只是将国外与市场经济相关的条文拿过来使用，而没有变革、改善根本性的正式约束及其生

---

① 有知情人透露，这道"限广令"是央视起草的。这一说法未经证实。
② 参见宋广辉：《政府红头文件为啥管不住电视台》，载《中国青年报》，2004-09-15。

存土壤与根基——非正式约束，也没有建立一套有效的实施机制。而有效的制度安排包括非正式约束、正式约束和实施机制三个不可或缺的内容。① 本文认为，对广播电视的政府规制应以保护言论（包括广告在内）为前提，在规制依据、规制目标、规制手段、规制主体等方面实现变革，以实现广播电视规制的法治化。

1. 规制依据的法治化

从国内外看，广告可能是受管制最多的一种现代言论与出版形态。这与广播电视法上公共利益内在的紧张关系有关。政府自身在协调这种紧张关系时，其行为要接受行政法治的各项原则衡量，做到合宪、合法、合理。

《广播电视管理条例》第五条规定："国务院广播电视行政部门负责全国的广播电视管理工作。县级以上地方人民政府负责广播电视行政管理工作的部门或者机构负责本行政区域内的广播电视管理工作。"有学者以此规定为依据，断定广电总局出台包括"限广令"在内的各项规章制度或管理措施的"合法性毋庸置疑"②。但事实上，在行政法治的视野下，政府规制的合法性并不能如此简单判断。

国务院《全面推进依法行政实施纲要》（2004年3月22日）提出了"全面推进依法行政，经过十年左右坚持不懈的努力，基本实现建设法治政府的目标"，并明确了依法行政的基本原则和基本要求等一系列内容。行政法治原则首先要求行政行为应有法律依据。但我国对广电媒体管理的最高位阶的法律规范是行政法规，"限广令"的依据多属于部门规章之外的其他规范性文件，即"红头文件"，法律效力等级最低。依法行政首先要求依宪法、法律行政，法规和规章只有符合宪法、法律的规定时，才能作为行政行为的依据。"限广令"所依据的规范性文件，其合法性同样应受到审查。

因此，应按照《立法法》明确的"法律保留原则"，对广播电视领域现有规制文件进行清理，与宪法法律相冲突、不符合法治原则的应修改或废除；尽快启动《广播电视法》的制定，在权利保障、权力制约的法治精神指导下，改进立法，明确规制主体职权及其边界，防止行政权未经法律授权而滥用；在宪法和法律的约束下确立政府干预广播电视内容的行为准则、目标和方式，处理好权力与权利之间的矛盾。

2. 广电规制中的依法行政

即使行政行为属于职权范围内行为，具备正当性和形式合法性，还要接受行政

---

① 参见胡正荣、李继东：《我国媒介规制变迁的制度困境及其意识形态根源》，载《新闻大学》，2005（1）。
② 参见丁汉青：《对"限广令"合法性、正当性与有效性的思考》，载《青年记者》，2012（1）。

法治的一系列原则的衡量和约束，严格按照行政法程序来运作。其中最重要的行政法治原则就是比例原则。

比例原则被称作行政法的"帝王原则"，基本含义是行政机关实施行政行为应兼顾行政目标的实现和保护相对人的权益，如为实现行政目标可能对相对人权益造成某种不利影响时，应使这种不利影响限制在尽可能小的范围和限度内，保持二者处于适度的比例。该原则的具体要求包括三项：其一，行政机关拟实施行政行为，特别是实施对行政相对人权益不利的行政行为时，只有认定该行为对于达到相应行政目的或目标是必要的、必需的，才能实施。其二，行政机关实施行政行为，必须在多种方案中进行选择，择其成本最小的、收益最大的、对相对人权益损害最小的方案实施。其三，行政机关拟实施行政行为，必须先进行利益衡量，只有通过利益衡量，确认实施该行为可能取得的公益大于可能损害的私益，才能实施，不能为了较小的利益而去严重限制他人权利。三者分别被概括为适当性原则、必要性原则和"狭义比例原则"或"最小损害原则"①。

根据目前掌握的资料，笔者无从判断广电总局出台"限广令"是否经过了这些行政法治原则的衡量和考虑，但可以判断的是，近年来广电总局对电视剧插播广告行为的容忍度不断降低，管制措施也越来越严厉。据测算，2011 年全年电视剧中插播广告的付费约 196 亿元。禁止电视剧中插播广告后，这些收入尽管不会全部消失，但减少应是明显的。政府规制所实现的公共利益（观众收视体验改善）与广电媒体的"不利益"是否成比例？在对媒体行为作出限制时，广电行政部门应进行认真考量。

美国传媒法上"商业言论原则"明确，政府可以管理虚假的或误导性的广告，以及有关非法产品与服务的广告。在下列情形中，政府也可以管理有关合法产品与服务的真实广告：（1）政府必须提出充足的州利益（也就是公共利益），以证明管理的合理性；（2）政府必须证明，它对广告实施的禁令会直接增进这种利益；（3）政府必须证明，这种州利益与政府管理之间存在"匹配"关系。所谓"匹配"，就是指"限制最少的方式"②。商业言论原则是行政法治原则在司法中的具体应用，值得我国广电媒体行政主管部门借鉴，在作出规制决定前应进行论证和说明，以明确规制的界限和尺度，减少规制的随意性。

---

① 参见［德］哈特穆特·毛雷尔：《行政法总论》，106～107 页，北京，法律出版社，2000；陈新民：《德国公法学基础理论》，368～369 页，济南，山东人民出版社，2001。

② 参见［美］唐·R·彭伯：《大众传媒法》，517～518 页，北京，中国人民大学出版社，2005。

3. 作为规制目标的公共利益

无论中外，公共利益是政府权力在广播电视领域适用的合法性基础，也是衡量广播电视节目内容和类型是否恰当的标准。但广播电视规制中的公共利益问题与广播电视法上的公共利益是有区别的。在广播电视法上，公共利益是立法目标，在执法过程中要求作为执法机关的行政部门或独立管制机关，必须按照公共利益原则实施其行为。也就是说其规制行为要受到法的"规制"。广播电视法上的公共利益有消极公共利益与积极公共利益之分。前者指在政府通过立法对广播电视进行管制的时候，虽然要对被管制者即广电媒体行为进行审查，但所有这些审查都不能带来对内容的审查，即不能妨碍广播业者的新闻自由和表达自由。后者是指通过政府的管制，通过广播电视法对于广播业主的义务要求，去促进、实现的利益或价值。[①] 前者要求不受政府妨碍，后者则要求政府积极作为，两者之间始终存在着一种紧张关系。

"限广令"取消电视剧中插播广告的做法是对广电媒体节目内容与广告的结合式管理，之前"限时限播限娱限中插"的各项政策则全面涉及了电视媒体的广告和内容。尽管"净化荧屏环境，给受众提供更好的收视体验"可以理解为公共利益目的，为政府规制行为提供了正当性理由，但公共利益的内涵必须明确。

我国广电领域从"计划性管制"向"公共规制"的转变，核心是对公共利益目标的维护。在立法、行政乃至司法层面，我国应尽快明确公共利益的内涵、政府规制行为的原则和边界。广电行政部门应剥离与公共利益无关的其他规制目标，逐步确立政府对广播电视事业的社会性规制机制。

4. 政府规制与行业自律、社会监督

比较分析看出，政府规制不可能包打天下。拿"限广令"来说，政府对广电媒体行为的微观干预，挡不住媒体赚钱的冲动，除非完全禁止媒体登载广告，但这种做法更难持久。[②] 从国内实际情况看，"限广令"强行割去电视剧中插播广告这块收入后，各电视台在遵守该规定的同时，纷纷通过各种对策来开掘新的广告收入渠道，其做法如业界人士所列：在电视剧中增加植入式广告、增加集间广告时长，甚至通

---

① 参见李丹林：《广播电视法上的公共利益研究》，中国传媒大学博士学位论文，2011。
② 从2011年3月1日起，重庆卫视实施"一不二减三增"方案：不播商业广告；减少电视剧和外包节目播出量，且将电视剧清出黄金档；增加公益广告片、城市宣传片和一系列自办新闻、红色文化节目，如《天天红歌会》、《民生》、《品读》、《百家故事台》、《原版电影》等。因不播商业广告，重庆卫视一年减少约3亿元收入，由财政补贴一半，其他地面频道业务增长补充另一半。2012年3月15日，重庆卫视出现了一条酒类广告。这是该家省级卫视在停播广告、被打造成"红色频道"后，首次播放的一条商业广告。参见勾伊娜：《重庆卫视复播商业广告》，载《新京报》，2012-03-17。

过"拆剧"以缩短剧集时长来增加收入。就算电视剧中不再有插播广告，也难让电视观众摆脱过多过滥广告的骚扰。政府下了很大工夫，但上有政策下有对策，难免"摁下葫芦起了瓢"，问题并不能根本解决。

对广电媒体来说，规制力量不仅来自政府，还应来自行业自律体系和社会监督力量。而后者恰恰是我们最欠缺的，甚至能发挥政府不能替代的作用。"限广令"的实践提醒我们，政府规制应在行政法治的原则下，以宽松、适当为基调；政府部门要积极引导建立行业自律体系，形成广电媒体播出广告的普遍共识和有效规则，依靠自净机制来规范广电媒体行为；改变处处为人民做主的"父爱主义"做法，相信公众有足够的理性作出符合自身利益的判断，让广大电视观众用手中的遥控器来"投票"，受众的力量会逼迫电视行业提高自律水平，促使电视台在商业利益与社会利益之间寻求平衡。"政府的归政府、行业的归行业、社会的归社会"，这样政府规制的目标才有望以较低的社会成本、较高的实效性得到实现。

微博实名制的正当性与合宪性

——对《北京市微博客发展管理若干规定》的分析与思考

一、中国微博实名制的实行与韩国网络实名制的废除

（一）北京出台规定推行微博实名制

2011 年 12 月 16 日，北京市人民政府新闻办公室、北京市公安局、北京市通信管理局、北京市互联网信息办公室制定的《北京市微博客发展管理若干规定》（以下简称《若干规定》）公布，并自公布之日起施行。

《若干规定》第一条明确："为了规范微博客服务的发展管理，维护网络传播秩序，保障信息安全，保护互联网信息服务单位和微博客用户的合法权益，满足公众对互联网信息的需求，促进互联网健康有序发展，根据《中华人民共和国电信条例》、《互联网信息服务管理办法》等法律、法规、规章，结合本市实际情况，制定本规定。"

第九条规定，"任何组织或者个人注册微博客账号，制作、复制、发布、传播信息内容的，应当使用真实身份信息，不得以虚假、冒用的居民身份信息、企业注册信息、组织机构代码信息进行注册。网站开展微博客服务，应当保证前款规定的注册用户信息真实。"

第十条明确任何组织或者个人不得违法利用微博客制作、复制、发布、传播的信息达到 11 条，比其上位法《互联网信息服务管理办法》的"禁载九条"增加了 2 条。增加的 2 条分别为：煽动非法集会、结社、游行、示威、聚众扰乱社会秩序的；以非法民间组织名义活动的。《互联网信息服务管理办法》禁载的第七项"散

布淫秽、色情、赌博、暴力、凶杀、恐怖或者教唆犯罪的"，在《若干规定》中变成"散布淫秽、色情、赌博、暴力、恐怖或者教唆犯罪的"，减少了"凶杀"一项。

《若干规定》对微博实名制的核心要求是：微博用户在注册时必须使用真实身份信息，但用户昵称可自愿选择。要求新浪、搜狐、网易等各大网站微博在2012年3月16日起全部实行实名制，采取的都是前台自愿、后台实名的方式。

在2012年2月7日召开的贯彻《北京市微博客发展管理若干规定》座谈会上，北京市网管办相关负责人表示，3月16日将成为北京微博老用户真实身份信息注册的时间节点，之后未进行实名认证的微博老用户，将不能发言、转发，只能浏览。

（二）广州、深圳、天津、上海也相继实行微博实名制

按照中央的部署，根据我国有关法律法规的规定，广东省广州、深圳的腾讯网、金羊网、大洋网、深圳新闻网、奥一网以及嘀咕网、饭否网等7家开展微博客业务的主要网站作为试点，从2011年12月22日起，实行微博客用户使用真实身份信息注册。

对微博客用户实行真实身份信息注册，目前只在新用户中进行，以个人名义注册的，应当提供本人身份证号码等信息；以组织、机构、单位等名义注册的，应当提供组织机构代码等信息。用户提供的个人身份号码和组织机构代码，由微博客网站向国家权威机构比对认证。用户真实身份信息的比对、认证在网站后台进行，用户在前台发言是使用真实身份还是选择网名、昵称，由用户自行决定。

几乎在同一时间，天津也开始实行微博实名制。

从12月26日开始，上海试行微博客新增账号以真实身份信息注册。对微博客用户实行真实身份注册，目前只在新增用户中进行。以个人名义注册的应当提供本人身份证号码等信息，以组织、机构、单位等名义注册的应当提供组织机构代码等信息。用户提供的身份信息，由微博客网站向国家权威机构比对认证。对已注册的微博客用户采取逐步规范的方法，陆续实行真实身份信息注册。微博客用户以真实身份信息注册及比对认证只在后台进行，用户在前台可以使用真实身份，也可以选择网名、昵称等，网站充分尊重个人意愿。在试行微博客用户用真实身份信息注册中，有关部门将严格督促网站和认证机构等制定、完善相关制度流程，以切实保护用户身份信息安全，维护用户合法利益、公共利益和国家信息安全。

（三）王晨：互联网实名制主要在微博客当中进行

2012年1月18日，中共中央对外宣传办公室、国务院新闻办公室、国家互联

网信息办公室主任王晨在回答记者提问时表示，实名制是通俗的说法，准确的说法是"真实身份信息的注册"。不是在所有互联网的应用中进行，主要是在微博客当中进行。为什么要在微博客当中进行呢？微博客是互联网的一种新应用，具有传播快、影响大、覆盖广的特点，而且有很强的社会动员能力。微博客一方面确实可以反映社情民意，传播正面声音，丰富信息服务，可以提供各种各样的生活的、社会的信息服务，也可以进行舆论监督，确实有促进社会发展进步的一面。同时微博客作为一种自媒体，改变了舆论传播的格局，也容易使一些非理性的声音和一些负面的舆论、有害的信息迅速传播。比如说淫秽色情、编造谎言、诬陷他人、假冒别人身份等等，现有的管理很不适应，对网络信息安全和社会和谐稳定提出了新挑战。在这种情况下，党的十七届六中全会决定中专门有一段提出了工作任务，就是要发展健康向上的网络文化。有关发展健康向上的网络文化讲了十句话：一个主题就是发展健康向上的网络文化，两个主要环节是发展和管理，四句话讲的是发展，四句话讲的是管理。六中全会决定明确提出要加强对社交网络和即时通信工具的引导与管理。社交网络就是我们讲的微博客，而且明确提出了不为有害信息提供传播渠道；要求企业、网站都要文明上网，履行自己的法律义务和社会责任；要依法惩处传播有害信息的行为等等。根据党的十七届六中全会决定，也根据我们国家的法律规定——全国人大关于互联网安全的决定、《中华人民共和国电信条例》第五十九条专门规定不能用假冒他人信息注册入网和使用移动电话，和针对现在微博客等网上新应用出现的一些新问题，并且总结了一些网站，比如说新浪微博，在这之前已经实行了"加 V 实名认证"，在总结经验的基础上提出了互联网用户用真实身份信息注册。现在这种注册是指在北京、上海、天津、广州、深圳进行试点，先试点取得经验，然后推广。

(四) 韩国宣布废除网络实名制

2012 年 8 月 23 日，韩国宪法裁判所 8 名法官一致作出判决，裁定网络实名制违宪。韩国放送通信委员会将根据判决修改相关法律，并将废除网络实名制。

韩国宪法裁判所当天判决称，网络实名的目的是公益性，但网络实名制实行之后网上的恶性言论和非法信息并没有明显减少，反而促使网民们选择使用国外网站，让国内网站与国外网站的经营产生差距，没有实现预期的公益性。另外，考虑到由于网络实名制的实施，个人言论自由受到限制、没有韩国身份证的外国人不能注册登录韩国网站、网民个人信息通过网络泄露的危险性增加等情况，无法衡量网络实名制的公益性和危害性，因此网络实名制的公益性无法得到肯定。

韩国放送通信委员会当天表示，将根据宪法裁判所的判决结果，对相关法律进行修改，并最终废除网络实名制。

韩国从 2007 年 7 月份开始实施网络实名制，要求日访问量在 10 万人次以上的网站都要实施实名登录注册。2010 年，部分韩国网络媒体公司和网民联合向宪法裁判所提起诉讼，认为网络实名制侵犯个人言论自由，违反宪法。根据韩国宪法法院的这项判决意味着网络实名制在韩国将正式被废除，韩国网民也将重新回到无拘无束的网络"化名"时代。

二、微博实名制法律依据的文本分析

微博实名制从动议到实施，一直受到网民高度关注，其原因是大家担心实名制会对言论自由带来限制性的影响。网络实名的背后交缠着"言论自由"、"舆论监督"、"避免公权力侵害"、"因言获罪的担忧"、"个人信息保密与维护"等众多法律问题。

为什么要实行微博实名制？我国新闻媒体在对微博实名制进行报道时，列出如下实行微博实名制的理由：党的十七届六中全会提出，要发展健康向上的网络文化，加强对社交网络和即时通信工具等的引导和管理，规范网上信息传播秩序，培育文明理性的网络环境。实行微博客用户真实身份信息注册试点工作，就是为了贯彻落实十七届六中全会精神，根据我国有关法律法规的规定，并总结一些微博客网站开展真实身份信息注册的经验推行的。

实行微博实名制的依据有三个：一是有党的政策的依据；二是有法律法规的依据；三是有微博客网站的经验依据，如新浪微博之前已实行了"加 V 实名认证"，互联网用户用真实身份信息注册是对这一经验的"推广"。

但应该注意到，这一"推广"是政府主导的，带有行政强制性，与微博网站倡导、微博用户自愿"加 V 实名认证"是不同的。我国已明确建设社会主义法治国家的战略目标，"依宪行政"、"依法行政"是题中应有之义，是判断政府行为正当性、合法性的重要原则。因实行微博实名制的广州、深圳、上海、天津并未出台响应的规范性文件，因此本文以《北京市微博客发展管理的若干规定》为分析对象，对微博实名制的法律依据进行探讨。

(一)《若干规定》的性质和效力

《若干规定》的制定主体是北京市人民政府新闻办公室、北京市公安局、北京市通信管理局、北京市互联网信息办公室，属于北京市政府的工作部门。《若干规定》规定了罚则，如第十四条规定，"对违反本规定的网站和微博客用户，由市人民政府新闻管理部门、市公安机关、市通信管理部门、市互联网信息内容主管部门按照有关法律、法规、规章进行处理。"而在《若干规定》公布之时，北京市互联网信息内容主管部门新闻发言人在新闻发布会上明确说明，"开展微博客服务的网站应当依法办理相关审核、审批手续，微博客用户应当使用真实身份信息注册，是其法定义务。"《若干规定》要求做的就是"法定义务"？《若干规定》是什么法？

要判断《若干规定》的性质，依据就是《立法法》。《立法法》对"法"的范围进行了限定。第二条明确："法律、行政法规、地方性法规、自治条例和单行条例的制定、修改和废止，适用本法。国务院部门规章和地方政府规章的制定、修改和废止，依照本法的有关规定执行。"由此可以看出，依据《立法法》，在《宪法》之下，构成"法"的只有居于"适用"《立法法》地位的法律、行政法规、地方性法规、自治条例和单行条例，处在"依照"《立法法》地位的国务院部门规章和地方政府规章，并不是严格规范意义上的"法"，它们的法律效力是附条件的。而根据《立法法》第五章"适用与备案"相关条款的规定，我国法律效力的等级次序是宪法、法律、行政法规、地方性法规、规章。规章是法律体系的最低的一个层次，其中，地方政府规章在法律效力上处于最低地位。[①]《若干规定》的4个制定主体是北京市人民政府的组成部门，或称市直机关，是无权制定和发布地方政府规章的，制定北京市地方政府规章的适格主体只有北京市人民政府。《若干规定》只能认定为行政机关作出的、效力等级比地方政府规章还低的其他规范性文件。《若干规定》这样的其他规范性文件的制定，必须具有包括规章在内的上位法的依据，否则其合法性会成为问题。

(二) 制定《若干规定》的法律依据

《若干规定》第一条说明自己的制定依据是"《中华人民共和国电信条例》、《互联网信息服务管理办法》等法律、法规、规章"。首先需要确定的是《中华人民共和国电信条例》（以下简称《电信条例》）和《互联网信息服务管理办法》（以下简称《管理办法》）的法律性质。《电信条例》和《管理办法》均为2009年9月20日经国务院第31次常务会议通过后公布施行的，其制定主体均为国务院，根据《立法法》，二者同属行政法规。在效力层次上，行政法规可以作为规章和行政机关其

[①] 参见赵娟：《微博、规制与行政法治》，载《南京社会科学》，2012（4）。

他规范性文件的制定依据。很显然，《电信条例》和《管理办法》是行政法规而不是狭义的法律，那么，《若干规定》第一条在列举了两部行政法规之后却并列写出"法律、法规、规章"，这里的"法律"显然不是广义的概念，而是狭义的，即由全国人大或者全国人大常委会通过的规范性文件。那这个"法律"指的是什么？既然列举出的法律依据是《电信条例》和《管理办法》，而它们又都不是法律，就不应该在列举之后采用"等法律、法规、规章"的表述，这样的句式和内容容易让读者将这两部行政法规或者将两部中的一部误读为法律。如果这一文字表述是"立法者"的疏忽，那么，这个疏忽是不应该有的。[①] 王晨在答记者问时，解释微博实名制的法律依据提到了 2000 年 12 月 28 日全国人大常委会做出的《关于维护互联网安全的决定》。这是一项法律性文件，但《若干规定》并未列出该《决定》，因此不能作为《若干规定》的制定依据。

(三) 制定《若干规定》的法律依据是否成立

王晨在答记者问时提到，实行微博实名制是有法律依据的，依据就是《全国人大常委会关于维护互联网安全的决定》（以下简称《决定》）和《中华人民共和国电信条例》第五十九条专门规定不能用假冒他人信息注册入网和使用移动电话。

这两个法律依据是否成立呢？先看《决定》。《决定》是互联网在我国兴起之后，制定的第一部法律性文件，共 7 条，制定目的是"保障互联网的运行安全和信息安全"，主要条款为通过刑事制裁和行政处罚的手段，实现"保障互联网的运行安全"、"维护国家安全和社会稳定"、"维护社会主义市场经济秩序和社会管理秩序"、"保护个人、法人和其他组织的人身、财产等合法权利"的目的。前 5 条规定了对不同行为进行刑事制裁；第六条规定了对未构成犯罪行为进行治安处罚、行政处罚、行政处分和纪律处分；第七条不是严格意义上的法律条文，内容包括："各级人民政府及有关部门要采取积极措施，在促进互联网的应用和网络技术的普及过程中，重视和支持对网络安全技术的研究和开发，增强网络的安全防护能力。有关主管部门要加强对互联网的运行安全和信息安全的宣传教育，依法实施有效的监督管理，防范和制止利用互联网进行的各种违法活动，为互联网的健康发展创造良好的社会环境。从事互联网业务的单位要依法开展活动，发现互联网上出现违法犯罪行为和有害信息时，要采取措施，停止传输有害信息，并及时向有关机关报告。任何单位和个人在利用互联网时，都要遵纪守法，抵制各种违法犯罪行为和有害信

① 参见赵娟：《微博、规制与行政法治》，载《南京社会科学》，2012 (4)。

息。人民法院、人民检察院、公安机关、国家安全机关要各司其职，密切配合，依法严厉打击利用互联网实施的各种犯罪活动。要动员全社会的力量，依靠全社会的共同努力，保障互联网的运行安全与信息安全，促进社会主义精神文明和物质文明建设。"在互联网发展的初期，全国人大常委会只是基于网络发展带来的安全等问题，由刑事、行政制裁措施和倡导性条文提出预防性的办法，没有作出完善的制度设计，更没有授权下位法实行实名制。可以说，以《决定》作为《若干规定》的法律依据是很难成立的，这或许是《若干规定》第一条未列《决定》的原因。

再看《电信条例》第五十九条。《若干规定》的核心内容有两项：一是用户必须使用真实身份注册微博客账户；二是网站提供微博客服务必须经过审批。北京市互联网信息内容主管部门新闻发言人在回答记者提问时，明确回答两项规定的法律依据分别是《电信条例》第五十九条第（四）项和《互联网信息服务管理办法》第五条。[①]《电信条例》第五十九条第（四）项规定："任何组织或者个人不得有下列扰乱电信市场秩序的行为：……（四）以虚假、冒用的身份证件办理入网手续并使用移动电话。"显而易见，这里所说的是"办理入网手续并使用移动电话"时的实名要求，意味着一个没有入网（尚未获得独立的 IP 地址）或者已经入网又需要新的网络服务（新 IP 地址）的人，都必须以真实的身份证件办理相应手续，换言之，网络空间中每一个 IP 地址的获得都以用户的实名注册为对价。那么，这一"实名制"规定能否扩展到对微博客的注册行为的规制？注册微博客不同于"办理入网手续并使用移动电话"，应该被归为"上网"。"上网"是指一个人登录互联网以利用网络资源，不论其是否拥有独立的 IP 地址。在《电信条例》和《管理办法》中，"入网"和"上网"是被严格区别使用的，它们的含义完全不同。比如，《管理办法》第十三条规定："互联网信息服务提供者应当向上网用户提供良好的服务，并保证所提供的信息内容合法。"可见，"入网"的内容和要求是特定的，不能扩展到"上网"。注册微博客是利用网络以传播信息的一种方式，是"上网"而不是"入网"。如果将"入网"作扩大化的理解或者解释，则会导致这样的结果：任何与网络活动相关联的活动或者行为都会成为或者纳入"实名"的规则，这无疑是扩大了政府规制权力的范围，而且是没有限制的扩大，这肯定不是"入网实名制"设立的目的或者初衷。因此，《电信条例》关于"入网实名制"规定并不能为《规定》第九条关于实名注册微博客账户的要求提供依据。[②]传媒法学者魏永征先生也提出，

---

① 参见《北京市互联网信息内容主管部门新闻发言人就〈北京市微博客发展管理若干规定〉答记者问》，见千龙网，http://report.qianlong.com/33378/2011/12/16/2502@7577975.htm。

② 参见赵娟：《微博、规制与行政法治》，载《南京社会科学》，2012（4）。

入网实名制不能延伸到上网实名制。引用《电信条例》第五十九条不得以虚假、冒用的身份证件办理入网手续的规定，说明微博采取实名制有法律依据，这是对法律条文的曲解。[①]

限于篇幅，本文不对《管理办法》第五条的规定是否可成为实行网站微博服务审批制的依据进行论述。

(四) 从"禁载九条"到"禁载十一条"

需要引起注意的是，《若干规定》第十条明确，"任何组织或者个人不得违法利用微博客制作、复制、发布、传播含有下列内容的信息"，禁止的内容达到 11 项。而其上位法《电信条例》第五十七条关于"任何组织或者个人不得利用电信网络制作、复制、发布、传播含有下列内容的信息"的规定共 9 项；《互联网信息服务管理办法》第十五条关于"互联网信息服务提供者不得制作、复制、发布、传播含有下列内容的信息"的规定也是 9 项。上位法的"禁载九条"在下位法中变成了"禁载十一条"。《若干规定》增加的 2 项禁载内容分别为：煽动非法集会、结社、游行、示威、聚众扰乱社会秩序的；以非法民间组织名义活动的。《互联网信息服务管理办法》禁载的第七项"散布淫秽、色情、赌博、暴力、凶杀、恐怖或者教唆犯罪的"，在《若干规定》中变成"散布淫秽、色情、赌博、暴力、恐怖或者教唆犯罪的"，减少了"凶杀"一项。

禁载事项属于法律法规等规范性文件的禁止性内容，要求被规制对象必须服从。对信息传播内容的禁止，构成对公民表达自由的实质限制。作为下位法的《若干规定》能否突破上位法《电信条例》、《互联网信息服务管理办法》的规定，增加有关禁止性规定的内容？

根据行政法的一般原理，行政区可分为受益行政和负担行政，行政法也相应可分为受益行政法和负担行政法，前者是规定行政相对人可以享有的权利或者可以获得的利益，后者则是规定行政相对人必须履行的义务或者必须承担的责任。受益行政法可以突破上位法的规定，为行政相对人规定更多的权利和利益；相反，负担行政法不能突破上位法的规定为行政相对人设定更多的义务或者责任。这主要是因为：法律的位阶越高，其民主正当性就越高，为公民设定负担性规定的规范合理性程度就越高。因此，下位法只能扩大权利和利益，不能扩大义务和责任。因此可增

---

① 参见魏永征：《互联网实名制与滥用身份证现象》，见魏永征博客，http：//weiyongzheng.com/archives/32359.html♯more-32359。

加受益性规定，但不能增加负担性规定。在行政许可问题上，下位法只能是对于上位法的"实施"方面进行规定，不能够突破上位法规定的行政许可事项范围——不能为相对人设定更多的许可事项。同样地，《规定》第十条也是对于行政相对人的负担性规定——"不得违法利用微博客制作、复制、发布、传播含有下列内容的信息"，这样的禁止性规定越多，相对人的负担越重、自由越少。因此，《规定》比《电信条例》和《管理办法》多出的第九项和第十项没有合法根据，应该没有效力。

下位法不能突破上位法规定，要求相对人"不得做什么"，同样不能没有上位法依据地要求相对人"必须做什么"。但《若干规定》就存在这种情况。第四条规定："网站开展微博客服务，应当遵守宪法、法律、法规、规章，坚持诚信办网、文明办网，积极传播社会主义核心价值体系，传播社会主义先进文化，为构建社会主义和谐社会服务。"其中"积极传播社会主义核心价值体系，传播社会主义先进文化"即是对网站作为内容的义务性规定，这一规定在上位法中找不到相应条款的支持，在信息传播的内容规制问题上，《电信条例》和《管理办法》都只有"不得"方面的规定，而没有"必须"方面的规定，《若干规定》第四条的这个要求同样构成对上位法义务性规定的突破，因此同样应是无效的。①

从我国言论自由保障的现实情况看，存在宪法宣示的言论自由基本权利被下位法的各种限制性规定"架空"、"掏空"的现象，而且法律位阶越低限制越多，以致有学者形象地称作《宪法》第三十五条的"六大自由"变成了现实中的"六小自由"。对《若干规定》的文本分析提醒我们，这种现象透出的问题值得深思和警惕。

三、网络实名制背后的法律问题

网络已经成为公民表达意见、参与政治和社会生活的主要途径之一，网络实名制进程将会对公民言论自由产生深刻影响。从微博实名制推行之始就面临诘难，如何来证明其自身的正当性、可行性，乃至合宪性？在对《若干规定》进行文本分析的同时，应对北京、天津、上海、广东实行的微博实名制背后的法律问题进行分析。2012年1月12日，《检察日报》对中国政法大学法学院副院长焦洪昌教授、复旦大学司法与诉讼制度研究中心主任谢佑平教授、北京师范大学亚太网络法律研究中心主任刘德良教授、中国政法大学证据科学研究院吴丹红副教授、吉林大学理论

---

① 参见赵娟：《微博、规制与行政法治》，载《南京社会科学》，2012（4）。

法学研究中心侯学宾研究员等 5 位法学者进行了访谈[1]，本文对学者探讨的问题作一介绍和梳理。

(一) 网络实名制的正当性应由政府来证明

我国实行依法治国的方略，法治政府的权力边界在于，作出任何限制公民权利的立法或行政行为之前，需证明此一项行为是正当且必要的，如果存在其他无须限制权利的替代措施，那么此项立法或行政行为就不具有正当性。侯学宾研究员认为，推行网络实名制同样如此，行政机关必须作出自我证明。

政府推动实名制，是一种公权力行为。公民选择实名或匿名在网络上发言，属于一种私权利行为。以公权力限制私权利，必须有正当且必要的理由。实名制之利在于社会公益，可以有效杜绝网络谣言、诽谤，净化网络环境等；实名制之弊在于缩减了公民的选择权，将个人信息更多地暴露于公权力的监管之下。利弊衡量的标准是什么？应以个人自由为先抑或以社会公益为先？

谢佑平教授认为，利弊衡量标准应以社会公益为先。就行政机关推动实名制的本意而言，是为了更好地维持社会秩序、净化网络环境，其目的是正当的。然而，行政行为的正当性根源在于民意基础，应符合公民全体或绝大部分的意愿。以北京市出台微博管理规定这一行为而言，缺乏事前必要的调研、投票、听证、广泛征求意见等程序，所以从工作方式和手段而言，它是不正当的。

焦洪昌教授认为，除目的正当、手段正当之外，考量网络实名制正当性还应从权益保护的比例关系来看——即将社会公益与公民私权达成平衡。对权利正当的限制，归根结底是一种对公民权利和自由的保障，而不正当的限制就是对公民权利的妨害。

因此，侯学宾认为在全国性网络实名制立法之前，应于正当性层面进行自证，尤其需要经过专门的评估机制和立法论证，证明其立法的正当性与必要性，这是减少社会舆论阻力的最佳方式。

(二) 自由与效率：网络实名制的价值考量

刘德良教授认为，从技术上讲，没有绝对安全的网络防护措施，不可避免会存在安全漏洞。"不过，我认为，网络安全问题并不能成为妨碍推行网络实名制最重要的原因。"追溯网络实名制推行的目的和动力，网络实名制主要是为了消除虚假、

---

[1] 参见《网络实名制的法理之辩》，载《检察日报》，2012 - 01 - 12。

违法的信息传播，加强网络监控，净化网络环境。实名制之后，可以提高惩罚违法的网络参与者的效率，特别是能够有效制止民事侵权行为、帮助提高侵权取证的效率，这对于提高社会管理效率有很大作用。但是，效率不应该是法治社会追求的第一顺位的价值。从网络实名制的两个功能进行分析，为达到用户自律和实现社会管理的高效率，其结果会对社会公众的言论自由产生实质上的不利影响。例如，很多或许尖锐、苛刻但是合理合法的言论，可能考虑到不利后果（如被打击报复、社会身份的限制）而不再被发表，真实的言论和有价值的思想可能就会被实名制扼杀。从更深的层面上讲，实名制可能会引发对公众舆论错误的导向作用，或者弱化公众的舆论监督作用，对于民主法治的建设和国家的长治久安将起到负面作用。而言论自由是更高位阶的价值，民主法治和国家的长治久安亦是最终目的，在制度安排上更应倾向这两者。

(三) 网络实名制不会妨碍言论自由吗？

谢佑平教授认为，言论自由是一项自然权利，也是一项内涵丰富的权利，包括了发言的自由与沉默的自由，发言的自由也包括了匿名发言的自由与实名发言的自由。但是，上述认识仅限于真实世界。"网络虚拟世界与真实世界不同，在虚拟世界中的公民是否具有匿名发言的自由，值得商榷。因为此项自由要与国家安全、社会秩序、人格尊严等众多权利放在一起综合衡量，匿名发言确实存在很多隐患与弊端，而实名发言确实拥有很多优势。"但实行了网络实名制之后，不能只限制言论自由，还要想办法保护言论自由，以抵消实名制对言论自由造成的限制。比如，实名制之后，网名个人对其言论负责，网站管理员就不能随意删帖，否则就是侵犯言论自由。如果有人发布谣言等不法言论，管理员只有权举报、报警，由司法机关来处理。

法治社会的本质是张扬私权，不能为了公共秩序管理的需要，就给公民强加更多的义务，否则就是一种懒政、怠政思维，并不是真正为了社会公益。侯学宾研究员认为，网络实名制的前提，也是在于保证言论自由不受非正当的限制。不能草率地把实名制由微博推广到整个网络。

(四) 网民为什么恐惧实名制？

2010年11月23日，网上发帖实名举报他人的甘肃青年王鹏被跨省刑拘，虽然他之后被无罪释放，但接二连三发生的"因言获罪"、"因言被劳教"、"因言被处罚"的事件无疑成为众多网友反对、恐惧实名制的理由之一。网络实名制俨然成为洪水猛兽，似乎意味着公权力的随时介入，弱势的个人在强大的公权力面前无处可藏。

谢佑平教授认为，其实部分公民对网络实名制的担忧，毋宁说是对公权力滥用的担忧，对个人信息泄露现状的担忧，对言论自由因实名制而受损的担忧等。此种情况，又该如何依法应对与规制呢？

四、网络实名制的未来

就在微博实名制实施不到 9 个月，世界上第一个实行网络实名制的国家韩国却宣布放弃这一制度。放弃的理由是实名制没有实现预期的公益性，对言论自由构成过多的限制，因此判定实名制违宪。而韩国实行的网络实名制一直被看做中国推行网络实名制的一个有力例证，用以证明在中国实行网络实名制是"全世界的通行做法"。

现在，"通行做法"成了"独家做法"，中国的网络实名制何去何从？还要从微博推广到整个网络吗？

2012 年 6 月 7 日，我国互联网管理的基础性行政法规、2000 年发布实施的《互联网信息服务管理办法》由国家互联网信息办公室、工业和信息化部公开向社会征求修订意见。该修订草案征求意见稿第十五条明确将实行网络实名制。但和以往推行的各类实名制一样，该规定依然存在缺乏上位法依据、合法性不足的制度瑕疵。

2012 年 12 月 28 日，全国人大常委会审议通过的《关于加强网络信息保护的决定》以最高立法机关的名义，明确实行网络实名制。该《决定》第六条规定，在"网站接入服务、电话入网、为网络用户提供信息发布服务"中，用户都必须"提供真实身份信息"。把网民发布信息的互联网各个端点和各种互联网应用都纳入了实名制的范围。尽管表述与《互联网信息服务管理办法》（修订草案征求意见稿）有所不同，但《决定》构成对行政立法推行的微博实名制、网络实名制的确认，通过最高立法机关出台的上位法的事后追认，弥补行政部门立法缺乏立法依据的漏洞，以便使修订后的《互联网信息服务管理办法》要全面推行的网络实名制师出有名。但是，对行政立法内容的"全盘确认"，意味着这一体现最高立法机关意志的《决定》依然是"义务本位"的管制法，而不是"权利本位"的公民权利保障法。实质上是为公权力加强和扩大网络规制提供合法性依据的法律文件。因该《决定》只是原则性、概括性规定，网络实名制的"实施细则"还有待各"有关主管部门"

随后发布规章和其他规范性文件进一步明确。

　　实名制后，互联网匿名性特征将在多大程度上改变？网络实名制会对公民网络表达自由产生怎样的影响？网络实名制的未来会是怎样的？这一切还有待今后进一步观察和研究。

二、传媒与公权力行使

政府信息公开

——从"7·23"温州动车事故看微博传播
对政府权力行使的影响

一、温州动车事故：微博力量的全面展现

2011 年 7 月 23 日 20 时 34 分，一场特大交通事故发生：

北京南站开往福州站的 D301 次动车组列车运行至甬温线上海铁路局管内永嘉站至温州南站间双屿路段，与前行的杭州站开往福州南站的 D3115 次动车组列车发生追尾事故，后车四节车厢从高架桥上坠下。这次事故造成 40 人（包括 3 名外籍人士）死亡，约 200 人受伤。

与以往不同，这次发生的"7·23"温州动车事故从发生、处理、调查、问责全过程，让人处处感到微博的力量。众多普通网民通过微博发声，追问事实真相，质疑政府行为，促进善后解决，网络舆论第一次发挥出倒逼政府信息公开、推动政府行为进步的作用。

——事故发生 7 分钟前的 20 时 27 分，乘客"Smm＿苗"发出第一条现场微博："狂风暴雨后的动车这是怎么了？爬得比蜗牛还慢……可别出啥事啊。"此条微博转发 2.4 万次，评论 7 600 多条。

——事故发生 4 分钟后，车厢内的乘客"袁小芫"微博发出第一条消息，称动车紧急停车并停电，有两次强烈的撞击。

——事故发生 13 分钟后，乘客"羊圈圈羊"发出第一条求助微博，转发突破 10 万次，2 小时后该名网友获救。

——事故发生 2 小时后，微博上发布献血号召，短时间内上千名微博网友前往血站献血，网友"yaoyaosz"发布的血站实况转发突破 10 万次。

——事故发生后 12 小时后，微博上相关讨论量已突破 200 万条，其中寻人的转发量已经超过了 50 万条。

——事故发生 21 小时后，最后一名获救者小伊伊被送往医院。7 月 25 日上午，2 岁多的伊伊苏醒，其父亲"闲坐不谈语文"、母亲"一一成长回忆录"均已确认遇难。

事故发生的第一条消息通过微博发出，比传统媒体提前了一个小时。此后，众多网民通过微博对事件进程进行直播，对政府行为发挥了强大的监督作用，推动了该事故的处理、调查和问责进程。

1. 质疑填埋列车残骸

事故发生后不久，尤其是 24 日天亮后，整个事故现场在蜂拥而至的当地居民和各地记者簇拥下，借助 3G 网络和微博，处于近乎直播的状态。在场的公众发现，铁道部救援团队在救援尚未结束的 24 日一早，就匆匆用掘土机挖坑，掩埋列车残骸。网友"mzv"发帖："震惊：为什么事故还没搞清楚，就要把列车残骸掩埋了！"该网友随后陆续上传多张照片和多段视频，其中可以清楚地看出挖掘机将破碎的列车车头和车体推入刚刚挖出的大坑中。还有网友更是质疑有关方面"是不是在掩埋证据"。网上暴风骤雨一般的质疑淹没了整个中文网络。之后，在现场指挥的张德江副总理制止填埋行为。事后，简单按照以往有关事故现场处置方式，组织挖坑就地掩埋受损车头和散落部件的上海铁路局常务副局长王峰被记过处理。

2. 质疑 8 小时停止救援

7 月 24 日 7 时 40 分，央视《朝闻天下》报道，"凌晨 4 时前搜救工作基本结束。""……从事故发生到现在已经有 8 个小时的时间了，在这 8 个小时里总共进行了 6 次人员搜救，到现在为止，整个人员搜救行动已经结束了……"但就在铁道部宣布车厢内已无生命迹象，宣布救援结束后，2 岁半的女童项炜伊被救出。对此，铁道部新闻发言人王勇平称"这只能说是生命的奇迹"。有网友对铁道部门急于让铁路恢复通车表示不理解，"难道车内可能还存在的生命就不重要了吗？"铁道部事后确认，当时在桥下具体负责搜救的有关负责人说过"人员搜救已经基本完成，现场进行了五六次搜救，直至用生命探测仪探测已没有生命迹象了……"。上述表述只是对桥下搜救进展情况的说明，并不是对总体救援行动的全面介绍，桥上搜救工作继续进行，没有人下达过停止救援的指令。

3. 质疑铁道部发言人解释

动车事故发生 26 小时之后，铁道部新闻发布会终于在温州举行。当铁道部新闻发言人王勇平被记者问到"为何救援宣告结束后仍发现一名生还儿童"时，他称："这只能说是生命的奇迹。"之后，被问到为何要掩埋车头时，王勇平又说出了另一句话，"至于你信不信，我反正信了。"

当时王勇平的原话是这样的："关于掩埋，后来他们（接机的同志）作这样的解释。因为当时在现场抢险的情况，环境非常复杂，下面是一个泥潭，施展开来很不方便，所以把那个车头埋在下面盖上土，主要是便于抢险。目前他的解释理由是这样，至于你信不信，我反正信了。"在讲这段话的时候，王勇平用力一甩脑袋，这段画面也被制作成 GIF 动画，在微博上发布。

王勇平这段话，以及新闻发布会上面带笑容的表情，让广大网友不满。在微博上，大家都用"至于你信不信，我反正信了"来表达对事故发生以及善后的质疑。随后，王勇平被调离。

4. 事故遇难人员赔偿

2011 年 7 月 26 日，首个赔偿协议达成，29 岁的遇难者林焱获赔 50 万。原本以为动车事故赔偿金会因人而异，而负责善后工作的负责人称，事故赔偿金每人总计 50 万并附加先签协议可获奖励费。这个消息一出，引起社会广泛议论。不少网友称赔偿过低，也有很多专家说应该由实际情况出发，而不应该是个死数。

浙江省高级人民法院院长齐奇透露，浙江省领导向他咨询司法意见，他作了解释，认为赔偿有 3 个依据，分别有 3 个不同的赔偿标准。一个依据是铁道部 2007 年通过国务院发布的条例，按照铁路条例的计算，最后发生事故人死亡后是 17.2 万元赔偿金，比 2007 年国务院发布条例前的 4 万已有较大提高；第二个依据是在之后有一个工伤条例，也是国务院颁布的，赔偿标准与铁道部的标准有所区别；第三个依据是侵权责任法，按侵权责任法对人身死亡赔偿标准，合计赔偿救助金额可达 90 万元。随后，确定采用第三个依据和标准，事故遇难人员每人赔偿 91.5 万元。取得了较好的善后处理效果。

该事故中，网民通过发表微博、转发微博表达了对掩埋车头的质疑、搜救是否过早结束、是否过早通车、赔偿标准的公平性、温州市司法局干涉律师提供法律援助等问题的关注；还对事故原因进行了持续关注，分别指向了雷击、列车信号系统故障、司机人为因素、调度失误等。舆论借助网络传播，对温州动车事故调查和解决发挥了重要作用。①

---

① 中国人民大学新闻学院博士研究生张洋参与本文案例资料整理。

二、微博"围观"指向政府信息公开[①]

多难兴"博"。温州动车事故中，微博超越传统媒体成了最快信息源和公共讨论的平台，之后越来越多的公共事件在微博上发酵、扩散，每个普通人通过微博"围观"的微小力量凝聚成了一股强大的力量。其实，微博在"2010 年微博元年"之后发展迅猛，在温州动车事故发生前的"郭美美事件"就让人领略到微博的惊人力量。

2011 年 6 月 20 日，微博上一个名叫"郭美美 baby"的女孩引起了众人瞩目。她在微博上展示自己的生活照，住豪华别墅，拎爱马仕包，开玛莎拉蒂跑车，骑德国纯种马，出行坐头等舱……这样的网络炫富并不稀奇，但是其微博认证的"红十字会商业总经理"身份引发了公众强烈质疑：其财产来源是否和红十字会有关？红十字会接受的捐款会不会中饱私囊？在公众借助微博等网络工具进行调查和追问中，一场网络舆情风暴以超乎想象的速度和势头把具有百年历史的中国红十字会推向前所未有的信任危机。网民铺天盖地的质疑汹涌成潮，巨大的力量逼着红十字会作出回应：除了值得商榷的起诉郭美美之举外[②]，迅速开通中国红十字会总会捐赠信息发布平台，方便公众查询相关捐赠信息及善款使用情况，并就"加快信息公开，打造红十字会公开透明的新形象"作出承诺。[③] 郭美美事件带给中国红十字会最直接的影响是公众信任度跌至最低，筹款能力急降，2011 年暴跌 82%。到 2012 年 9 月，影响还未完全平复。这起网络危机事件后，中国红十字会主动接受了红十字会与红新月会国际联合会的诊断式评估，评估结果暴露出中国红十字会存在四个比较大的问题，一是红十字系统的治理结构不畅，二是工作效率不高，三是对志愿者的管理不畅，第四是宣传倡导不够。2012 年 9 月 8 日，中国红十字会总会常务副

---

① 《中国媒介传播道德评价体系研究》课题组（成员为陈绚、张文祥）：《从微博"知情"诉求分析"信息公开"权利主体的缺位》，载《国际新闻界》，2011（12）；张文祥：《微博传播与政府信息公开》，载《新闻界》，2011（8）。

② 据报道，中国红十字会总会以郭美美虚构事实，扰乱公共秩序为由向警方报案。这种舍弃私权纠纷处理规则，企图借助公权力来达到维护自我目的的做法，显然并非法治社会的常态路径。参见《京华时报》，2011-06-25。

③ 2011 年 7 月 31 日，中国红十字会总会捐赠信息发布平台上线试运行。该平台（fabu. redcross. org. cn）包括社会捐赠总量、收支数据、援助项目、捐赠查询、项目查询、相关资料等栏目，公众可根据捐赠人姓名或捐赠项目名称查询相关捐赠信息及善款使用情况。同时，通过该平台也可了解中国红十字会总会的捐款管理、救灾流程及监督管理等工作。中国红十字会有关负责人表示，中国红十字会一直在为捐赠信息的公开透明作努力，该信息平台的试运行是在这方面迈出的重要一步，今后还将通过各项举措加快信息公开的步伐，打造红十字会公开透明的新形象。

会长赵白鸽表示，"当官做老爷"很难把红十字会工作做好。① 这可以看做网络舆论在"倒逼"慈善机构进步的例证。

"7·23"温州动车事故让我们再次见证了微博这个特殊舆论场的影响力。微博是最早的事故信息源。如前所述，事故发生的许多消息是乘客通过微博发出的。微博是参与人众多的爱心平台。事故发生后，新浪微博和腾讯微博开辟栏目进行"微博寻亲"，成为转发率最高的网络平台。热心网民通过微博号召公众献血等等，通过微博点燃了灾难救援的生命之光。网民通过微博表达，推动事故调查，追问事故真相。和新闻媒体一起，对铁道部新闻发布进行质疑和监督，连铁道部新闻发言人王勇平"语录"也成网络流行语。正是在强大的网络舆论压力下，真相逐步披露，最终确定这是一起人为、设备等因素导致的重大责任事故。②

2011年9月下旬，网络爆出河北馆陶县出现一位"最年轻代县长"，这位29岁县长3年升迁4次，其简历竟然被列为机密。媒体介入调查的同时，网友通过微博质疑这名干部何以提拔如此快、任用程序是否正当等。③ 之后馆陶县政府网站才恢复该代县长的照片、活动介绍，但对网友的其他质疑并未回应。

接二连三发生的多起微博推动的公共事件，尽管其中或多或少牵涉相关当事人的私权利，但主要是针对政府部门及官员，或其他公共机构的行为，对政府信息公开的现状和问题进行质疑、追问。这种微博"围观"和"质疑"是公民行使宪法赋予的言论自由的表现。针对公共事务的讨论应是充分而不受限制的，目的在于维护公共利益，实现社会良性运行。微博兴起后，网民如此密集地关注政府行为背后，是我国政府信息公开制度存在的诸多问题和不足。

我国政府信息公开状况如何？距离公权力在阳光下运行还有多远？

公民行使言论自由的前提是要知情。知情权保障与政府信息公开是同一事物的两个方面。不知情，只能是没有意义地胡言乱语。只有知情权实现了，参与权、监督权才有实现可能。而现代社会80%以上的信息掌握在政府手里，知情权主要是"知政权"，与这项公民权利对应的是政府公开信息的义务。政府信息公开是现代政治文明的体现，已为各国所公认。在经历因信息封锁而蒙受惨痛损失的"非典"后，我国终于迈出信息公开的第一步，颁布实施了《中华人民共和国政府信息公开

---

① 参见《红十字会接受国际评估暴露四大问题》，载《新京报》，2012-09-09。

② 参见2011年12月25日，国务院"7·23"甬温线特别重大铁路交通事故调查组发布调查报告，认定"7·23"甬温线特别重大铁路交通事故是一起因列控中心设备存在严重设计缺陷、上道使用审查把关不严、雷击导致设备故障后应急处置不力等因素造成的责任事故。见中央政府门户网，http://www.gov.cn/gzdt/2011-12/29/content_2032986.htm。

③ 参见《县长今年29》，载《法治周末》，2011-09-21。

条例》。但该条例实施四年来，遇到不少问题，专家形象地称，信息公开还没推开"玻璃门"①。

　　造成《政府信息公开条例》实施状况不尽如人意的表现是多方面的。一是条例位阶较低。作为行政法规，其上位法还有保密法和档案法。《条例》第十四条第一款规定：行政机关在公开政府信息前，应当依照《保密法》以及其他法律、法规和国家有关规定对拟公开的政府信息进行审查。公开和保密是一对矛盾，保密法和档案法与信息公开的原则和理念存在冲突。这就使公开的例外事项范围在实际运作中大大扩张。许多根本谈不上国家秘密的信息被确定为秘密材料，大量公众有权了解的政府信息实际上无法得以公开。二是例外情况界定含糊，可操作性差，造成实践中公开范围被缩小。② 三是政府部门该主动公开的不主动，公民申请公开又屡遭拒绝。比如《条例》的第十三条规定公民、法人或者其他组织可以根据自身生产、生活、科研等特殊需要，向国务院部门、地方各级人民政府及县级以上地方人民政府部门申请获取相关政府信息。这就等于给行政机关拒绝申请人的申请留下了个口子，如果申请人没有证据证明他申请的政府信息，与其生产、生活、科研等特殊需要有关，行政机关就可以运用自由裁量权决定不予提供该信息。从实行政府信息公开制度的世界各国来看，一般都不对申请人的身份、资格作特别的限制。原因是，人们获取政府信息的权利是平等的，不应因身份而区别。人人都有对政府活动享有知情权，这种知情权不会因他生活的地域、工作的岗位等因素而存在区别。四是监督和保障手段存在不足。当地方政府不依法公开信息时，受到的监督、约束、制裁基本没有，不履行公开义务也不会承担相应的法律责任。无救济即无权利，司法救

---

　　① 2011 年 9 月 28 日，由北京大学等多个科研机构联合完成的《中国行政透明度报告 2010—2011 年度》发布。该报告显示，全国 30 个省级行政单位及格率达六成以上，较一年前的四成有较大提高。但国务院参与评测的 43 个下设机构，仅两成及格。其中铁道部、国务院法制办、监察部名列后三名。浙江信息公开规范缺失，内蒙古政府网检索为零，是当前不少政府网站建设"中看不中用"的代表。在省级红十字会中，未能依法履行《政府信息公开条例》赋予的信息公开职责的数量还占绝大多数。30 个省级电力公司中，只有 10% 的企业按照申请要求公开了相关信息。北京大学公众参与研究与支持中心主任王锡锌教授说，从评测过程来看，在政府信息依申请公开方面，主要存在三方面的问题：一是公民申请信息公开的渠道不畅通。比如有些政府机关将申请途径仅局限于电话，或者仅限于快递、电子邮件等，还有些政府网站的申请栏目实际并不可用，或并不受理网络申请。二是在受理信息公开申请时仍存在过度收集个人信息、要求申请人提供额外证明材料等情况，给公民带来不必要的负担，变相提高了政府依申请公开的门槛。三是还存在未按法定期限答复、答复内容不完整，或拒绝答复，以不合法理由拒绝答复等情形。见 http://news.bjnews.com.cn/news/2011/0929/133208.shtml。

　　② 《政府信息公开条例》并未对国家秘密、商业秘密和个人隐私予以界定，这就使行政机关在实际操作中拥有很大的裁量权，可以轻易地将其不愿公开的信息归入国家秘密、商业秘密和个人隐私的"大口袋"而拒绝公开。中国社科院公布的一项调查显示，近两年来，有关部门实际上在有意缩小信息公开范围。虽然立法规定了除了国家机密、个人隐私和商业秘密外都可以公开，但实践中有相当一部分信息因涉及"三安全一稳定"（国家安全、公共安全、经济安全和社会稳定），被拒绝公开。

济渠道的不通畅，让《政府信息公开条例》的执行力打了折扣。

信息公开遭遇的困境，除了源于《条例》本身的立法缺陷，很大程度上是由于政府机关工作人员的观念障碍造成的。不少政府部门和官员没有转变观念，依然把政府信息当做权力的象征，而不是公共资源；把信息公开看做职权，而不是一项必须履行的义务。"民可使由之，不可使知之"的落后观念造成"过滤性公开"、"缩水型公开"痼疾不除，该公开的不公开，习惯于"暗箱行政"，缺乏公开与服务意识，透明政府、阳光政府的理念远没形成。在这种观念下，县长简历才成为机密①，慈善机构财政收支才出问题②，因拆迁等关系民生问题而引发官民冲突，一个重要原因就是政府部门信息不公开，行为不透明，不尊重公民知情权造成的。③ 个别地方政府的信息公开工作存在退步现象。

政府信息公开的发展动力，主要来自中央政府本身、地方政府、公众热情和国际组织等。国内行政法学专家一致认为，我国政府信息公开制度的症结在于内在动力不足、外在压力不够。内在动力不足是因为法治社会要求全能政府变为有限政府，公权力要在阳光下运行，受到制约。但是权力天然具有扩张性，控权的过程必然遭遇抵抗或消极对待。外在压力不够，则主要指在传统制度框架下，公众及传统媒体对政府信息公开难以形成强有力的监督制约，公众缺乏有效参与制度运行的路径。公众不能作为一种制度化力量，逼迫政府"弃暗投明"。

政府信息公开的另一个突出问题是新闻媒体的缺位和不到位。现代法治政府的基本原则是"公开为原则，不公开为例外"。但不少政府部门有关人员认为某些信息包含"负面"因素，因此常常不顾法律法规规定，对应当公开的信息进行"选择

---

① 中组部 2000 年的 18 号文件《关于推行党政领导干部任前公示制的意见》对干部任前的公示范围、公示内容、公示时间和方式都有详细规定，公示内容包括拟提拔官员的姓名、出生年月、学历学位、政治面貌、现任职务等自然情况和工作简历。馆陶县把县长简历当做机密的做法违反了任前公示制度，也与《政府信息公开条例》规定不符。

② 2011 年 6 月 27 日，审计署通报中国红十字会总会 2010 年度预算执行情况和其他财政收支情况审计结果。审计查出中国红十字会总会预算执行中不符合财经制度规定的问题金额 219.71 万元，其中 2010 年 194.39 万元；其他财政收支方面不符合财经制度规定的问题金额 420.33 万元。我国的基金会超过 2 200 家，其中 1 288 家基金会没有建立自己的官方网站，慈善信息不公开、不透明。民政部下属机构的一份《2010 年全国慈善组织信息披露现状报告》显示，在经历了南方雪灾、汶川地震等多次捐赠井喷后，中国慈善组织的透明度并未提高，约有 75% 的慈善组织"完全不披露或仅少量披露信息"。有学者指出，"郭美美事件"之所以能火，在于中国慈善业长期积累的信任危机，如畸高的"手续费"、不透明的财务状况、衙门做派、采购"天价帐篷"等。

③ 中国社会科学院发布的调查显示，2010 年，在全国 43 家地方政府网站中，能提供有效拆迁公告信息的有 26 家，仅占六成。其中，以文字和图表形式对拆迁流程作出说明的有 5 家，仅采用其中一种方式说明的 9 家。能在其各类网站中，提供拆迁补偿指导性标准的有 20 家。仅有 4 家地方政府能够在网站中提供安置房的位置和价格信息。政府能主动公开拆迁信息的不足 5%。参见王梦健、李博宇：《政府拆迁信息公开状况堪忧》，见中国法院网，http://www.chinacourt.org/html/article/201109/09/464367.shtml。

性公开"或不公开。但政府信息公开的宪政法理基础，是公民获得政府信息的权利，而非由政府行政权力决定。因此，一些地方政府部门依据信息有无"负面"因素进行判断，或者出于"维护社会稳定"的动机，擅自限缩公民知情权是不合理甚至不合法的。但政府信息公开由谁来监督？仅仅靠普通网民吗？回答是否定的。作为公民在网络上的生存样态，网民享有宪法法律赋予的各项权利是毋庸置疑的，但监督政府行为、调查事实真相更多要靠职业新闻人。诸如近期发生的渤海漏油事故，造成如此严重的环境污染后果，但事故原委至今仍然扑朔迷离。由于政府相关部门没有及时公开信息，媒体在较长一段时间里集体失语。环境保护等公共利益就在这样的"信息封闭"中受到日益扩大的侵害。因此，《政府信息公开条例》的执行首先存在一个监督问题，虽然权利主体是公民，但如果仅限于公民个体的监督，成本是很高的，也是不现实的。因此需要发挥新闻媒体的优势，为民众代言，在政府信息公开中发挥重要作用。

当前的社会转型期，社会公众最关心的政府信息公开，主要是涉及行政管理成本和行政权力廉洁，政府管理的社会公共产品、公共服务质量和分配的公平公正，再有就是社会公共安全。诸如"三公经费"开支、经济适用房和廉租房建设、招生工作的透明化、医改进程、社会治安、食品药品质量安全、重大灾情和环境污染等信息的公开，与老百姓的切身利益直接关联，也使政府行政权力能够置于社会公众的监督之下，让权力在阳光下运行，从而树立政府公信力，维护社会公平正义，构建和谐社会。这其中，信息不公开的害处不是针对某个公民个体的，是影响全体公民或整个社会的。政府信息的公开权、知情权主张应由谁代为行使？应该是新闻媒体和新闻从业者（见图1）。

信息公开是对现代法治政府的基本要求。《政府信息公开条例》从行政法规层面明确了我国政府保障公民知情权的义务。信息公开，不仅能保障公民知情权、参与权、表达权、监督权，也是促进"服务型政府"建设的重要举措。但我们是否想过，面对这项政府的义务、公民的权利，中国新闻媒体及记者担负着什么样的责任？

遗憾的是，在中国当代社会，人们仅将这些公民权利定位于普通公民，而把新闻媒体和职业新闻人排除在外，新闻媒体和职业新闻人也没把自己当做这些权利的主体。这是我国政府信息公开条例实施效果不尽如人意、政府信息公开动力不足的另一个重要原因。直至"2010年微博元年"之后，政府信息公开才在新传播技术形成的压力下有所改观。在微博传播环境下，要推动政府信息公开实质进步，我们必须对新闻媒体和新闻记者在政府信息公开上的缺位状况进行深刻思考。

作为新闻媒体，我们经常关注的重点是发挥媒体的舆论导向作用，不断提高舆

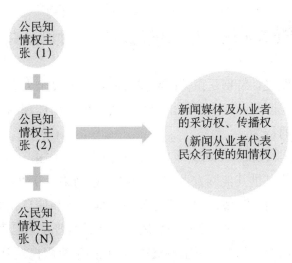

图 1　新闻媒体和从业者代为行使政府信息的公开权、知情权主张

情引导的针对性、实效性。但如何贴近实际、贴近生活、贴近群众的要求？如何发挥好媒体及新闻工作者的传播功能？是我们要认真对待的事情。这需要新闻从业者保持清醒头脑，在重大问题、敏感问题、热点问题上不是空谈政治，而是要以十六大、十七大以来党和政府提倡的"以人为本"、"科学发展观"为行动的基本原则，真正与人民（当然也包括网民们）同呼吸，共同理解、思考现实中的问题，成为以法治国、以德治国的监督者和践行者。

《政府信息公开条例》实施 3 年多来，由新闻媒体和记者督促相关部门依法公开信息的个案很少，媒体对相关内容的公开报道也很少。对《政府信息公开条例》要求应公开而未公开的事项，传统新闻媒体更多的是默不作声。笔者了解到的只有2006 年 4 月 18 日，《解放日报》记者马骋向上海市城市规划管理局提出了一项采访要求，并向上海市城市规划管理局传真了采访提纲，但该局没有答复。5 天后，马骋又以挂号信的形式向该局寄送了书面采访提纲，再次遭到拒绝。其后，马骋向上海市黄浦区人民法院提起行政诉讼，要求法院判决市城市规划管理局根据 2004 年 5月生效的《上海市政府信息公开规定》，向其提供应当公开的有关政府信息。但由于各种压力，在法院受理此案一周后马骋以"放弃对被申请人的采访申请"为由撤回了诉状。这是国内首例新闻记者起诉政府部门信息不公开的案件，曾被看做具有记者采访权、公民知情权"双重破冰意义"的案例就此搁浅。①

---

① 参见《上海记者状告市规划局信息不公开后撤回起诉》，见人民网，http://npc.people.com.cn/GB/15177/53059/4462750.html。

三、微博表达：集散民间意见、讨论公共议题

互联网技术的发展，特别是微博的异军突起，为公民个人表达和公共讨论提供了全新的平台。实践证明，在中国，微博表达的价值突出体现为关注公共事务，聚焦政府和公共机构的行为。

微博即微型博客（micro-blogging），2006 年问世于美国，是基于有线和无线互联网终端发布精短信息供其他网友共享的即时信息网络。从 2009 年 8 月"新浪微博"出现，短短两年间，微博在中国迅猛发展。据工业和信息化部数据显示，截至 2012 年 6 月底，我国网民数量达到 5.38 亿人，互联网普及率已经达到 39.9%，其中手机首次成为中国网民的"第一上网终端"，我国手机网民达到 3.88 亿，超过电脑上网用户的 3.86 亿人。到 2011 年 6 月，我国微博用户已从 2010 年年底的 6 331 万增至 1.95 亿，半年增长了 2 倍多。到 2012 年 3 月，微博用户已突破 3 亿，成为用户增长最快的互联网应用模式，形成"全民微博"之势。① 尽管微博信息通常限定于 140 个字符以内，篇幅确实"微"，但中文所含信息量是英文的 3 倍以上，完全可以用 140 个汉字写一条含有完整"5W"的新闻，还有空间进行评论，自媒体（we media）特征鲜明。微博在中国被作为一种媒体大量使用，用来报道新闻和评论新闻，并由此形成很多的公共讨论。②

微博的出现是互联网技术的进步，使信息发布的门槛进一步降低，信息生成和传播的即时性进一步加强，裂变式、发散式的传播方式使得"人人拿着麦克风，人人都可被关注，随时随地可发布"成为现实。微博所倡导的"透明度、信任、联系、分享"等核心价值观，从根本上改变了互联网的生态环境，它把人们从以谷歌为代表的毫无感情色彩的"信联网"时代，带入了以脸谱、推特为代表的极度透明和真实身份的"人联网"时代。③ 而微博可以加"V"认证，避免了网络匿名性带来的责任感缺失和非理性充斥的弊端，web 2.0 的即时反应、互相纠偏、复合印证以及结构性的信息提纯能力，形成"无影灯效应"，足以使我们对于"微内容"、"微价值"的聚合力量刮目相看。④ 借助微博，过去作为"沉默的大多数"的公众开始发声，在很短的时间内微博已成为传播信息、表达思想、汇聚民意、反映民情的

---

① 参见《截至 6 月底　中国网民数量达 5.38 亿人》，见中国广播网，http：//www.cnr.cn/gundong/201207/t20120725_510344097.shtml。

② 参见胡泳：《从 Twitter 到微博》，载《新闻战线》，2011 (9)。

③ 参见陈先红：《郭美美事件：微博江湖的"真""假"困局》，载《人民论坛》，2011 (14)。

④ 参见喻国明：《传媒新视角》，122 页，北京，新华出版社，2011。

重要通道，成为一个巨大的民间意见集散地和信息传播平台。

与微博在西方发达国家主要发挥私人间的社交媒体功能不同，在中国，微博作为公民网络表达平台的公共性特征非常明显，这与中国现实环境下表达渠道狭窄有关。网络表达的内容虽然不乏"私人经历、性生活、人生苛求、生活所缺甚至重新生活一次的想法"① 等琐事，但中国公众的网络表达内容更多指向政治、经济、社会、文化等公共领域以及与之相关的公共事件，尤其是有关公民的政治利益诉求。

有学者认为，在政治自由有限的国家，互联网拥有相对较大的民主潜力。就中国而言，互联网并不能保证政治的民主转变，但它在帮助普通公民发出自己的声音，从而建立中国的公共领域方面将发挥重大作用。随着社会的不断进步，民主化趋势增强，参与网络表达的人数会越来越多。而微博正是这样一种渠道。个人信息获取和发布能力的提高，推动了信息自由流通，进一步消弭了前互联网社会话语权和信息传播权的中心化状态。微博打破了传统媒体对信息和传播平台的垄断，信息传播的"去中心化"，改变了传媒生态和传播方式。每个个体都有可能成为影响信息传播和流动的关键节点，信息封锁和监控的成本加大，基于信息自由流通、言论自由传播的民主潮流不可阻挡。因此，一方面，社会环境民主化的大趋势为微博的发展提供了契机；另一方面，微博的特性为人们的自由表达提供了渠道，因而又更加促进了社会的民主化进程。②

网络技术为互联网用户赋予了强大的表达能力。迈克尔·戈德温认为，互联网把"出版自由"的全部力量交到了每一个个人的手中。微博使得民意主体得以站在台前，让每一个有意愿表达的人不假他人之口就可以借助互联网，自主自由地表达，一定程度形成"意见的自由市场"。传统意义上被忽视、被冷落的"民意碎片"借助网络技术聚合，形成了强大的社会力量，过去不被精英重视、不为政府部门关注的"微内容"、"微价值"成为社会领域最为活跃、具有议程设置能力的力量源泉。

微博提高了公民参与政治的能力和机会，提高了他们参与社会监督的热情。特别是今年以来，微博用户以现场直播的方式推动着一系列社会公共事件的发展。③

---

① ［美］安德鲁·基恩：《网民的狂欢》，28 页，海口，南海出版公司，2010。
② 参见喻国明：《传媒新视角》，109 页，北京，新华出版社，2011。
③ 微博的作用机制一般为：微博用户对某一事件或现象进行披露或提出质疑，引来众多微博用户"转发"或"评论"，开始进入公众视野，形成舆论声浪。然后经由媒体人和网络意见领袖的转发放大影响力，最终演变成"全民围观"的公共话题，对相关利益者形成舆论压力，也对相关部门在处理该事件上形成全程的监督，促使该事件及时得到合理解决。

今年发生的几起信息公开案例，几乎都是在网络舆论的外力推动下才取得进展。[①]来自民间的力量正在强烈冲击着中国的现行体制，我国社会进步的"媒体驱动"特点进一步演化为"微博驱动"，普通公众在公共决策和治理过程中发挥出相当大的作用。

四、微博时代的政府信息公开与新闻媒体的功能

微博"围观"成为倒逼政府信息公开的力量。中央最近提出要推进社会管理创新，要求政务公开的方式方法要方便群众知情、便于群众监督，也与适应互联网带来的社会变化有关。[②]

"围观"是微博传播的作用方式，"质疑"则成为公众面对公共事件的直觉思维。相对于过去对权威的盲从，这种质疑体现为对权力运用的不信任和监督制约，是公民社会所必需的精神。"围观"则是基于互联网时代社会控制模式的改变。具体而言，互联网技术带来的"极端透明度"，成为一股不可遏制的发展潮流和趋势，彻底颠覆了当今社会"全景监狱"的金字塔控制模式，代之以围观结构的"共景监狱"模式。众人对个体的凝视和控制，被围观者被安排在公众视野之中，承受围观者的质询、娱乐和愤怒，被围观者不再是一般的传统权力结构设定下的"小丑"，而可能是任何人，特别是承担公共职能的政府部门和政府官员。

"共景监狱"的集体围观图景对社会管理控制方式提出了前所未有的挑战：自古以来，社会控制的主动权都是掌握在掌权者手里，一个社会究竟拥有什么样的开放度和透明度是适合的？这都是由掌权者决定的。而现在，微博作为历史上最天然的民主推进工具，成为打破权力平衡的一个有效工具。微博赋予每一个个体以权

---

① 可以认为，没有微博舆论的强大压力，中国红十字会总会不会如此神速地开通捐赠信息发布平台，承诺加快信息公开步伐；铁道部不会高度重视民意，多次举行新闻发布会，就铁路事故调查处理情况作出说明；馆陶县也不会迅速改变，把看做"机密"的县长简历和活动等信息公开。

② 2011年8月，中共中央办公厅、国务院办公厅印发《关于深化政务公开加强政务服务的意见》，要求本着方便群众知情、便于群众监督的原则，创新政务公开方式方法，深化公开内容，丰富公开形式，促进政府自身建设和管理创新。推行行政决策公开。推进行政权力公开透明运行。深入实施《政府信息公开条例》。各级行政机关要严格执行《政府信息公开条例》，主动、及时、准确公开财政预算决算、重大建设项目批准和实施、社会公益事业建设等领域的政府信息。各级政府财政总预算和总决算，部门预算和决算，以及政府性基金、国有资本经营等方面的预算和决算，都要向社会公开。公开的内容要详细全面，逐步细化到"项"级科目。各部门要逐步公开出国出境、出差、公务接待、公务用车、会议等经费支出。抓好重大突发事件和群众关注热点问题的公开，客观公布事件进展、政府举措、公众防范措施和调查处理结果，及时回应社会关切，正确引导社会舆论。进一步完善政府信息依申请公开、保密审查和监督保障等措施，认真做好涉及政府信息公开的举报投诉、行政复议、行政诉讼等工作。妥善处理好信息公开与保守秘密的关系。见中央政府门户网，http://www.gov.cn/jrzg/2011-08/02/content_1918496.htm。

利，使得他们能够更加有效地交流，帮助他们不再受到压制。因此，在社会透明度日益增强和社会信任度日益匮乏的双重挑战之下，如果我们不能通过提高透明度来增强信任度，不能改变政府的社会管理运作方式的话，那么可以想象的是，在微博上形成的"余众的反抗"力量，一定会产生极大的破坏力，在未来的岁月里，可能会导致权力消解和社会动荡。①

网民的称谓是基于其所使用媒介的属性。就权利属性来看，他们是政治意义上的公民，是人民主权原则下的国家主人。在现实中，公众缺乏表达和参与公共事务的渠道。相对于现实中的公众，互联网的环境下的公民获取信息的成本大大降低，对社会事务的知情能力大大提高。以微博为媒介的网民更是可以直接接入信息的生产、传播，更容易通过自由表达来介入社会公共事务。这在传统的、国家控制的媒体渠道中是无法想象的。如戴扬所说："就具体问题表述立场就等于构建公共领域。"网民对公共议题的话语表达是网民从私人领域走向公共领域的主要方式。互联网创造了公民对政治和社会问题展开讨论的公共领域，微博等互联网工具使得公众有了对公共事务进行评论、交换意见、形成舆论的场所。② 在社会生活和社会决策过程中，民意开始发挥作用。

民意，就是老百姓对公共问题的意志表达。网民的力量在于庞大的群体性集合，在虚拟空间塑造一种群体性心态和舆论，进而成为一种民意的符号。在我国，人们对互联网政治作用的期待主要在其沟通民意方面。有学者认为，当互联网被广泛应用后，它必然推动公民与政府官员的直接对话，提高民意在政府运作中的分量，从而在很大程度上改变未来政治参与的结构与模式。③

尽管中国现实中缺乏一套能充分容纳民意表达，并将民意反映到公共政策和公共事务的决策与裁判中去的机制，但互联网技术，特别是微博技术有望推动中国形成一种制度化的公众参与民主制度。④ 公众参与将从根本上改变政府获取民意的方法，由封闭转为公开透明；由政府和官员主导一切，变为公众能主动参与；由过去的"官控"变为"民动"，从而使决策和治理变得更加科学、客观和反映民意。公众参与以有效的信息为基础。没有充分透明的信息，公众只能是"盲参"，意见也

---

① 参见陈先红：《郭美美事件：微博江湖的"真""假"困局》，载《人民论坛》，2011 (14)。
② 参见胡泳：《众声喧哗：网络时代的个人表达与公共讨论》，330 页，桂林，广西师范大学出版社，2008。
③ 参见李永刚：《我们的防火墙》，58 页，桂林，广西师范大学出版社，2009。
④ 公众参与民主制度是指公共权力机构在立法、制定公共政策、决定公共事务或进行公共治理时，由公共权力机构通过开放的途径从公众和利害相关的个人或组织获取信息，听取意见，并通过反馈互动对公共决策和治理行为产生影响的各种行为。它是公众通过直接与政府或其他公共机构互动的方式决定公共事务和参与公共治理的过程。公众参与所强调的是决策者与受决策影响的利益相关人双向沟通和协商对话，遵循"公开、互动、包容性、尊重民意"等基本原则。参见蔡定剑：《民主是一种现代生活》，182 页，北京，社会科学文献出版社，2010。

没有意义。知情权是参与权的前提，缺少充分准确的信息，公众将失去参与能力。政府透明和信息公开是公众参与的两个必需条件。因此，政府部门和公共机构所需要的不是对网络民意不屑一顾，而是如何面对和理解它的真正价值，以及这种价值发挥的社会机理，在社会管理创新的思维下，推动政府信息公开制度的落实和进步。①

没有公民的成长，没有民间的压力和推动，就不能捆住公权力的手脚，真正让权力在阳光下运行。微博传播为公民发声创造了条件，更为新闻媒体角色和功能革新带来了契机。

依法治国离不开新闻媒体及从业者对法治理念和法治价值的践行。2011 年 8 月，最高人民法院公布的《关于审理政府信息公开行政案件若干问题的规定》规定：公民、法人或者其他组织认为下列政府信息公开工作中的具体行政行为侵犯其合法权益，依法提起行政诉讼的，人民法院应当受理：（1）在公民、法人或者其他组织向行政机关申请获取政府信息，行政机关拒绝提供或者逾期不予答复的案件；（2）公民认为行政机关提供的政府信息不符合其在申请中要求的内容或者法律、法规规定的适当形式的案件；（3）公民认为行政机关主动公开或者依他人申请公开政府信息侵犯其商业秘密、个人隐私的案件；（4）公民认为行政机关提供的与其自身相关的政府信息记录不准确，要求该行政机关予以更正，该行政机关拒绝更正、逾期不予答复或者不予转送有权机关处理的案件；（5）公民认为行政机关在政府信息公开工作中的其他具体行政行为侵犯其合法权益的案件。该司法解释强化了公民申请政府信息公开的权利救济，也可作为新闻媒介及其从业者促进政府信息公开的依据。

在这个"媒介即信息"的时代，新闻媒介要通过传播信息来实现公民的知情权、表达权。一个不能充分传播信息的媒体是没有生存合法性的。我国《宪法》明确公民享有言论自由，并有对国家机关及其工作人员进行批评、建议等权利，因此公民自然有权就政府工作和其他公共事项发表看法。但我国新闻传播体制和大众媒介传播权的集中，妨碍了公众通过传统媒体实现这一目的，普通公众借助媒体发表言论、表达诉求的机会较少。媒介近用权理论认为，每个人都有权在日报、周报或通

---

① 根据学界观点，信息公开制度的完善包括以下内容：明确"以公开为原则，以不公开为例外"的原则，对不予公开的范围作出刚性界定，而不应留给政府部门去各自设限，彻底拆除条例的"玻璃门"，切实推进"阳光行政"；严格司法审查和救济，对违反条例的责任的严肃追究和对侵犯公民知情权的有效救济。法院应对信息公开的范围和例外事项严格把关，对行政机关拒绝公开的理由从严审查，防止行政机关随意扩大例外事项的适用范围，以免成为逃避公开的借口；立法机关应尽快把条例升格为法律，理顺信息公开法与保密法、档案法等的关系，杜绝以保密为借口拒绝公开，从根本上解决信息公开的障碍。

过电台、电视台表达他们的思想。在网络时代，公民得以"近用"网络媒体，获得有别于传统媒体的发声渠道。微博等网络媒体的开放性、低门槛，允许人们自由传递信息、表达观点。如果传统新闻媒体不积极改变，势必会在当今传播格局中边缘化，沦为微博信息的"二传手"。新闻媒体应明确和维护自身作为社会公器的角色，成为公众的信息平台和公共论坛，防止在多种外在力量侵蚀下退化或堕落。而以宪政、法治为社会管理目标的政府也应促成大众媒介作出改变，向公众提供接近媒体的机会。

代表公众推进政府信息公开，就是新闻媒体保障公众媒介近用权的体现。目前中国的新闻媒体与从业者应从以下四方面督促政府信息公开：一是公共资金运行信息公开。重点推进政府预决算和财政专项资金，国有土地使用权出让、彩票公益金等政府非税收入，社保基金、住房公积金等社会公共资金的信息公开，依法推进审计公开。二是公共权力行使信息公开。重点加大房地产开发、动拆迁、规划、环保等行政审批结果向社会公开的力度，全面推行收费公示制度。三是公共资源分配信息公开。如公共租赁住房、居住证转户籍等重大决策的草案，应公开向社会征求意见。四是公共服务供给信息公开。积极推进教育、卫生、供水等与民生关系密切的企事业单位公开服务信息，围绕价格、服务、质量等要素，公开收费标准、办事结果、监督投诉渠道等。

当然，其中可能会存在着一些冲突。政治的公开和透明，往往要牺牲一定的行政效率。然而，与不透明所掩盖的公共财政滥用和政府官员腐败相比，特定行政效率的损失，实则是政治清明、政府廉洁的必要代价，是作为纳税人的社会公众愿意承受和宽容的相对低效率。据 2011 年 9 月 28 日发布的《中国行政透明度报告2010—2011 年度》测评结果显示：国务院 43 个被评测机构平均得分 51.7 分，9 个单位得分及格，仅占被测评机构的两成，其中知识产权局排名第一，铁道部、国务院法制办、监察部名列后三名。[①] 其实，由《中国行政透明度报告 2010—2011 年度》，人们可以找到日常所痛感的行政不作为和乱作为的部分原因所在，也可以"倒推"出社会公众无从对政府绩效作出评价的事实。如报告中所称，国务院部门规章草案意见征集"零参与"，用"公众的钱"最多的铁道部排名最不透明之列等事实，就是一个缩影。[②] 由此我们也可以看出，中国社会政治进步的得益主体是人民，但是否通过信息公开推动社会的清明也考量着中国新闻媒体和新闻从业者的良心与责任感。

---

① 参见《〈中国行政透明度报告 2010—2011 年度〉发布》，载《新京报》，2011 - 09 - 29。
② 参见《行政透明度是政府治理绩效评价的基础》，见光明网，http：//view.gmw.cn/2011-09/29/content_2717157.htm。

网络曝光改变中国反腐格局

——"微笑局长"使官员生活作风不再是个人问题

一、在特大交通事故现场微笑的陕西省安监局局长

2012年8月26日凌晨2时许，陕西省延安市境内的包茂高速公路安塞服务区南出口处发生一起特大交通事故，一辆双层卧铺客车和一辆甲醇运输罐车追尾，并致两车起火，经确认，事故共造成36人死亡。据了解，发生事故的客车核载39人，实载39人，事故发生后有3人逃生。伤员救治、现场勘查和事故调查等工作都在紧张进行当中。但网友发现，新华社拍下的现场图片中，竟然有一当地官员在事故现场"傻笑"，这张照片在微博中流传后，惹得网友非常不满。网友迅速"人肉"搜索出图中官员是陕西省安监局局长杨达才。

因灾难前发笑遭网友质疑的官员，杨达才并非第一个。2010年伊春空难有领导在现场微笑着合影留念，2011年西安煤气爆炸，也有官员笑过。网友称，"我们弄不懂他们在百姓的灾难面前为啥要笑，但我们极其厌恶他们的这种无耻的笑。他竟然站在那辆被烧得只剩骨架的客车旁边，就在尸骨未寒的36个亡魂跟前笑，背着手笑、腆着肚笑，笑得真开心，他在笑啥？百姓遇难，假如不需你泪流满面的话，但对同胞逝去自己宝贵的生命，至少应该保持应有的尊重吧。"

短短几个小时，关于杨达才的搜索量已经突破5万。在网民强烈谴责该官员的同时，一组关于该官员每个场合换一款疑似世界品牌手表的图片也被晒到了网上。①

8月29日晚上9时，杨达才在微博中回应网友质疑，网友现场提问逾6 000个。

---

① 参见《陕西安监局长在车祸现场笑　网友质问你笑啥》，载《钱江晚报》，2012 - 08 - 28。

网友："在事故现场这么严肃的地方，为什么要笑？"

杨达才："来到事故现场，看到情况，我们的心情很沉痛。我今年 50 多岁，身体也不是太好，驱车赶到现场很疲惫，但我是带队领导得打起精神，和基层同志谈话的时候只想让他们不要太紧张。有些基层同志向我介绍情况的时候，都显得特别紧张，有的同志口音比较重，有些话我听不太清楚。我让他们放松些，可能一不留神，神情上有些放松。现在回想起来，我也很内疚。"

网友："网上那几张戴手表的照片是真的么？请说明那几块表的来历。"

杨达才："我这几块表里面，最贵的一块是今年买的万宝龙 106500 型号，价格是 3.5 万，不是江诗丹顿牌。其他几块表的牌子跟网友所说的差不多，每块价格大致在一到两万。这 10 多年来，我确实买过 5 块手表。这些表是我在不同时期自己购买的，是用我自己的合法收入购买的。这一点，我已经向纪律监察部门作了汇报。"①

9 月 1 日，为弄清"杨局长的手表是否均用其合法收入购买"，三峡大学大二学生刘艳峰向陕西省财政厅和安监局邮寄了信息公开申请书，申请公开"微笑局长"杨达才 2011 年度的工资收入。9 月 21 日下午，刘艳峰接到了陕西省财政厅的特快专递回复。回复以"杨达才个人工资收入事项，不属于陕西省财政厅政府信息公开范围"为由，拒绝了其申请要求。刘艳峰表示："对此结果我并不意外，因为官员财产公示制度还没建立，迄今鲜有这方面的先例。"但他认为，依据《政府信息公开条例》，"微笑局长"的工资属于政府应主动公开的范围。②

据报道，陕西省纪委表示，鉴于陕西省安监局党组书记、局长杨达才在"8·26"特别重大道路交通事故现场"笑脸"的不当行为和佩戴多块名表等问题，省纪委调查表明，杨达才存在严重违纪问题，经省委研究决定：撤销杨达才陕西省纪委委员，省安监局党组书记、局长职务。对调查中发现的杨达才的其他违纪线索，纪委正在进一步调查。现任榆林市委副书记的赵政才拟任陕西省安全生产监督管理局党组书记、局长。另外据消息透露，刚刚被撤职的陕西安监局长杨达才确已被双规；查出名表至少 83 块，需进一步认定；双规期间，纪委在杨达才个人账户发现存款超过 900 万元，在杨家中和私人场所发现现金至少 700 万元。这是"打折"后的保守统计。但 24 日陕西省纪委表示：没听说杨达才被查出 83 块表的消息，目前调查仍在继续，出于保密，不便透露更多细节。③

---

① 参见《安监局长回应网友质疑 现场提问逾 6 000 个》，载《京华时报》，2012 - 08 - 30。

② 参见《陕西财政厅拒绝公开杨达才工资理由被指敷衍》，载《中国青年报》，2012 - 09 - 21。

③ 参见《"微笑局长"杨达才被双规 纪委否认查出 83 块表》，载《北京日报》，2012 - 09 - 25。

二、止步于"谨言慎行"还是建立官员财产公开制度

按照《政府信息公开条例》的规定，凡涉及公民、法人或其他组织切身利益的，需要社会公众广泛知晓或参与的政府相关信息都应该公开。我们不难看出，杨达才在重大车祸现场"微笑"以及他难以自圆其说的"名表"已经成为公共事件，很有可能存在"权力寻租"等违法违纪事件。那么在"众所周知"的情况下，陕西省财政厅还拒绝公开杨达才工资信息，是否因为其有意包庇呢？这是因为《政府信息公开条例》并没有明确哪个部门是公开官员工资的责任主体。换句话说，在此事面前，陕西省财政厅当然有"理由"不公开。而且，按照现有规定，官员个人工资确实也不属于政府信息公开范畴。所以，在既没有明确规定，又没有先例的当下，陕西省财政厅的"拒绝"似乎也"理直气壮"。因此，在目前尚有诸多"漏洞"的制度下，似乎生搬硬套再多的规定，也难以解决表面上看起来很简单的东西。更何况，防腐还并不能只靠工资的公开。但作为政府机构的陕西省财政厅理应知道，信息公开是实现监督、防止腐败的最有效的手段之一。一切腐败现象和腐败行为的最大特点在于其行为的秘密性，阳光是最好的防腐剂，把政府的所作所为让公众知情，接受监督，也就把治理腐败落到了实处。人民群众有权知道政府和政务人员适时的、真实的、透明的相关信息，保障知情权既有助于保护公民的合法权益，又有助于有效地遏制政府腐败。

上述事件发生后，有一个词在媒体使用的频率很高，即"谨言慎行"。比如下面这段文字："公信力的提升需要在多方面作出努力。公职人员和公众人物往往会受到人们的注意，因此更应该谨言慎行，严格要求自己。当然，只要是人，就会有缺点甚至会犯错误，但对公职人员来说，面对过失重要的是不能说谎。说谎是错上加错。另一方面，公众也应该允许当事人和当事单位对有关事项加以说明解释甚至予以明确否认。歪曲事实地辩白和不加分析地怀疑，有意大事化小和故意无限上纲，都不是实事求是的态度，也无法提升全社会的诚信水平。"[1]

上述这种说法是认识不清，思维混乱的，是一种错误的舆论引导。试问，如果有一位官员用手中权力"寻租"，贪腐程度超过杨达才，只是比杨达才"谨言慎行"，其树立起来的"正面"形象就值得肯定吗？中国的百姓需要如此虚假的"诚信"和"公信力"吗？

---

[1] 参见《微笑局长再陷眼镜门 砍削谎言的外壳》，见华龙网。

中国百姓知道，有钱不违反法律，但百姓只是想知道杨达才作为一个官员，钱是从哪里来的，这个要求不过分，也没有违背当代社会主义民主制度的基本理念。对于这位局长，百姓也理解："作为一个成功的中年人，喜欢手表并热衷于收集，即使成为'名表控'也无可厚非，可是作为一个公务人员，这些价值不菲的手表究竟是怎么来的，必须得向公众有个交代。不久前，香港就公布了行政长官和行政会议成员的利益申报资料。其中，劳工及福利局局长张建宗拥有 8 处房产居于榜首，行政长官梁振英拥有 6 处房产排名第二，政务司司长林郑月娥和教育局局长吴克俭各拥有 4 处房产，并列第三。在寸土寸金的香港，不管是有 6 处还是 8 处房产，除了令人艳羡之外，并没有什么值得诟病的，毕竟这些财产都暴露在阳光之下，可以跟纳税人说得清清楚楚。"①

（一）财产申报制度建立的困境

中国大陆公职人员财产申报制度，其实早在十几年前就已着手建设。1994 年全国人民代表大会常务委员会正式将财产申报法列入立法规划。1995 年中共中央办公厅、国务院办公厅发布了《关于党政机关县（处）级以上领导公权力人物收入申报的规定》（以下简称《1995 年规定》），2006 年中共中央办公厅发布了《关于党员领导公权力人物报告个人有关事项的规定》。但是，在这些规定中财产公示制度始终缺位。2009 年年初，新疆维吾尔自治区阿勒泰地区、浙江省慈溪市两地率先对部分基层领导公权力人物的家庭财产进行公示试点。随后在 2009 年全国人民代表大会、中国人民政治协商会议召开前夕，2 月 28 日温家宝总理在与网友在线交流中指出：官员财产申报制度正在积极准备之中。接下来的"两会"中，中纪委、监察部、全国人大常委会法工委等的有关负责人多次重申，正在研究论证这一制度。

有关部门认为还存在一定困难。中央纪委副书记、监察部长、国家预防腐败局局长马馼在"两会"期间举例，比如金融的实名制、现金流通、财产登记等制度，这些基础条件目前还不完善。② 在一系列技术条件不完善的情况下，若想对申报的财产进行准确核查，难度几乎相当于对申报者立案调查，以"有罪推定"的方式逐一核查是不实际的。这似乎只是一个思维定式改变的问题。

另外，还有几个问题需要引起关注。一是金融实名制覆盖不了现金交易。2000 年 4 月 1 日，《个人存款账户实名制规定》实施，已经显示出一定反腐效果。较早

---

① 参见《"微笑局长"的解释不能像挤牙膏》，见中国江苏网。
② 参见汤耀国：《官员财产申报求解》，载《瞭望》，2009（14）。

提出相关建议的全国政协委员宋林飞说，储蓄实名制实施后，个别腐败官员，不得不把大面额人民币成堆地放在家里。但对金融实名制本身，随着近年来储蓄、证券交易相继实行实名制，且金融机构之间已经联网，要摸清金融资产，95%以上的条件已经具备，有少量缺陷，也要在实践中才能发现。

二是身份信息仍需更加准确。金融实名建立在身份信息真实的基础之上。2007年6月，中国人民银行会同公安部建成联网核查系统，全国各银行业金融机构都加入进来，可通过该系统核查身份信息。近年来换发的第二代居民身份证还存在一定漏洞。第二代身份证造假事件也屡有发生。它在技术上虽拥有强大的防伪功能，但在执行上有待更严格把关。

三是不动产登记制度不完备。作为物权法重要配套措施之一的不动产登记法尚未出台。

四是境外资产、珠宝、古董等财产的底数，现有技术与配套制度还不能轻易摸清。有专家指出，台湾地区修订的相关法案，增加了珠宝、字画、古董也要申报的规定，被称为"吴淑珍（陈水扁妻子）条款"，正是靠民众与记者对其抛头露面与申报数据作对比而发现问题，进而由立法机构修改。

五是信用意识缺失。当前社会信用意识缺失，如果大量申报者不自觉，抱着"法不责众"心态，虚报、瞒报，将带来很大的制度运转成本，效果难彰。

其他的障碍则来自当权官员的心理抵触。多次为官员财产申报求法的十届全国人大代表王全杰曾作过一项调查，称接受调查的官员97%对官员财产申报持反对意见。腐败的官员肯定反对公开自己的财产，即使申报也一定瞒报。而清清白白做事的官员，出于种种考虑，也会在心理上有一些抵触。对这一"革自己命"的制度，"很难想象有多少人愿意给自己套上紧箍咒。"① 这方面的心态调整，恐怕只能由这些当权官员通过提升自己的认识水平、提升自己的道德层次、提升自己的法律意识来改变。

（二）官员财产公开与隐私权的冲突

官员财产申报制度在中国大陆实施困难的另一个原因是，如何解决财产公开与隐私权的冲突。可能官员都认为，官员也有隐私权，社会如果忽视公职人员包括隐私权在内的合法权益的保护，缺少公职人员对财产申报公示的理解与认同，即使规定了财产申报公示制度，也难以顺利推行。当然我国的财产申报制度能否顺利迈向

---

① 参见汤耀国：《官员财产申报求解》，载《瞭望》，2009（14）。

财产公示，必须认真对待申报人的隐私权保护问题。《中华人民共和国宪法》并没有隐私权的明确规定，但其第三十八条规定："中华人民共和国公民的人格尊严不受侵犯。"第三十九条规定："中华人民共和国公民的住宅不受侵犯。禁止非法搜查或者非法侵入公民的住宅。"第四十条规定："中华人民共和国公民的通信自由和通信秘密受法律的保护。"从这些规定中我们都可以推导出隐私权作为一项基本权利的宪法地位。特别是近年来随着我国民众权利意识的不断加强，对个人隐私的保护已逐渐成为国人生活中的一项基本的权利诉求。作为公民的一项基本权利，隐私权意味着公民享有自身的私人信息、私生活以及私人事务不受恣意侵扰的权利。而财产申报制度强制性地要求申报人申报其个人财产信息并进行公示，不可避免地与隐私权之间产生冲突。因此，如何平衡财产申报与隐私权的关系也成为各国财产申报制度的基础理论问题。

隐私权是公民应当享有的一项基本权利，官员当然也有隐私权。在现代社会，每一个人都需要一块属于自己的空间，去获取真知，提炼情感，发展个性。在私人领域中形成的自主意识和经验是个人参与社会活动的重要心理支撑。隐私权的保护对个人的尊严是很重要的，这些隐私包括：住宅不受非法侵入或侵扰；私人生活不受监听监视；保障通信秘密与自由；私人生活不受他人干扰或调查；与社会政治生活无关且与公共利益无关的纯粹个人私事之秘密或安宁生活受到保护。

隐私权保护的是与社会公共利益无关的那部分个人私生活信息。作为一名握有公权力的人，其人品、德性，任期内拥有的财富是否超过正常工作收入，以及其家庭成员的生活状况是否发生异乎寻常的物质提升等都不能说与公共利益无关。

公民有权了解国家公职人员，尤其是官员的学历、出身、行为背景、财产状况、个人品德、廉政与勤政状况等。官员的隐私权是受到限制的，当个人私事与公共利益——政治生活发生联系时，不受隐私权保护。包括：公权力人物背景之公开；个人生活的公开道德方面的检验；财产的登记与申报；公共场所和公务活动中，无条件地接受公众和新闻界的关注、监督；不经公权力人物本人事先同意，可刊登其照片，发表有关其背景、操行、活动的消息、评论等。

公权力人物对隐私权的部分放弃，也是追求社会公平的一种体现。一个人一旦走上仕途，选择政治作为职业的时候，他就应当预见到并甘愿承担担任公职所带来的种种不便，并默认对自己过去、现在和将来隐私的部分放弃。官员放弃的这部分隐私权是有回报的：他们得到比普通人更多的社会尊重，一个廉洁奉公的官员受到的尊重远比一个品德优良的普通人要多；理想和抱负的实现，也包括成就感，要比普通人更多和更有机会获得；公职人员的物质待遇，包括在任期间的和退休之后的，均很稳定并略高于社会平均水平。

财产申报制度是一种行之有效具有普遍意义的反腐利器。为了公共利益的需要，国家完全可以对公民的隐私权加以限制。公职人员作为社会公共事务的管理者，其财产收入、社会关系、生活经历、个人爱好等虽然是受隐私权保护的私事，但这些因素也有可能对其行使公权力的行为造成影响。对公职人员的这些隐私加以限制，使之接受社会的监督，就可以有效地预防和惩治腐败，使可疑财产和不廉行为易于暴露。1990 年第八届联合国预防犯罪和罪犯待遇大会通过的《反腐败实际措施手册》第四条明确指出："规定公职人员全面公布个人情况（在进入政府部门任职时即公布本人的全部资产、债务和社会关系）或定期提供简要情况（每年的全部收入或商业活动）或公布应予以报告的事项（职务以外的收入、出售或明显超过一定数额的资产的单据），那是很有价值的反腐败手段。"更为重要的是，在一个民主社会，公民享有知情的权利。公众作为政府权力的授予者，有权知悉国家所颁布的法律、法规、政策以及国家机关及其工作人员的活动和背景资料，有权知道自己所选举或由政府任命的公职人员是否服务于社会，并在此基础上参与公共决策和政府监督。

2010 年 7 月，中共中央办公厅、国务院办公厅发布的《关于领导干部报告个人有关事项的规定》中确定的申报主体是：（1）各级党的机关、人大机关、行政机关、政协机关、审判机关、检察机关、民主党派机关中县处级副职以上（含县处级副职）的公权力人物；（2）人民团体、事业单位中相当于县处级副职以上的公权力人物；（3）大型、特大型国有独资企业、国有控股企业（含国有独资金融企业和国有控股金融企业）的中层以上领导人员和中型国有独资企业、国有控股企业（含国有独资金融企业和国有控股金融企业）的领导班子成员。这一规定，基本上承袭了1995 年相关规定的做法，只是将申报主体由原来的处级以上扩展到副处级以上公权力人物。现在看来，这个范围过于狭窄。中国大陆乡镇一级基层政权机构的负责首长拥有相当权力，应列入申报主体；还有司法、行政执法机关等最易发生腐败滥权之处，应将其所有公职人员列为申报主体；军事开支在国家财政支出中所占比重较大，规定一定级别的军官申报财产也是十分必要的。应将申报的主体扩大到所有的国家工作人员。即财产申报制的主体应与"贪污贿赂罪"、"巨额财产来源不明罪"的主体相适应，即应包括所有的国家工作人员。

另外，上述规定虽然进一步完善了我国公职人员的财产申报制度，但仍然缺少具有关键意义的公示环节。

民间借贷的法律困境与舆论聚焦

——吴英非法集资案

一、吴英案件始末

吴英，女，1981年5月20日出生于浙江省东阳市，汉族，中专文化，浙江本色控股集团有限公司法定代表人。吴英自2003年8月6日开办东阳吴宁贵族美容美体沙龙（注册资金人民币2万元）开始，至2006年10月10日组建本色控股集团，其母公司为本色集团；子公司包括：本色广告公司、本色酒店管理公司、本色洗业管理公司、本色电脑网络公司、本色婚庆公司、本色装饰材料公司、本色物流公司。这些公司股东工商登记为吴英、吴玲玲，但吴玲玲实际并未出资。自2005年3月开始，吴英就以合伙或投资等为名，向社会中少数个人高息集资。2005年5月至2007年2月间，吴英以高额利息为诱饵，非法集资77 339.5万元，用于偿还集资款本金、支付高额利息、购买汽车及供个人挥霍等，至案发尚有38 426.5万元无法归还。

吴英因涉嫌犯非法吸收公众存款罪于2007年2月7日被浙江省东阳市公安局刑事拘留，同年3月16日被逮捕。2009年1月4日，浙江省金华市人民检察院指控吴英犯集资诈骗罪，向浙江省金华市中级人民法院提起公诉，2009年4月16日，金华市中级人民法院审理本案，并于2009年10月29日作出判决：被告人吴英犯集资诈骗罪，判处死刑，剥夺政治权利终身，并处没收其个人全部财产。

一审判决宣告后，吴英不服，向浙江省高级人民法院提起上诉。2012年1月6日，浙江省高级人民法院作出刑事裁定，驳回吴英的上诉，维持原判。随后该院就本案向最高人民法院报请核准。

最高人民法院受理被告人吴英集资诈骗死刑复核案后，依法组成合议庭，审查了全部卷宗材料，提讯了被告人。2012 年 4 月 20 日，最高人民法院依法裁定不核准吴英死刑，将案件发回浙江省高级人民法院重新审判。

浙江省高级人民法院经重新审理后，于 2012 年 5 月 21 日对吴英集资诈骗案作出终审判决，以集资诈骗罪判处吴英死刑，缓期二年执行，剥夺政治权利终身，并没收其个人全部财产。

二、吴英案的法律定性与刑罚适用

最初，吴英是以非法吸收公众存款罪被立案侦查，但最终以集资诈骗罪定罪处罚。在本案处理过程中，吴英及其辩护人认为，吴英的行为不构成犯罪。一些经济界、法律界人士也认为，吴英的行为属于正当民间融资行为，虽不合法，但具有合理性，本案不应作为犯罪处理。

对于吴英案的定性，依照现行刑法进行判断，可能的选项有三个：（1）无罪；（2）非法吸收公众存款罪；（3）集资诈骗罪（第一百九十二条）。就吴英案而言，一审法院、二审法院以及最高法院对于本案事实问题并无分歧。吴英也承认，其利用各种方法向多人借款，并许以高额利息，但其不承认具有非法占有的目的。由此看来，对于该案的客观行为事实是不存在争议的，即吴英确实先后向多人借款且数额巨大，并许以高额利息。形成争议的问题主要表现在三个方面①：

1. 承诺支付高额利息向多人借款且数额巨大行为的违法性问题

对于通过承诺支付高额利息向多人借款行为是否合法的问题，应根据现行法律进行判断。1992 年 12 月 1 日国务院发布的《储蓄管理条例》第八条规定："除储蓄机构外，任何单位和个人不得办理储蓄业务。"《中华人民共和国商业银行法》（1995 年 5 月 10 日第八届全国人民代表大会常务委员会第十三次会议通过，根据 2003 年 12 月 27 日第十届全国人民代表大会常务委员会第六次会议《关于修改〈中

---

① 本案中，辩护理由包括：（1）被告人吴英主观上无非法占有的目的。（2）被告人吴英在借款过程中没有使用虚构事实等手段骗取他人财物。（3）本案所涉被害人均属亲戚朋友和熟人，不属"社会公众"，不能以非法集资论。（4）本案被指控的行为属公司行为，被告人吴英系本色集团有限公司的董事长，所得借款也用于公司活动。（5）本案被告人吴英系本色集团有限公司的法定代表人，其向本案被害人借款时，有的是以单位的名义，有的虽然以个人名义，但所借款均用于单位的经营活动，根据法律规定，属单位行为。（6）公诉机关指控事实不清、证据不足。一审法院在归纳本案争议焦点中列举了三条：（1）被告人吴英主观上是否具有非法占有他人财物的故意，其行为是否构成犯罪的问题。（2）关于本案属单位犯罪还是自然人犯罪的问题。（3）被告人吴英的行为是否构成集资诈骗罪的问题。

华人民共和国商业银行法〉的决定》修正）第八十一条规定，非法吸收公众存款、变相吸收公众存款，构成犯罪的，依法追究刑事责任；并由国务院银行业监督管理机构予以取缔。1998 年 7 月 13 日国务院发布的《非法金融机构和非法金融业务活动取缔办法》即针对非法金融活动而制定，根据第四条规定，未经中国人民银行批准，擅自非法吸收公众存款或者变相吸收公众存款即属于非法金融活动。按照该行政法规的界定，"非法吸收公众存款，是指未经中国人民银行批准，向社会不特定对象吸收资金，出具凭证，承诺在一定期限内还本付息的活动；所称变相吸收公众存款，是指未经中国人民银行批准，不以吸收公众存款的名义，向社会不特定对象吸收资金，但承诺履行的义务与吸收公众存款性质相同的活动。"

以上述法律、行政法规规定来衡量，对于通过承诺支付高额利息向多人借款行为是否合法，即要考虑三个基本问题：第一，是否属于向公众吸收存款？如果属于向少数人借款并承诺支付高额利息，则不应看做违反上述行政法规，当然也不符合《刑法》第一百七十六条非法吸收公众存款罪的犯罪构成。第二，是否具有吸收公众存款的主体资格？第三，是否经过中国人民银行的批准？就吴英案而言，无论是吴英还是其作为法定代表人的本色集团有限公司，都没有吸收公众存款的法定资格，当然更谈不上央行的行政许可。对此，一、二审法院乃至最高法院都认为，吴英的行为属于非法向公众吸收存款，而非一般性的民间借贷（或者高利贷）。

对于《刑法》第一百七十六条中所指的"社会公众"，《非法金融机构和非法金融业务活动取缔办法》第四条第二款界定为"社会不特定对象"，2010 年 12 月 13 日最高人民法院发布的《关于非法集资刑事案件具体应用法律若干问题的解释》第一条亦作同样解释，该条第二款同时还规定，"未向社会公开宣传，在亲友或者单位内部针对特定对象吸收资金的，不属于非法吸收或者变相吸收公众存款。"在本案诉讼过程中，吴英及其辩护人辩称，其吸收公众存款的对象仅为 11 人，且属于亲友和熟人，因而不属于非法向公众吸收存款。对此，一审判决认为，"公诉机关指控的本案被害人虽然只有 11 人，但根据现有的证据，足以证实被告人吴英系通过虚假宣传，支付高额利息及所谓的高额投资回报等形式，误导社会公众，通过本案的 11 名被害人将款投资给吴英。而且被告人吴英明知林卫平、杨卫陵、杨卫江、杨志昂等人是做融资生意的，他们的资金也系非法吸存所得到。"可见，一审法院认为，吴英的行为具有非法向公众吸收存款的性质。

2. 向多人借款并承诺支付高额利息但长期看不能履行承诺的行为是否属于集资诈骗

一、二审判决书认定，吴英的行为构成集资诈骗罪，并认定骗取集资款人民币

77 339.5 万元，实际集资诈骗人民币 38 985.5 万元，数额特别巨大。其理由主要包括：（1）本身无经济基础，无力偿还巨额高息集资款。（2）虚构事实，隐瞒真相，骗取巨额资金。（3）随意处置集资款。（4）巨额集资无账目。（5）造成巨额资金无法追回。（6）根据其供述及其私刻假银行印章在承诺书上盖章等行为，足以证实，其系用汇票证明自身有经济实力，以应付他人催讨，拖延时间，继续骗取借款及意图从银行"融资"，以后债归还前债的方法维持资金链的延续。

在法院看来，这实际上就是一个典型的"拆东墙补西墙"的诈骗方式，即西方人所说的"庞氏骗局"①。吴英在虚构其公司实力、隐瞒其经营现状的同时，在吸收投资时也没有向投资者充分说明投资风险，且吸收投资的主要部分并未用于实际投资，因而其行为存在虚构事实、隐瞒真相的情况，符合集资诈骗罪的行为特征。

3. 关于吴英案的刑罚适用

围绕本案法律适用的另一大争议问题就是，对于吴英应否适用死刑立即执行。根据现行刑法第一百九十二条、一百九十九条规定，犯集资诈骗罪，数额较大的，处 5 年以下有期徒刑或者拘役，并处 2 万元以上 20 万元以下罚金；数额巨大或者有其他严重情节的，处 5 年以上 10 年以下有期徒刑，并处 5 万元以上 50 万元以下罚金；数额特别巨大或者有其他特别严重情节的，处 10 年以上有期徒刑或者无期徒刑，并处 5 万元以上 50 万元以下罚金或者没收财产；数额特别巨大并且给国家和人民利益造成特别重大损失的，处无期徒刑或者死刑，并处没收财产。由于集资诈骗罪属于经济犯罪，因而关于该罪的存废问题一直存在广泛争议。2011 年 2 月 25 日全国人大常委会通过的《刑法修正案（八）》废除了除集资诈骗罪以外配置有死刑的诈骗犯罪的死刑规定。一些论者对于现行刑法保留集资诈骗罪的死刑表示遗憾并予以批评。

就吴英案而言，由于涉案数额特别巨大，根据上述法律规定，对其应在最高量刑幅度内（即无期徒刑或者死刑）进行量刑。一审法院判决认为，被告人吴英集资诈骗数额特别巨大，给国家和人民利益造成了特别重大损失，犯罪情节特别严重，应依法予以严惩，因而判处吴英死刑（立即执行），剥夺政治权利终身，并处没收其个人全部财产。二审法院亦认为，吴英集资诈骗数额特别巨大，并给国家和人民利益造成了特别重大损失，犯罪情节特别严重，应依法予以严惩，因而维持一审判决。最高法院

---

① 是一种最古老和最常见的投资诈骗，是金字塔骗局的变体，这种骗术是一个名叫查尔斯·庞兹（Charles Ponzi）的投机商人"发明"的。庞兹于 1919 年开始策划一个阴谋，骗人向一个事实上子虚乌有的企业投资，许诺投资者将在 3 个月内得到 40% 的利润回报，然后他把新投资者的钱作为快速盈利付给最初投资的人，前期投资者获得了巨大的投资回报，就宣称他是投资天才，于是，更多的人被诱骗上当。由于前期投资的人回报丰厚，庞兹成功地在 7 个月内吸引了约 4 万名投资者，这场阴谋持续了 1 年之久，被骗金额达 1 500 万美元。

在对本案进行复核时，亦认可一、二审法院对本案的定性，但在量刑问题上存在不同看法。最高法院认为，吴英集资诈骗数额特别巨大，给受害人造成重大损失，同时严重破坏了国家金融管理秩序，危害特别严重，应依法惩处。吴英归案后，如实供述所犯罪行，并供述了其贿赂多名公务人员的事实，综合全案考虑，对吴英判处死刑，可不立即执行。因而裁定不核准被告人吴英死刑，发回浙江省高级法院重新审判。根据最高法院的裁定，浙江省高级法院在再审中，改判吴英死刑缓期执行。

最高法院在核准该案中，认为不应判处死刑立即执行，既考虑到吴英本人的人身危险性不大，具体表现为能够如实供述罪行且供述了多起行贿事实，又要兼顾舆论对本案的影响和压力。如果最高法院不顾及公共舆论，仅仅从法律适用角度考虑问题，核准对吴英的死刑立即执行判决，在适用法律上未必有错，但是，如此一来即可能收到负面的社会效果乃至政治效果。从一定意义上说，本案最终以判处吴英死刑缓期执行落幕，应该说兼顾了各方面的利益，而且基本上是在现行刑事法制框架内协调了各种利益。

三、吴英案引发社会广泛争议的原因

吴英自 2007 年 2 月被刑拘，于 2012 年 5 月经浙江省高级人民法院重审改判死缓，整个案件诉讼过程长达 5 年。由于该案涉及民间借贷这一长期以来在经济发达地区广泛存在、却不为现行法律所认可的重大问题，因而受到经济学界和实务界等广泛关注，并将之视为我国金融体制改革的方向标。也正是受到各种压力，这起案件的处理过程才如此艰难，也备受争议。吴英案在这场广泛讨论中已经被标本化、符号化了。一些经济界人士将吴英案作为推动民间融资合法化的一个契机，希望通过这个"标本"来向公众揭示民间融资合法化的意义，同时也希望通过这个标本来向社会展示目前金融管理体制存在垄断的现状，以及这种体制对中国经济造成的不利影响。可以说，对吴英案的讨论，已经远远超出了对这个案件处理结果本身的分析、判断，在公共讨论中的问题，实际上是应否放开民间融资，应否确认民间融资的合法化，因此，那些大声疾呼对吴英"刀下留人"的论调，可以同时理解为对民间融资"松绑"的呼吁。

吴英案之所以广受社会关注，成为一个有影响力的案件，其原因有二：第一，对现有金融体制乃至经济体制的检讨通过吴英案得以展开。如前所述，对吴英案的讨论，实际上是对现有金融体制的讨论，其争议话题是，要不要使民间融资合法化。主张改革现行金融体制的论者，认为必须打破目前金融机构的垄断格局，推动金融领域的市场化，为民间融资松绑，为中小企业创造良好的融资环境。在由吴英案引起的讨论中，这一主张占据了主导地位，也得到很多人的支持。不过，与此相伴随的，也不乏保守的声音。比较倾向于激进改革的主张而言，主张渐进式改革的人会被视为保守，然而，这种看似保守主张的理由，也值得关注，这种主张的视野并没有完全停留在经济领域，而是从更为广阔的视野来进行分析，尤其是对社会的承受力有着更为深入的考量，在某些人看来或许有些多虑了。保守的主张，其理由归结为一点，就是如何控制金融风险，以及风险一旦实现，由谁来为损失埋单。现有金融体制虽然具有较强的垄断性，但是对于防范金融风险来讲，却具有相当强的优势，这从 1998 年亚洲金融危机，以及 2008 年金融危机中，国内金融体制的外部抗压性即能看到这一点。如果放开民间融资，由此产生的金融风险将由此增加，其不可控性也随之增长。而一旦损失造成，投资者是否心甘情愿地接受自己投资失误的苦果，还是将这种压力转向地方政府？后者的可能性很大，而对类似的问题，政府并没有能力予以实质性的解决。所以，在金融风险加大→社会风险加大→政府压力加大这一链条中，出于稳定的考虑，与其在将来使政府处于极端被动的局面，不如令风险保持在一个可控的范围之内。主张激进式改革的论者，往往在这个问题上可能过于乐观，就是认为市场行为依据市场规律办事，投资风险应由投资者自己承担，投资损失由自己承担。与此相比，保守的主张虽然有点悲观，但并非杞人忧天，因为控制金融风险的外部条件（包括制度条件和社会条件）在我国并没有完全建立起来。如果河道还没有修好就着急放水，是否会酿成祸患？对于这样的质疑，还是要谨慎对待的。

第二，对现有法律制度的质疑通过吴英案表达出来。对于现有法律制度的质疑，首先就是针对禁止民间融资的法律制度。大多数市场经济国家在刑事立法中都没有将不以非法占有为目的的吸收公众存款行为规定为犯罪，其原因在于这些国家对金融业务的开放程度。与此相比，对于同样实行市场经济的国家，我国在民间融资领域采取严格的管控，并以刑罚相威吓，就显得有些另类。所以，对于这个问题，民商事法学研究者的立场与经济学界的主流认识趋同，认为应放开对民间融资的管制，当然不同论者在放开程度与进度上会持不同的看法。其次，对现有经济犯罪的刑法立法的批评，也由吴英案释放出来，其中主要集中在集资诈骗罪是否应保留死刑，以及对吴英应否适用死刑的问题。刑事法学者对这个问题有着相对比较一致的认识，就是司法适用上，对吴英不应适用死刑立即执行，而在立法论和刑事立法政策方面，应废除集资诈骗罪的死刑。[①] 一些经济界人士也呼吁不要对吴英适用

---

① 2012 年 2 月 6 日由中国政法大学公共决策研究中心主办的"论吴英是非生死 谈民间金融环境"研讨会上，对吴英是否适用死刑问题即是讨论焦点之一。

死刑，不过，其理由与刑事法学者的理由并不相同。前者主张的理由，可以概括为，不应将吴英作为现行金融体制弊端的"牺牲品"，而后者则是在现有法律框架之内，从社会危害和危险人格两个角度进行判断，认为没有必要对吴英适用死刑（尤其是死刑立即执行），即不符合《刑法》第四十八条死刑的适用条件。即便从刑事立法政策考虑废除非法集资罪的死刑，也非从经济的视角，而是从人权保障作为基本出发点的。此外，在法律层面，对于合理的民间借贷行为与以非法吸收公众存款、集资诈骗为内容的非法逐利行为的重叠与交叉问题，也为刑法适用造成了诸多困惑，由此也令刑法学者对合法民间借贷与非法吸收公众存款、非法吸收公众存款与集资诈骗罪的合理界分问题进行审视。

四、吴英案讨论中的舆论监督

2007 年 6 月 4 日，最高人民法院公布了《关于加强人民法院审判公开工作的若干意见》（自公布之日起实施）明确规定了审判公开的"三原则"："依法公开"、"及时公开"和"全面公开"。"依法公开"原则从两个方面作了规定：既要依法切实保障当事人"知"的权利，也要依法确保国家秘密、商业秘密等"禁知"的范围。"及时公开"原则也从两个方面作了表述：对于法律有明确时限规定的，应当严格遵照执行；对于没有明确规定的，要在合理时间内快速完整公开。"全面公开"原则亦从两个方面进行表述：对于法律有明确规定的案件审理过程，要保证公开开庭，公开举证、质证，公开宣判；对于法律没有明确规定，但审判工作需要并与保护当事人权利有关的审判工作各重要环节的有效信息，也要予以公开。上述"三原则"是新闻媒介对司法活动进行监督的依据。另外，《政府信息公开条例》也于 2008 年出台。在"公开、透明"的大环境下，新闻媒体也有条件通过舆论监督进一步推动中国的法制建设。在新的历史条件下，如何做到把司法权力运行置于有效的制约和监督之下，是一个必须深入研究和认真解决的重大课题。媒体通过公开传播专家的意见、公众的看法，集中民智，凝聚民力，体现民意，为完善社会主义法律制度贡献力量。进一步落实新闻媒体对司法工作的批评权、建议权，对某些消极腐败的现象进行揭露，也是建立健全我国法制体系的重要环节。公开报道事实，是新闻舆论监督的基本方式，也是新闻既监督司法又避免干预司法、实现舆论监督和司法独立两者平衡的立足点。要求：（1）同步报导。（2）准确报导。（3）连续报导。（4）客观报导。（5）适度评论。对于案件评论，中国学术界大致提出过这样一些原则：（1）可以对案件的审理程序和纪律中的问题作评论，避免对实体问题作评论。

（2）在一审判决后，如果确实在社会上争议很大，可以对判决作评论。对此类评论又有如下界限：第一，应当在充分报导事实的基础上评论，评论和事实要分清楚，避免事实没有弄清楚就空作评论，把评论混同于事实。第二，应当着重从法理、法律意识层面加以评论，避免简单化的"表态"和煽情性的"呼吁"、"声讨"之类的文词。第三，应当着重发表社会公众包括法律专家的评论，避免直接以新闻媒介和记者的名义作评论。第四，应当注意发表不同意见的评论，避免只发表一种意见的评论。（3）终审判决以后，不再有限制。对照上述原则规定，吴英案媒体的报道并无"媒体审判"或"舆论审判"之嫌。因为在长达几年的吴英案报道中，媒介真正明确提出对案件性质、量刑质疑的，基本上都是在一审判决发生之后。一审判决前，媒体（特别是收视和阅读率比较高的，有影响的媒体）报道事实和现象的比较多，并未涉及司法本身。

1. 新闻舆论对吴英案讨论和关注的重点——民间融资与现有金融体制的矛盾

吴英案怎么判决，关乎政府如何治理地下金融，关乎规模以千万亿计的民间资本的合法性问题。媒介报道主要有两种形式来影响舆论，一是采访经济学家，以专家的意见来引导舆论；二是媒介发表社论和评论员文章。专家多认为，吴英涉及的行为是民间的、合理的集资。北京理工大学教授胡星斗认为：民营企业从银行得到贷款的难度大、成本高，许多商家被迫铤而走险，从规范不完善的民间融资渠道取得企业经营必需的资金。中国知名的经济学家张维迎认为：在一个特权社会中，很多企业家不是在创造财富，而是在掠夺财富。吴英被判死刑意味着中国公民没有融资的自由，意味着融资是特权不是基本权利，意味着建立在个人基础上的产权交易合同仍然得不到有效的保护，意味着中国人的企业家精神仍然受到摧残，说明中国还不是真正的市场经济。著名经济学家、在新浪微博上拥有近400万关注者的韩志国认为，吴英案件显示中国社会面临三大转折点：多元经济与国家垄断的对决已到转折点，发展诉求与僵化制度的对决已到转折点，正义理念与威权观念的对决已到转折点。众多意见认为是否判吴英死刑是民间、进步的力量与垄断势力、特权阶层的较量。《南方都市报》发表社论认为，民间金融不可遏抑，严惩吴英不合时宜。文章称，"无论此前已经有了多少个祭旗者，中国民间金融与地下金融现象愈演愈烈，本身就说明目前对于民间金融的限制已经远远滞后于现实经济的发展。检方以不合时宜的严刑峻法，试图建立没有地下金融的乌托邦社会，事实上是在拖市场经济发展的后腿。"《上海商报》也发表社论认为，吴英案应该再次促进民间融资清晰立法。有的观点则认为，吴英的罪名背后带有强烈的计划经济与垄断色彩。"在这个过渡的时代，为吴英这个带有过渡性质问题的人留下一条活命。"

2. 在中国现阶段应理性看待舆论与民意，提升司法质量，坚守法律精神

这个案子的媒体监督不但不是在干预司法独立，恰恰是在干预司法"不独立"。因为一审和二审的判决都受到当地行政权力的干预。这个"死刑"的判决被公众认为更像一个政治决定（一审前，东阳市当局十几个人曾写联名信，要求一审法官判处吴英死刑。一审判决完后，这些人又到省高院，要求二审维持原判）。这与最近药家鑫案引发的社会争论，反差极大。有关药家鑫案，凡是主张迎合世界文明的潮流废除死刑者，均在网络上收到了大量的"砖头"和口水。尽管吴英案也偶尔会被牵涉入这场辩论之中，然而，为吴英辩护、呼吁吴英免死者却较少受到质疑。表面的原因在于，药家鑫身上有人命，而吴英主要是涉及钱的问题。公众很难对恶性杀人犯宽恕，而对于经济性非暴力犯罪取消死刑，则能够理解、容忍，并且也有相当广泛的社会共识。同样是两个可能会被判死刑的人，公众为什么又都体现出同样的焦虑？为什么那么多的人在主张判药家鑫死刑的同时，又认可吴英免死呢？人命不都是同样宝贵的吗？如果是基于对生命权利的珍视，那么，这两条人命都不应被判死刑；如果公众真是嗜血如命，那么，暴戾者或许都会主张把这两人杀死。我们认为，大多数公众在这同时发生的两件案件上执行双重标准最合理的解释是：民众关注的并非两个案件最终的审判结果，而是在审判过程和结果中能否实现真正的公平与正义。在药家鑫案的争论中，很多公众的死刑主张，其实是担心媒体或者一些人士的言论和观点被药家鑫方所利用，并进而影响案件的判决，从而不能令受害者张妙及其家人获得应有的公正。而在吴英案中，大家为吴英所打抱不平的则是，严厉而滞后的法律，可能会令吴英获得不公正的审判。

吴英一案，是当前中国金融垄断体制下的产物，这种案件背后有深刻的体制背景。观察今日中国金融市场的复杂现实，建立自由、合理的金融制度是大的方向。若以不尽合理的现行金融体制为依归，对现实个案作出过于严厉的判罚，无论如何，不是好的选择。事实上，金融体制正在变革过程当中。温州金融综改区的成立，就是在努力探索。综改区的建立将地方金融的改革逐步引向"深水区"，更有为全局性的中国金融体制改革探路的意味。或可说，改革风向之变，确也有助于对吴英案性质的重新定义与理解。再者，如最高法院所称，吴英归案后，如实供述所犯罪行，并供述了其贿赂多名公务人员的事实，有立功表现。综合考量上述种种理由，吴英死刑被裁定不核准，尽管不排除此案二审后舆论铺天盖地的"呼吁"之功劳，但更应该视为对此前不适当量刑的纠正。

民意与司法：难解的题

——对药家鑫案中网络舆论的梳理与思考

一、药家鑫案中的网络舆论

(一) 药家鑫案简况

　　药家鑫案，是指 2010 年 10 月 20 日深夜发生在陕西省西安市大学城学府大道上的一起交通肇事引发的故意杀人案。西安音乐学院学生药家鑫开车撞倒被害人张妙后，为逃避责任，持刀连续捅刺致被害人当场死亡。案件披露后，法律将如何制裁药家鑫备受关注。一个大学生，在撞伤人后不予施救反而用刀刺死伤者，使交通肇事演变为杀人案，其行为的不可思议与残暴引发了公众的义愤，一时间，"药家鑫杀人案"成为了公众和媒体热议的话题。而受害人代理律师张显在微博上不时传播的各种信息更是吸引着众多眼球的关注，引发出一波又一波的舆论风暴。

　　2011 年 1 月 8 日，药家鑫被西安市人民检察院以"故意杀人罪"提起公诉。3月 23 日上午，"药家鑫案"在陕西省西安市中级人民法院开庭审理。2011 年 4 月22 日，西安市中院一审宣判，被告人药家鑫犯故意杀人罪，被判处死刑，剥夺政治权利终身，并处赔偿被害人家属经济损失 45 498.5 元。4 月 28 日，药家鑫提起上诉，并提出 4 点上诉理由。2011 年 5 月 20 日，陕西省高级人民法院裁定，驳回上诉，维持死刑判决。6 月 7 日上午 8 时，药家鑫在西安被以注射方式执行死刑。

(二) 被害人诉讼代理人操控民意

　　张显是一名大学教师，受害人张妙的丈夫王辉的远房亲戚，为王辉担任诉讼代理人。在药家鑫案中，张显不断通过微博和博客给药家扣上"富二代"、"军界蛀虫"等帽子，发布药家的财产、背景等虚假信息，煽惑公众对药家的仇恨，使网上民意一边倒地认为"药家鑫该杀"。

张显最早在微博提及"药家鑫杀人案"的时间是2011年2月13日。案件开审后，张显微博中称，有500多村民签名要求判药家鑫死刑，"强烈的呼吁：不除杀人犯，天理难容！！！"这篇博文被推荐到新浪博客首页，阅读量有41 500多人次。

4月2日，张显做客新浪《微访谈》，就"药家鑫该不该被判死刑"与网友进行交流，张显表示："故意杀人有被判死缓的，但药家鑫杀人手段极其残忍，必须判死刑，这才能平民愤！正国法！"（发表时间为21：14）"不接受调解，不判死刑，就没有调解！"（21：41）"我们再穷也不愿要药家的钱，因为有血的钱不能要！"（21：49）"绝对不要带血的钱！杀人偿命，才可以给孩子长大一个交代，也为死去的亲人讨回生命的尊严！！！"（23：17）

4月13日，张显微博中提供了发表在博客中的被害人家属量刑意见书的链接，提出了"对药家鑫处以死刑立即执行的量刑请求"。

4月20日，张显微博表示："愿媒体从药家鑫案入手，找出陕西司法存在的问题。能挖出腐败就更好了。"（20：50）

而在一审判决宣布当天，张显的微博又表示："任何人不管他权有多大，官有多高，背景有多深，家里多么殷实有钱，只要他撞了法律这根红线，那他在正义和法律面前都会变得苍白无力的。"（13：43）

一审判决后，药家鑫是否上诉成为舆论关注的焦点。4月23日，张显微博披露，药家有四处房产，药家鑫生活奢华，"买五千块手机，花巨资整容，开十四万私家车，药家资产超出药父母收入水平数倍"；"联想到出事之后药父母始终不敢正面示人，药父必有重大隐情，药父身居我军军械采购要职，利益纠葛颇多，望中央军委彻查此人经济问题，肃清军械采购环节蛀虫。"

这些微博对药家鑫家庭的描述，后来被证实都是虚假信息，张显对此的解释是："我作为原告代理人有着比别人对药家更强的一种好奇心，在网上看到些消息就粘贴到自己的微博中。对于是否属实，因为作为一个公民我无权调查别人的隐私。"这个解释发表的时间是在药家鑫被执行死刑后的8月4日。

张显微博发表的言论和信息对网民和舆论究竟影响多大难以测量，但新浪《焦点资讯》发表的一篇文章所指出的问题不容忽视："目前尚难评估对于药家鑫父母背景连篇累牍的质疑与猜测，在多大程度上影响了舆论进而影响了判决结果。事实是，在'富二代'频频豪车撞人、仇官仇富情绪极其高涨的当下中国，这些言论，无疑加剧了人们对药家的愤恨。"

(三)辩护律师"激情杀人"说惹来骂声一片

庭审辩护中，药家鑫的律师路钢试图把药家鑫杀人的行为归入法官可能酌情从轻惩罚的杀人类型，称药是一念之差，"属于激情杀人"（即在受到刺激或人身攻击下而丧失理智、失控而将人杀死），鉴于他学习成绩优秀且有自首情节，希望法庭从宽量刑，给他一条改过自新的路。法理上，对预谋杀人的惩罚最重，对临时起意冲动杀人的惩罚次之，对激情杀人惩罚最轻，提出药家鑫"属于激情杀人"的辩护理由，也是律师在找不到更有力的法律辩护时"基于法定职责的勉力而为"。然而，由于公众难以从专业的角度去理解律师这样牵强的辩护，这个辩护理由引发了众多网民的不满与谴责，微博舆论也是骂声一片。

(四)犯罪心理学专家分析受舆论挞伐

开庭当晚，中央电视台《新闻1＋1》栏目播出了专题节目《从撞人到杀人》，中国人民公安大学犯罪心理学教授李玫瑾对案件作了简要的点评。在分析犯罪原因时，李教授指出，药家鑫在观念和情感方面有缺失，他的家庭教育缺少了"心理抚养"，因此父母严厉督导下的练钢琴就变成了一种强迫行为，他变得情感冷漠，"只有技能，没有情感"，"只有逃避，没有底线"；他作案时的行为与平时训练最多动作有关，把刀刺向受害者的行为"实际上类似于砸琴的行为"。由于节目时长只有20分钟，李教授试图从专业角度来揭示药家鑫犯罪的原因，这对于缺乏犯罪心理学知识、不了解弗洛伊德学说的普通观众来说是难以理解的。因此，节目播出后，网上舆论有对央视的报道是在为药家鑫开脱罪责的质疑，也有对李教授的舆论挞伐，"钢琴杀人"说被广泛传播。

(五)孔庆东法盲言论被热捧

北京大学教授孔庆东在第一视频网站上对药家鑫案的评论，却令不少网民大呼痛快。孔庆东激愤地称药家鑫"长得典型杀人犯的面孔"，"一看就是罪该万死的人"，自首不能减轻对他的刑罚，"跑到天涯海角也要把你'满门抄斩'，这才是严肃的法律"，"药家鑫的名字就是杀人犯，三个金字摞在一起，就是三把刀"，"这样一个嚣张的人一定是有后台的"。基于对药家鑫残忍行径的愤怒，孔庆东言论表达的情绪化是可以理解的，但是作为知名学者在媒体上公开发表意见，其舆论引导作用不可小视，缺乏理性分析的不恰当的言论很容易导致公众的判断偏差，尤其是在法庭宣判前就定罪，称药家鑫"罪该万死"，实际上是在进行"舆论审判"。孔庆东充斥着暴戾之气的言语赢得了部分网民狂欢式的热捧。

（六）网民的投票审判

在此案审理期间，量刑问题是网民关注的焦点。法律面前人人平等，定罪量刑不应该考虑身份地位、贫富等问题，但因长期以来司法不独立所导致的人们对司法公正的不信任，使得流传于网络的药家鑫是"官二代"、"富二代"、"有背景"等说法，挑动不少人仇官、仇富的心理。在微博上可以看到不少网民出于道德义愤、报应观念或复仇正义，极力呼吁判处药家鑫死刑，所谓"药家鑫不死，天理难容"、"药家鑫不死，法律必死！"这些舆论在一定程度上表达了公众对刑法正义、生命安全保障的期待，然而，也就是在这种舆论狂潮的推动下，微博上出现了先于司法审判的"媒介审判"。

在新浪微博上，有一个名为"药家鑫杀人案——民众投票审判"活动，倡导网民在官方判决出来前，进行投票表决，要求在 4 个选项中单选其一："药家鑫自首，认错态度，疑似精神病，不死刑"、"药家鑫故意杀人证据确凿，死缓"、"药家鑫故意杀人证据确凿，必须斩立决"、"相信法院，法院最后判决一定是对的"。参与这个投票的人数为 62 942，大多数网民选择了"药家鑫故意杀人证据确凿，必须斩立决"。

《广州日报》认为，网络语言"暴力"干预司法，药家鑫案不是第一次，但却是最轰动的一次。

（七）药家鑫之父药庆卫诉张显侵害名誉权案胜诉

在药家鑫案终审判决之后的 2011 年 8 月 4 日，药家鑫之父药庆卫向法院提起诉讼，状告张显名誉侵权。9 月 5 日下午，药庆卫又向法院增加了两项诉讼请求：要求张显连续 30 天在知名网站、报刊等新闻媒体上刊登不少于 3 000 字的致歉声明，并赔偿精神损害抚慰金 1 元。

药庆卫认为在药家鑫案中，张显在微博上编造了许多子虚乌有的事实，捏造药庆卫为"官僚"、"富商"、"军界蛀虫"等，把药家鑫说成"官二代"或"富二代"，意在让广大不知情的网民产生仇恨。张显的言论已对药庆卫及家人造成极大伤害，并对药家人的社会评价造成极大的贬损。为了讨回被损害的尊严，向法院提起名誉侵权诉讼。

2012 年 7 月 31 日下午，药庆卫诉张显名誉侵权案在西安雁塔法院开庭宣判，法院判决要求张显自收到判决书之日起，30 天时间内在微博上每天不间断对药庆卫发布道歉微博，不得删除，同时删除之前的造谣诽谤微博，另外张显须向药庆卫支付1元的精神赔偿。

二、药家鑫案：刑事个案何以演化成公共事件

药家鑫案的争议焦点并不是司法不公，也没有证据可证明司法判决受到了舆论的影响。药家鑫的父亲药庆卫也认为自己儿子罪有应得，对刑事判决结果是接受的。该案之所以被关注，主要是因为该案被害人的委托代理人张显借助微博信息传播方式，以挑动舆论对药家鑫及其家人产生仇恨的方式，在对司法的不信任的基调上试图以网络舆论影响司法判决。当这起刑事个案尘埃落定之后，反思该案何以成为公共事件的社会原因，对认识网络舆论的特征及与司法的关系具有重要标本意义。

很多学者都认为，药家鑫案脉络清晰，案情并不复杂：先是开车不慎撞到人，发现受伤者在记车号，于是掏出匕首将伤者杀死。随后，药家鑫被父母带到公安机关投案自首，供述杀人事实，紧接着便是被逮捕。2011 年 3 月 23 日，此案在西安市中级人民法院刑事审判庭公开审理。整个案件流程几乎没有疑点，剩下的完全是司法机关的判决。但个案之所以能够成为公共"焦点"，都有其自身的特殊性。与一般刑事犯罪相比，药家鑫案令人震惊之处，可能在于其带给人们如下困惑：交通肇事何至于杀人？特别是当杀人犯还是个家境不错的音乐学院大学生时，这个问号就变得越来越大，以至吸引了全社会的注意力。舆论不免疑惑：一个品学兼优的大学生缘何具有如此残忍的犯罪动机呢？于是，围绕一起刑事案件，人们讨论的话题骤然上升到了社会层面，"缺乏起码的敬畏生命观念才是社会的真正可怕之处"，"绝非一个孤立的事件，而是表明我们的制度和社会出现了某种'神经症性紊乱'"，一瞬间，公共议题丛生。

这样的舆情演变其实有着更为宽厚的社会背景。从 2008 年开始，互联网就成为舆论的"新厨房"，一些重大案件在网络的发酵下相继成为社会"公共事件"，从上海杨佳案到哈尔滨六警察打死青年案，从许霆案到邓玉娇案，一件件刑事个案在网民的激情介入下，迅速成为社会广泛关注的焦点。随着微博等新兴媒介的崛起，网民表达更加便捷和畅快。在这种背景下，音乐学院的学生撞伤一名两岁多孩子的妈妈，荒诞的"撞人补8刀"的恶劣行径，立即超越了公众容忍的底线，难怪网民会义愤填膺，"群起而攻之"了。

而被害人诉讼代理人张显的行为更是激化了公众"仇富"、"仇官"、不信任司法的情绪。药家鑫案的舆情反应突出反映了社会舆论对"官二代"、"富二代"的反感以及对驾车撞人的激动情绪。以杭州"飙车"案、河北"李刚门"事件为典型，公众舆论对所谓的"官二代"、"富二代"犯罪堪称痛恨到了极点，尤其是当他们的犯罪都与驾车有关时。也正是出于这样的情绪，公众一接触到此类案件，便对嫌疑人的家庭背景有着高度敏感性，网民们更是对药家鑫父母的身世表现出极大的兴趣。而张显披露的药家信息，不管是故意捏造还是如他所说是"未经证实"，正好满足了网民的期待，"网络暴力"殃及药家鑫的父母、辩护律师等。

公众宣泄的情绪中还包括对大学生教育失败的不满以及对目前司法的不信任。"不能让善良光停留在课本上"、"学校教育之偏、家庭教育之纵，恶果如此"，类似的评论代表了相当一部分人的反思。媒体对药家鑫的性格、家庭以及生活环境的考量，让我们很自然联想到之前的马加爵案和拿硫酸泼熊事件，这些大学生究竟是怎么了？在一般人的眼中，大学生似乎就应该是"白纸一张"。同样让民众担忧的，还有司法如何判决的难题。从被害人家属到大多数网民跟帖，舆论站在了被告人的对立面："不杀不足以平民愤！""如果给他机会，那谁给无辜者机会？"这种直接诉诸"死刑立即执行"的情绪，甚至对辩护律师进行语言攻击的网民行动，虽然凸显出主流民意法治文化的缺失，但也隐含着人们对司法结果的不信任。[①]

三、从法院、媒体行为看舆论与司法的关系

药家鑫案激起巨大的民愤固然与药家鑫杀人的情节恶劣有关，但也与法院、看守所的不当行为有关。这些行为加剧了社会公众对司法和公权力的怀疑，使舆论与司法的关系更趋紧张。

本来面对汹涌民意，司法更应恪守中立位置，防止因舆论而影响了独立判断。但法院却似乎也来迎合民意，搞起了所谓"民意审判"。在药家鑫案开庭审理时，法院曾向旁听的公民征求量刑意见。现场旁听人员收到的"旁听人员旁听案件反馈意见表"上有两个问题：您认为对药家鑫应处以何种刑罚？您对旁听案件庭审情况的具体做法和建议？参加旁听的 500 人中有 400 人是大学生，其中药家鑫的母校西安音乐学院的学生占大多数，而村民和被害人亲属仅有 25 人。[②] 这

---

① 参见傅达林：《药家鑫案的司法之痛》，载《政府法制》，2011（6）。
② 参见《法院审理药家鑫案向旁听者征量刑意见引争议》，http://news.qq.com/a/20110414/000520.htm。

个没有法律依据、缺乏代表性和广泛性的"民意调查"遭到被害方的坚决反对，并在网络上引起热议。网友觉得法院并不尊重法律，甚至很多网友认定其中存在"黑幕"。显然，法院的"民意调查"是十分草率和不负责任的，破坏了公众对司法的信任。

在"药家鑫案"一审判决前，网络上出现了一段药家鑫在看守所里唱歌的视频。这加重了公众对司法机关的不信任。[①] 药家鑫被刑事拘留后，一直羁押在看守所里。按《中华人民共和国看守所条例》和《中华人民共和国看守所条例实施办法（试行）》中的管理规程，对未判决嫌疑犯的管束要比判决后在监狱服刑的人员更严格。除了司法机关工作人员和律师以外，其他人不可能也不应该接触药家鑫。那么关于他的这段视频是怎么拍下来的，又是怎么流传出来的？为什么拍他？又为什么要流传出来？在法院判决前，是否有人想通过传播这段视频制造某种社会情绪？是谁批准或暗中放纵视频流传出来的？社会公众看到视频后，存在上述一系列疑问是完全正常的反应，这种反应质疑的是司法机关的权威。民愤因法律系统的不当运作而高涨，这反映了现代社会中公众对法律系统的不信任。[②]

司法独立和新闻自由被称作宪政国家的两大基石，是两个同等重要的宪政价值。著名法学家贺卫方在其名作《传媒与司法三题》中说，任何公共权力的正当行使都离不开一定的监督机制：没有了监督，握有权柄者便必然会运用自己的权力牟取私利，从而导致腐败。在许多文化中，人们似乎都对于司法权的正当行使有相当的期待。但是，这并不意味着行使司法权的人们会天然地追求公正。一般人在期望公正司法的同时，一旦卷入诉讼，又往往试图对法官施加影响，以图获得自家利益最大化的结果。这本是人之常情。问题的关键在于，司法界是否有足够的免疫力抵御种种腐败的侵袭。要有这样的免疫力，首先是司法界自身要有相当高的素质和尊荣感，这当然离不开法官选任方面的高标准。其次应当营造合理的制度环境，从而使法官们不至于因为抵御腐败行为而自身利益受到损失。最后，必须强化对司法权的监督，使得发生于法院这一神圣殿堂的任何腐败现象都能得到及时的揭露。在这方面，大众传媒将起到极其重要的作用。[③] 在互联网时代，特别是微博极大解放了普通公众的话语权，传媒与司法的关系又加上了舆论或民意与司法的关系。

在药家鑫案中，传媒的报道因观点、持论与主流网络舆论不一致，不仅没有塑造民意，反而激化了网民情绪，与网络民意发生猛烈碰撞。在"药家鑫案"的讨论

---

① 参见《药家鑫在看守所唱歌》，http://v.youku.com/v_show/id_XMjU3MjM5MDUy.htm。
② 参见陈柏峰：《法治热点案件讨论中的传媒角色》，载《法商研究》，2011（4）。
③ 参见贺卫方：《传媒与司法三题》，载《法学研究》，1998（6）。

中，不少传媒花很大的篇幅讲述药家鑫是个"优秀的学生"，性格"柔弱、温顺"，有一双"美丽的弹钢琴的手"，并且"品学兼优"、"文气"、多次"获奖"，受到老师和家长的好评。他之所以杀人纯属偶然，"是个孩子"、"激情杀人"，或者因为根本无法说清的原因而杀人，总之，他是情有可原的。[①] 中央电视台《新闻1＋1》栏目的专题《药家鑫：从撞人到杀人》，内容主要是药家鑫满含泪水的自述，特别是哭诉其成长经历、慨叹其青春人生。整个专题一直在强调药家鑫是一个自小弹钢琴的优秀孩子，强调他那双弹钢琴的手，似乎弹钢琴的孩子是不可能杀人的。

凤凰卫视中文台《一虎一席谈》的节目安排加害方的两名律师和被害方的一名律师作为主嘉宾到场参与了讨论。在讨论中，加害方律师气势极盛，不时打断、制止被害方律师的发言，主持人并不干涉。而当加害方的律师抗议某人发言时，主持人则会立即中断此人的发言。节目组事先准备的几段资料片，除了一个介绍案发过程的示意图外，竟然没有涉及被害人及其家属的图像，也没有涉及张妙被害详细过程的资料，却用相当长的时间和篇幅来让药家鑫详细讲述自己是如何受家长、社会的"压制"和"扭曲"的。媒体的意图是要揭示药家鑫杀人背后的家庭和社会原因，但因为采访不够平衡、角度欠妥当，极易让人产生为加害人辩护的感觉。

传媒精英色彩较浓的专业报道，与公共知识分子就药家鑫案对废除死刑的讨论，不仅没有得到公众的认可，反而激起了公众强烈不满和反弹，导致网络舆论更加趋向"群体极化"。在传媒讨论中，公共知识分子越是呼吁免药家鑫一死，社会公众越是担心正义无法实现，于是要求判处药家鑫死刑的呼声就越高。这样，公共知识分子就越是觉得民众"暴戾"、"嗜血"，越是呼吁"人性化"、"宽容"、"文明"。双方在相反的方向上越走越远，都只能听到自己的回声，根本无法达成共识。[②]

四、司法与民意：难解的题

从药家鑫案看，传媒（舆论）与司法之间的关系还是一团乱麻，并未形成彼此认同的行为规则，各自恪守行为的边界。正如贺卫方教授所论述的，本文认为，面对借助互联网传播而空前壮大的民意和传媒的力量，如何既保障言论自由，又不损害司法价值，依然是一个待解决的迫切问题。

---

① 参见张寒：《从撞人到杀人：药家鑫的蜕变》，载《新京报》，2010-12-06。

② 参见陈柏峰：《法治热点案件讨论中的传媒角色》，载《法商研究》，2011（4）。

　　首先，司法独立不能排除公众的知情和表达权，应切实维护网民和传媒对司法的监督。在体制内的传统媒体一统天下的时候，媒体与司法机关均为党领导下的"兄弟单位"，媒体对司法的监督有很多的死角和盲区，很多司法权的滥用和司法腐败案件的发生就是因为缺乏监督造成的。而随着以微博为代表的互联网web 2.0时代的到来，过去没有发声渠道的"沉默的大多数"有了"麦克风"，对司法权的监督主要靠对个案的了解、质疑、批评来实现。公众的力量尽管有非理性和不准确的地方，但这是公民行使宪法权利的途径，如贺卫方教授所言，有助于维护各种官员的操守，有助于促进健康价值的弘扬，有助于疏导某些冤情，当然也就有助于维护社会秩序的稳定。

　　其次，要探寻媒体和舆论监督司法的界限，避免造成"新闻审判"、"舆论审判"、"民意审判"的情形，逐渐形成舆论与司法的行为规则。界限就是媒体和舆论不能侵犯司法的独立，造成是传媒和舆论而不是法院对案件进行审判的情况。但从近年来发生的多起案例看，"新闻审判"、"舆论审判"的情形还是很多见的。

　　再次，司法机关要主动接受公众和传媒的监督，并凭借自身的专业性，逐渐形成调整传媒与司法、舆论与司法关系的一些规则。2009年12月8日，最高人民法院公布《关于人民法院接受新闻媒体舆论监督的若干规定》，就是对法院接受新闻媒体舆论监督相关问题作出的有益探索。

　　可以说，现代法律是一套专业性极强的知识与话语系统，具有严密的内在逻辑的规则体系，它反映了人们对于公平、正义的期待。正因为此，有人就认为司法裁判这种专业性极强的活动，必须要由司法机关独立完成，而不应受到民众舆论的干预。然而，回到中国的现实社会，不难发现这样的观点是难以成立的。就中国传统的法律观而言，法律亦不外乎"情理"二字，传统的中国只有兼理司法的行政官员，而不存在单纯的司法官。行政官员专注的是一方安宁，因此司法的导向就是息事宁人，这样的裁判考量，必然会顾及地方民情，顾及普通民众的感受，如果不顾民情，恣意裁判，就可能引发普遍的不满。

　　就中国当代的政治社会现实而言，司法也必然需要回应民意。全国人大常委会委员长吴邦国宣布中国不搞"三权分立"式司法独立，换言之，中国特色的司法权并不能完全独立，而是受到现有政治体制下的人大、行政机关的监督与制约，而人大与行政机关又有民意生成的渠道，通过这种间接的方式，民意必然也会反映到司法中来。从另一方面说，法本乎人情事理，司法的合理性也需要有民意作基础，这也是司法获得正当性和权威性不可或缺的，否则，司法裁判结果过度地背离民意，会引起极大的争议，最终伤害司法的形象。因此，司法必须回应民意。

　　回到药家鑫案件，司法机关在认真听取回应民意的同时，当然也需要考虑如何正确回应。对民意的回应绝不是简单的依从，而需要有更高的说理技巧、司法智慧，在现行法律框架下，依据制度和程序来有效回应，这才真正符合现代法治的根本要求，亦是司法的应取之道。①

---

　　① 参见韩伟：《从药家鑫案看司法与民意》，载《人民法院报》，2011－04－12。

三、传媒与公民权利保护

文艺评论（批评）与侵犯名誉权的边界

——范曾诉郭庆祥名誉侵权案

一、案件的发生及判决

大连收藏家郭庆祥于 2010 年 5 月 26 日在《文汇报》发表署名文章《艺术家还是要凭作品说话》。他在文中不点名地批评了当前美术界存在的"流水线作画"现象："现在有一位经常在电视、报纸上大谈哲学国学、古典文学、书画艺术的所谓的大红大紫的书画名家，其实也有过度包装之嫌。这位名家其实才能平平，他的中国画人物画，不过是'连环画的放大'，他画来画去的老子、屈原、谢灵运、苏东坡、钟馗、李时珍等几个古人，都有如复印式的东西……说得不好听点儿，这位画家的作品就是高级礼品画，最多只值数百元，但事实上现在动辄几十万元、上百万元一幅。"

随后，《文汇报》又发表了孙逊的《画家最终还是要凭作品说话》、谢春彦的《钱，可通神，亦可通笔墨耶》，这两人的文章中也有与郭庆祥类似的观点，认为"一些画家频频亮相媒体，高调热炒自己，甚至不惜动用著名学者和国学等名目来为自己造势，这种做法确实太过了……"不过，谢春彦文中提到了"以卖得火，吹得火的范三官人为例"。

《文汇报》刊登的文章并未提及画家的名字，范曾自己对号入座，将刊发该文的《文汇报》和作者郭庆祥、谢春彦、孙逊一并告上法庭。在调解阶段，原告代理人称同意与谢春彦调解，但对于郭庆祥的做法无法容忍，不可能调解。

2010 年 9 月，范曾一纸诉状将郭庆祥及文汇新民联合报业集团告上法庭。范曾诉称，被告没有任何事实依据地随意贬损原告名誉，侮辱原告人格，导致原告的社会评价下降，在社会上造成恶劣影响，已构成了对原告名誉权的严重侵害，并给原告造成极大的精神痛苦。要求判令被告在《文汇报》向原告赔礼道歉，消除影响，恢复名誉；并判令第一被告赔偿原告名誉精神损失费 500 万元。2011 年 4 月 22 日，这一案件在北京市昌平区人民法院开庭审理。2011 年 6 月 13 日北京市昌平区人民法院经过审理后认定第一被告郭庆祥侵权成立，而第二被告文汇新民联合报业集团"对刊载的文章未严格审查，存在一定过失，但其行为尚不足以构成对范曾的名誉侵权"，故判令郭庆祥向原告范曾书面道歉，并赔偿其精神损害抚慰金 7 万元。昌平区法院判决认为，郭庆祥此文，对范曾的诗、画、书法、作画方式及人格作出了"贬损"，如运用"才能平平"、"逞能"、"炫才露己"、"虚伪"等词语，造成其社会评价的降低及精神痛苦，其行为已构成对范曾名誉的侵害。对此判决郭庆祥表示不服，并提起上诉。

2012 年 1 月 5 日北京市第一中级人民法院驳回上诉，维持原判。北京一中院判决称，郭庆祥在《文汇报》发表的《艺术家还是要凭作品说话》一文所有评论、批评所依据的基本事实系文中所称"流水线"作画的创作方式，但该文并未主要围绕作品和其创作方式，从文艺评论专业的角度展开论述，而是转为对作者人格的褒贬。该文使用的"逞能"、"炫才露己"、"虚伪"等贬损他人人格的语言，与文章所谈论的基本事实并无直接、必然联系，已超出了评论的合理限度。原审法院认定"郭文"中带有侮辱他人人格的内容，构成对范曾名誉权的侵害，并据此判令郭庆祥承担相应的民事责任并无不当。

判决书还指出，考虑到艺术作品是作者创作行为的表达，对艺术作品的创作等现象进行评论不可避免地要涉及作者，故评论者在涉及对作者的评价时应把握善意、理性、客观的原则，不可借评论之名，贬损、侮辱作者人格，从而对作者名誉造成损害。

北京一中院认为，原审法院对于"文汇集团对刊载的文章未严格审核、存在一定过失"的认定欠妥，但最终认定文汇集团不构成名誉侵权正确。[①]

二、判决后的质疑——文艺批评者权利何在？

文汇新民联合报业集团第一代理律师富敏荣对判决提出质疑：只能说好话，今后谁还敢对文艺现象评头论足？对此，法院给出了这样的判决理由："因郭庆祥曾

[①]　参见《画家范曾诉郭庆祥名誉侵权案二审维持原判》，见中国新闻网。

收藏范曾的作品，二人系交易的双方，交易行为中存在商业利益，故郭庆祥称其文章为纯粹的文艺评论的观点，本院不予采信。"

范曾的律师明确表示："范先生和郭庆祥并没有私人恩怨，郭庆祥收藏范先生的画也是多年以前的事。"（载 2011 年 6 月 14 日《北京晚报》）其中"私人恩怨"必定包括双方的经济利益，所以，人们不禁要问这到底是怎么回事？为什么法院判决的主要依据与原告代理人陈述的完全不符？对于一审的判决，我们也可以这样认为：法院已经认定"郭文"是一篇文艺评论文章，只不过是观点"不纯粹"。那么所谓的"不纯粹"，我想法官可能理解为文章中有偏激的个人观点或带有明显的人身攻击的动机。试问，没有个人观点的批评文章，能有立场的独立性吗？没有投枪匕首的语言，能称之为文艺批评吗？[1]

《中华人民共和国民法通则》第一百零一条明确规定："公民、法人享有名誉权，公民的人格尊严受法律保护，禁止用侮辱、诽谤等方式损害公民、法人的名誉。"很显然，法律保护的是人格的名誉，而"郭文"批评的是"诗、画、书法和作画方式"。涉及诽谤的事实性言论和涉及侮辱的观点性言论是判断是否名誉侵权的主要依据。本案可以这样明确，无论是法庭，还是原、被告双方，对"郭文"中所描述的事实性言论"范曾长期的流水线批量生产作品"没有异议，也就是说郭庆祥没有捏造事实。而针对事实所作的观点性言论应该是多元的，是可以作有个人见解的，即对"流水线批量生产的作品"，可以作出贬低直至没有艺术价值的批评，这是属于学术争鸣、争论的范畴，是没有统一标准的。本案一审判决恰恰回避了这段事实，对这两大问题没有论说，判决书中的观点又难以自圆其说，所以，这样的判决确实无法让人信服。[2]

在侵权官司立案之后，媒体的焦点一直集中在范曾是否"流水线作画"上，范曾始终未曾接受任何媒体采访，也未曾就郭庆祥文章中批评的"流水线作画"作出任何回应。在 2011 年 4 月 22 日的庭审中，当庭辩论的焦点也集中在"流水线作画"上，范曾的代理人对此予以坚决否认："我只知道车间的'流水线作业'，从没有见过'流水线作画'，谁能找出范先生两幅一模一样的画作来？"庭审中，被告拿出涉案照片（见图 1 和图 2），称其可证明"流水线作画"。其中有贴在墙上的半成品画作，每张作品只有人物的部分特征。原告代理人表示："作画的方式每位画家均不同，范曾每幅画的人物表情、神态不同，这不等于'流水线'。"

---

[1][2]　参见奚耀艺：《质疑范曾诉郭庆祥名誉侵权案　一纸"才能平平"的判决》，载《江南时报》，2011-07-24。

图1　范曾身后的背景也被认为是《钟馗》"流水线画作"。但范曾表示，
每幅画的人物表情、神态并不相同。

图2　贴在墙上的半成品《老子出关》被指以"流水线"方式作画。[1]

　　而这些照片的作者范曾的学生崔自默此前曾表示，"照片是他六年前拍摄的。"

---

① 图片来源于《范曾"被批评"流水线作画》，载《北京晨报》，2011-04-23。

之所以拍出这些照片，是作为研究资料而用，并已发表在网上，意在赞扬范曾绘画技巧精湛，"技进乎道"。对于郭庆祥未经允许就公布照片的做法，崔自默表示是侵权行为。

庭审当天，某画廊经理赵刚作为证人来到法庭。他称，1995年年初郭庆祥订购了范曾200幅画。没想到一个月后，100幅画就被告知完成了。"我和郭庆祥到作画现场去看，就看到大概20幅挂在墙上，画的方式很像流水线。"他称，由于画的内容和形式雷同，郭庆祥曾两次向范曾要求换画，但换回的新画依旧雷同，最终被郭庆祥送人处理。①

文汇新民联合报业集团代理律师富敏荣反复强调文艺批评的安全底线该怎样界定的问题："判决书中说我们没有尽到严格审查的义务，那怎样才算尽到严格审查的义务了呢？我们把文章定性为文艺批评和学术争鸣，发表在《文汇报》鉴藏版争鸣专栏中，文章对事对现象不是对人，只是对有些艺术家的创作态度和方法提出质疑，没有故意捏造事实，也没有出现范曾的名字。郭庆祥批评现代艺术家的流水线作画现象愈演愈烈，损害了收藏家的利益，一些艺术家热衷于讲学、上电视、接受采访，很少有更多的精力放在创作上，价格却越来越高，郭庆祥没有过错。界定是否名誉侵权要看行为人是否有违法行为、是否有损害后果、是否有因果关系和主观过错。而这些都不存在，公众人物应该接受评价哪怕是尖锐的批评，才能推进百家争鸣。"②

2011年6月23日，在由中国人民大学民商事法律科学研究中心、中国传媒大学传媒政策与法律研究中心、中国政法大学传播法研究中心共同召开的"范曾诉《文汇报》及郭庆祥侵害名誉权案件研讨会"上，出席当天讨论的法学界、艺术界、新闻界专家对这个案件的看法是不构成侵权。中国美协理论委员会副主任陈传席教授在会上非常感性地引用了鲁迅的一句话："见到一个良家妇女说她是婊子那是骂人；见到一个妓女说她是婊子，那是实话嘛。"语言虽然粗糙，但既有逻辑性又有辩证性，形象生动地说明了评论和侵害的界限。中国人民大学法学院博士生导师、中国民商事法律科学研究中心主任杨立新教授表示："在处理这样一个学术批评和名誉权保护之间冲突的时候，法官最好的方法是无为而治，不去管了，这样的话，学术批评才会正常进行。"所以，人们都希望二审法院能智慧地运用法律杠杆，重审这桩并不复杂的所谓名誉侵权案，还文艺批评一个法律的公道，给学术争鸣一个

---

① 参见荀觅：《范曾"被批评"流水线作画》，载《北京晨报》，2011-04-23。
② 参见张红梅：《范曾诉郭庆祥名誉侵权案一审宣判，不点名批评也被法院认定为侵犯名誉权》，载《大河报》，2011-06-14。

宽松的言论环境。"笔墨官司还是要用笔墨打，这才是正常的学术争鸣与论辩。范曾如果不同意郭庆祥的指责，完全可以拿出他当年批评黄永玉的勇气或如'猥琐'、'阴诈'、'寡情薄义'等等这些比'贬损'还'贬损'的词句，来反批评或反驳郭庆祥的观点嘛！"①

7月5日，《人民日报》针对此案发表的评论文章指出："而今天，文艺批评被人看不起，一大原因就是有见地的批评退隐了，廉价的赞美登场了。当然，不是不能赞美，但是我们看到，不少文艺评论太肉麻太庸俗太功利，不只是赞美，而是溢美，在研讨会上的发言像是念悼词，尽是夸张的水分；在报章的评论文章，像是软广告，或者说就是广告词。"同时也指出："批评的重要性毋庸置喙。没有批评就没有建设，没有文艺批评，就没有创作水平的提升，甚至可以说，没有批评就没有学术，就没有创作，因为文艺批评是文艺机体的免疫系统，批评家扮演着啄木鸟的角色。"②

有研究者认为："这显然是一个危险的判例，倘若文艺批评的双方从此不再以理服人，而要由法院来做仲裁人去判断孰是孰非，这样下去，只能说好、不能说坏的文艺批评只会走向末日，而本已危乎殆哉的言论自由空间也会由此越来越逼仄。""昌平法院一审判决的影响力远超过两位当事人的个人恩怨，或将成为一纸正常文艺批评与学术争鸣的'封口令'，使在言论自由名义下进行百家争鸣的舆论环境再一次雪上加霜。"③

"就本案而言，'郭文'中通篇对范曾的诗、画、书法、作画方式及人格分别作出了贬损的评价。起因一，范曾长期流水线批量复制自己作品，把艺术创造等同于商品生产；起因二，范曾利用许多公共媒体资源，宣传自己的'艺术成就'，大谈国学和古典诗词，并自封为'坐四望五'的'大师'。范曾可以允许自己'坐四望五'自封'大师'，难道别人不能批评他'才能平平'？判决书中例举的'才能平平'、'逞能'、'炫才露己'、'虚伪'等，哪一个是有辱人格的词汇？长期流水线作画、题材内容重复、没有创造力，当然可以被人理解为'才能平平'；范曾在其《自述》中、在媒体上公开自我吹嘘'艺术成就'，如其自诩：'当我有了这样的明确的发现之后，我的艺术的进步简直以迅雷不及掩耳之势，使全社会震惊，我的画也以空前的速度冲出亚洲走向世界。仅仅10年时间，我像从激烈的地震颤动中，

① 奚耀艺：《质疑范曾诉郭庆祥名誉侵权案 一纸"才能平平"的判决》，载《江南时报》，2011 - 07 - 24。
② 王石川：《人民日报文艺点评：批评的尺度与被批评的风度》，载《人民日报》，2011 - 07 - 05。
③ 周瑞金：《一个危险的判决——由范郭案想到民国时期的文人论战和美国沙利文案》，在"文艺批评、学术争鸣和名誉侵权界限"上海研讨会上的发言，2011 - 08 - 01。

大地被拥起的奇峰，直插云天。'这些自我标榜的词句难道不是'逞能'、'炫才露己'？结合他流水线批量生产的创作态度和方式，难道不是'虚伪'？有人站出来指责他、批驳他的这些言论，正是当下社会体制下，人们竭力呼吁和需要倡导的一个健康的批评生态和舆论环境。"①

依照法官在判决书中的逻辑，不管批评家所涉事实是否真实，仅仅因为对画家的"作画方式"及"人格"作出"贬损评价"，便是名誉侵害，文艺评论便不再"纯粹"了，这让我们立即"为古人担忧"地想到了鲁迅先生。如果这一逻辑成立，鲁迅恐被罚得倾家荡产。当年鲁迅在文章中对梁实秋、顾颉刚、林语堂、郭沫若等一众文人均作过很多的"贬损评价"，比如鲁迅对梁实秋先生的指斥，指其为"丧家的资本家的乏走狗"，甚至说"凡走狗，即使无人豢养，饿的精瘦，变成野狗，但还是遇见所有的阔人都驯良，遇见所有的穷人都狂吠的，不过这时它就愈不明白谁是主子了"，这样的话，其"贬损评价"的烈度，岂不是远超郭庆祥批评范曾？然而，这样的骂战，并不曾有损于梁实秋先生的清誉，也不曾见梁实秋先生将鲁迅诉诸法律。像曾与鲁迅论战过的林语堂先生，却在《鲁迅之死》中称，"吾始终敬鲁迅；鲁迅顾我，我喜其相知，鲁迅弃我，我亦无悔。大凡以所见相左相同，而为离合之迹，绝无私人意气存焉。"鲁迅也曾经承认，"我自己也知道，在中国，我的笔要算较为尖刻的，说话有时也不留情面。但我又知道人们怎样地用了公理正义的美名，正人君子的徽号，温良敦厚的假脸，流言公论的武器，吞吐曲折的文字，行私利己，使无刀无笔的弱者不得喘息；倘使我没有这笔，也就是被欺侮到起诉无门的一个。我觉悟了，所以要常用，尤其是用于使麒麟皮下露出马脚。"然而，倘在今天，鲁迅若还敢这样常用尖刻之笔，就会屡遭官司的吧？②

三、深入全面理解"名誉""侮辱"概念

名誉是对特定人（包括自然人和法人）的社会评价。名誉权是公民、法人享有应该受到社会公正评价的权利和要求他人不得非法损害这种公正评价的权利。本案判决书写道："名誉，是指社会对公民个人的品德、情操、才干、声望、信誉和形象等各方面形成的综合评价。"这没有错，但"需要注意'社会'两字，每个人的

---

① 奚耀艺：《质疑范曾诉郭庆祥名誉侵权案 一纸"才能平平"的判决》，载《江南时报》，2011-07-24。
② 参见周瑞金：《一个危险的判决——由范郭案想到民国时期的文人论战和美国沙利文案》，在"文艺批评、学术争鸣和名誉侵权界限"上海研讨会上的发言，2011-08-01。

名誉总是体现了周围人或社会对他的综合认知，这种认知是他的长期的行为表现的事实积累形成的。个人的行为表现是客观的，第一性的，人们对他的认知是主观的，第二性的。但因为是社会的，所以又表现为客观存在的与本人长期表现大体相符的社会意识。个别人的主观意见不足以代表或动摇这种社会意识。一个人的名誉怎么样才会遭到不应有的贬低呢？这就是传播了对特定人不利的虚假事实，造成多数人的错误认知致使他的社会评价遭到不应有的贬低。这包括传播某件特定的虚假事实，或者传播没有事实依据的贬低性评价，比如范某并非"流水线"作画而说他以"流水线"方式创作雷同作品，或者什么事实也没有就指责他"才能平平"、"虚伪"等，都足以影响公众对他的认知。如果事实俱在，只是意见不同，那么这些意见是不足以动摇特定人在长期社会生活中形成的客观评价的。个人意见不等于社会评价。比如这种"流水线"画作明白无误地登在媒体上，公众皆可看到，人人皆可发表意见。如果确实是上上珍品，自会有更多人出来发表权威意见，予以正确评价，这郭某人区区一篇文章，岂能撼动得了范大师？"①

在新闻报道中，为了避免发生侵权，一再强调事实要和观点分开，原因就是，侵害名誉权（诽谤）行为应当是传播虚假事实毁损他人名誉的行为；针对具体事实发表批评意见不属侵权。当然，侮辱是侵权行为发生的条件之一，但本案中的这些"才能平平"、"逞能"、"炫才露己"、"虚伪"等词语是不是属于侮辱的范围呢？只能认为是郭庆祥据事实对范曾其人和作品的一种看法、观点。

在侵犯名誉权案件中，侮辱是从语义上说，就是使人蒙受耻辱。侮辱的方式包括暴力方式、口头方式和书面方式。这里的书面，既包括文字，也包括图像。1988年最高人民法院《关于贯彻执行民法通则若干问题的意见（试行）》第一百五十九条规定："以侮辱或者恶意丑化的形式使用他人肖像的，可以认定为侵犯名誉权行为。"新闻媒介发生的侮辱是书面方式的侮辱行为，按国际惯例，广播、电视的内容都算做书面。

侮辱和诽谤的侵害客体是不同的。诽谤是贬低他人某一方面或若干方面的社会评价，造成名誉减损。侮辱则是贬损他人的整个人格和人格尊严。1993年《最高人民法院关于审理名誉侵权案若干问题的解答》公布了"侮辱他人人格"之说，表明侮辱行为的侵害客体有别于维护自己公正评价不受非法贬低意义上的名誉权，而是一般的人格权和人格尊严。如前所述，我国《宪法》规定公民的人格尊严不受侵

---

① 魏永征：《范曾诉郭庆祥名誉侵权案提出一个问题：什么是名誉？》，在"文艺批评、学术争鸣和名誉侵权界限"上海研讨会上的发言，2011 - 08 - 01。

犯，《民法通则》把人格尊严作为一项重要的民事权利加以规定，中国民法学家认为，人格尊严是指人之作为一个"人"所应当享有的起码的社会地位并且应当受到社会和他人起码的尊重。

按照侮辱性言词同陈述事实的关系，辱骂和丑化有别。辱骂不需要任何陈述事实的形式。如公然用"非人"的语词詈骂他人。丑化则看起来具有陈述某些事实的形式，但其实还是同事实是否存在无关。丑化就是通过夸张和歪曲的文字或图像手段，把特定人的形象描写得可憎、可恶、可鄙。"侮辱性言辞不是意见。其特征是一无事实，二不讲理，唯以毁损他人人格尊严为目的。……一篇报告文学作品以'政治骗子'、'扒手'、'一贯的恶霸'、'流氓'、'疯狗'、'大妖怪'、'小妖精'、'南方怪味鸡'、'打斗演员'等词语指斥特定他人；二是有网民在博文中攻击他人'输红了眼睛'，'如丧考妣、狗急跳墙'，还称之为'网络三陪女'等。这些词语既不可能有什么事实依据，也讲不出什么道理，其效果是使对方受到羞辱，在公众场合出丑，使他'低人一等'、'不齿于人'。这当然不能成为一种什么意见。""视为具有侮辱性的词语，有的完全没有事实背景，如骂人是猪是狗等，有的还是有一定事实背景，如'小偷'、'娼妓'等词语也有侮辱的意味，但如果对方真是小偷或妓女，那就不能称为侮辱，如果人家已经改邪归正，重提旧事则是宣扬私隐。"[①]

郭庆祥在文章中写道："我觉得，艺术家不是不能谈艺术，也不是不能谈哲学谈文化谈国学谈人生，但是，必须真诚，必须真正有感而发。而不是逞能和炫才露己。以这个角度来看，这位书画名家在诸多场合的那些有关哲学、人生、文学、艺术、国学的高谈阔论就显得有些虚伪了。"[②] 这些文字有普通常识的理性的正常人都会认为是一种观点和意见，既然是意见，即使是错误的意见，其说理的形式就更显而易见了。范曾名誉权案被认为侵权的词语"才能平平"、"逞能"、"炫才露己"、"虚伪"等，都是形容某种客观行为或形象的。对一个表现平庸的人，可以说他"才能平平"，对某种言行不一的表现，可以说他"虚伪"，问题只是在于是不是真有可以被认为平庸和虚伪的表现。这就是一种意见。

至于作者是针对范某"流水线"作画而说的，对此事实法院已"经审理查明"，有图片为证。郭庆祥也只是对这样的画作以及作画方式提出自己看法，进而对画家的艺术德行提出疑问，这是很正常的，不能因为使用了一些负面词语就认为是诽谤。这种批评性言辞，就要看它是不是针对一定事实而发。如果评论中没有举出事

---

① 魏永征：《范曾诉郭庆祥名誉侵权案提出一个问题：什么是名誉？》，在"文艺批评、学术争鸣和名誉侵权界限"上海研讨会上的发言，2011-08-01。

② 参见郭庆祥：《艺术家还是要凭作品说话》，载《文汇报》，2010-05-27。

实来，发生争议时作者就有责任举证，如果没有一定事实作为根据，那就有可能是诽谤，但也不是侮辱。

所以，这个案件中存在着将批评意见说成侵害名誉权问题，"这样不但无助于维护或提升自身的名誉，还会取得适得其反的效果。范某为了一篇批评文章就诉至法院，足以表现他对社会认知完全缺乏自信，而以判决形式要批评者承担不利后果，又会给人们造成压制批评意见的印象。"①

---

① 参见魏永征：《范曾诉郭庆祥名誉侵权案提出一个问题：什么是名誉?》，在"文艺批评、学术争鸣和名誉侵权界限"上海研讨会上的发言，2011-08-01。

微博第一案与网络言论标准

——金山安全公司诉奇虎 360 公司董事长周鸿祎

一、案件始末

金山安全公司和奇虎 360 公司是存在竞争关系的两家计算机安全厂商。风波起源于 2010 年 5 月 21 日,金山安全公司称:当天有大量金山网盾的用户向金山软件客服控诉 360 安全卫士恶意卸除金山网盾。针对此事,双方连发声明。

5 月 25 日下午,360 董事长周鸿祎相继在新浪、搜狐、网易、腾讯等网站,通过微博发表"揭开金山公司面皮"的系列文章,在短短 4 个小时内,共发布微博 42 条,对金山网盾进行了点名批评。

3 小时后,金山安全公司方面也开始在新浪微博上对此进行回应。次日下午,就在周鸿祎在微博继续对金山进行批评之时,金山安全公司 CEO 王欣在其个人新浪微博予以回应。

因不满周鸿祎频频在个人微博中对金山进行发难,金山安全公司在 2010 年 5 月底决定向法院提起诉讼,要求判令周鸿祎停止侵权,公开致歉,索赔 1 200 万元,并要求周在搜狐、网易、腾讯的微博首页连续 7 天发表致歉声明。

此案立案后,被称为首例因微博言论引发的诉讼案,又称为国内"微博第一案"。

一审北京海淀区法院在对周鸿祎的微博言论是否构成侵权进行了详细的论述之后,判决要求周鸿祎停止侵权,并删除其中的 20 条内容侵权的微博,法院将这 20 条微博具体内容一一在判决书附件中列出。同时,法院判令周鸿祎在新浪、搜狐、网易的微博首页发表致歉声明,并赔偿 8 万元。

　　一审判决后，原告金山安全公司与被告周鸿祎均提起上诉。

　　二审法院北京一中院的终审判决认为，金山安全公司成立于2009年，而周鸿祎批评金山的许多微博所涉及的事件发生在2005年，与金山安全公司没有任何关系。法院认为，通观周鸿祎微博的前后文，确实读不出周主观上的善意，不排除其借助对金山安全公司技术上的指责而获得自己利益的可能性，而且部分微博中使用了明确带有侮辱性质的用语，应当予以删除。其他博文内容虽然尚未构成侵犯名誉权的程度，法院提醒周鸿祎应以此为警戒，审慎自己的言行。据此法院对原审部分判决进行改判，删除微博数量由一审的20条改为2条，而赔偿数额也由8万元酌减为5万元。

　　据记者了解，由于金山安全公司索赔数额太高，两审期间的诉讼费就上交了11万元，如果再加上律师费等其他成本，此案对金山安全公司来说，只是挽回了面子。①

二、微博的特性与传播自由的法律规范

　　一审判决书中，在认定周鸿祎的微博言论是否侵权前，法院对于微博的特点首次进行了司法意义上的定性：个人微博的特点是分享自我的感性平台而非追求理性公正的官方媒体，因此相比正式场合的言论，微博上的言论随意性更强，主观色彩更加浓厚，相应对其言论自由的把握尺度也更宽。

　　终审判决中，北京市第一中级法院认为微博作为一个自由发表言论的空间，可以以个人视角通过文字，表达对人和事的所感所想，为实现我国宪法所保障的言论自由提供了一个平台。同时，由于微博上的言论具有随意性，主观色彩浓厚，甚至一些语惊四座的表达方式，都成为吸引"粉丝"关注的要素，特别是涉及批评的内容，还往往起到舆论监督的积极作用。其时，周鸿祎个人在新浪微博的粉丝数已达数十万，影响甚众（目前粉丝数已超过170万）。对于发表微博这种新的侵权行为方式，法院判决书表示，"鉴于微博对丰富人们的精神生活具有一定的积极意义，每个网民都应该维护它，避免借助微博发表言论攻击对方，避免微博成为相互谩骂的空间。否则人人都有可能被他人博文所侵害。周鸿祎作为一个公众人物，深悉网络传播之快之广，更应当谨慎自己的言行。"终审判决书称，通观周鸿祎微博的前后文，不能排除其借助对金山安全公司技术上的指责而获得自己利益的可能性。

---

　　① 参见李奎：《金山诉周鸿祎终审判决　首次对微博司法定性》，载《法制晚报》，2011-08-30。

（一）微博也是有约束的自由表达

虽然每次发文只有 140 字，但作为当代社会重要的信息发源地，微博言论自由的界线是需要重视的。微博的随意性和即时性，决定了博主不可能对其发布的信息承担较高级别的谨慎义务。一般过失所产生的轻微侵权在法律上可不予追究。以前，百姓的言论自由受到了渠道的约束，微博冲破了这种约束，不仅方便快捷，而且传播效果是几何级的，受众不计其数，有"围观"效应。但"围观"应该是"围观真相"，不能以讹传讹，不能变成"民意审判"。要避免把民意等同于正义，尤其是在网络民意缺乏理性的今天。

但本案涉及的双方都是公众人物，公众人物的微博言论侵权发生的条件特点需要关注。即微博传播与传统媒体侵权的不同点在于，微博传播是人们都可以用的传播平台，如果一方认为对方传播了不实信息，一是可以致函要求网站删除这些内容，二是自己也可以利用微博进行传播，传播自己认为正确的信息，澄清事实。一般来说，当上述两点均已实施，如果一方认为侵权仍然发生，才可以提起诉讼。因为微博传播中纠纷双方所拥有的传播权利是相同的，条件也是相同的，这与传统媒体不同，传统媒体的被侵权一方一般是处于"弱势"，并不拥有传播权，如认为被侵权一方并不能随自己意愿地使用报刊、广播、电视等媒体。

在本案中上述两点并不十分突出，原因一是原告没有起诉网站，二是原告认为被告的言辞有些涉及侮辱，并不仅仅是涉及诽谤的虚假信息。但这两点无疑是网络传播的特征，在分析和判案中需要考虑。

对于"致函要求网站删除侵权内容"，可以参照我国《信息网络传播权保护条例》（2006 年 7 月 1 日起施行）中关于"侵权作品"具体的规定，即通知与移除规则。

由于网络服务提供者没有能力进行事先内容审查，事先对侵权信息的存在不知情。但是当相关人提出异议时，应给予足够的重视并采取相应的措施。即采取"通知＋移除"规则，这也是对网络服务提供者间接侵权责任的限制。《信息网络传播权保护条例》第十四条规定：对提供信息存储空间或者提供搜索、链接服务的网络服务提供者，权利人认为其服务所涉及的作品、表演、录音录像制品，侵犯自己的信息网络传播权或者被删除、改变了自己的权利管理电子信息的，可以向该网络服务提供者提交书面通知，要求网络服务提供者删除该作品、表演、录音录像制品，或者断开与该作品、表演、录音录像制品的链接。

第十五条规定：网络服务提供者接到权利人的通知书后，应当立即删除涉嫌侵权的作品、表演、录音录像制品，或者断开与涉嫌侵权的作品、表演、录音录像制品的链接，并同时将通知书转送提供作品、表演、录音录像制品的服务对象；服务对象网络地址不明、无法转送的，应当将通知书的内容同时在信息网络上公告。

第十六条规定：服务对象接到网络服务提供者转送的通知书后，认为其提供的作品、表演、录音录像制品未侵犯他人权利的，可以向网络服务提供者提交书面说明，要求恢复被删除的作品、表演、录音录像制品，或者恢复与被断开的作品、表演、录音录像制品的链接。

第十七条规定：网络服务提供者接到服务对象的书面说明后，应当立即恢复被删除的作品、表演、录音录像制品，或者可以恢复与被断开的作品、表演、录音录像制品的链接，同时将服务对象的书面说明转送权利人。权利人不得再通知网络服务提供者删除该作品、表演、录音录像制品，或者断开与该作品、表演、录音录像制品的链接。

网站如果实施和完成了上述行为，将不承担侵权责任，侵权责任均由传播者承担，属于完全的文责自负行为。

按照《侵权责任法》第三十六条的规定，其中如果网站明知或者在得到被侵权人提示后仍然不采取必要措施的，就要承担责任。当然，对一些人向网站提出的"侵权通知"，网站自身也要衡量。最高法很可能在以后的司法解释中对此进行更为详尽的规定，比如，会要求提示者进行担保（担保对方内容失实），或者要求发帖人进行举证（证明内容真实）等措施。

另外，关于认为被侵权一方也可以利用微博进行传播，传播自己认为正确的信息，澄清事实，如果不涉及侮辱，双方均已通过网络传播（包括微博传播）传达了自己想表达和传播的事实信息，即使向法院起诉，法院也可以不受理，因为传播本身就是澄清事实真相的过程，对信息传播来说，已是"过程真实"，无须通过法律解决。

(二) 承担侵权责任上，名人和普通人，是否适用同一个标准？

一般认为应有所区别，相对于公众人物，普通人的影响力要小得多。公众人物之所以成为公众人物是因为受到的关注度高，"粉丝"多，传播范围广，影响力大。如"微博第一案"判决中也提到："周鸿祎作为公众人物，拥有更多粉丝、更多话语权，他将对竞争对手的负面评价公之于众，更应三思而行，克制而为，对其微博言论自由的限制要高于普通网民。"

但需要特别强调的是，网络上和现实中的公众人物、名人并不完全等同。在网络上粉丝特别多的人，现实生活中有可能是"草根"，如果经认证，某微博受关注度高，传播效果强，影响力大，博主也应该被视为公众人物。也就是说，网络时代的公众人物概念与之前相比已经有了很大的变化。电子媒体时代，公众人物的形成需要相对比较长的时间和过程，但在数字媒体时代，一个普通人可以在几小时内变成"公众人物"。

在网络时代传播中涉及公众人物这一概念时更多地只是考虑"传播内容"涉及的范围，或还与公众人物的性质有关。如公权力人物对于批评，其容忍度、宽容度要比普通人高些，演艺人员对于演艺技巧的批评，其容忍度、宽容度要比普通人高些，只要批评者不涉及"实际恶意"或其他的"过错"。另外对公众人物的隐私权保护弱于普通人等等。

而在揭发公众人物、组织机构滥用权力时，传播者一般都不可能做到百分之百的准确，更不可能如法庭上法官判案时要求的"证据确凿"。上述"实际恶意"原则中的"恶意"是一个难以确定、抽象的概念，证明其有难，证明其无也难，因此在国外极少有公众人物，特别是公权力人物，即官员能控告民众或者媒体诽谤成立。

一般认为不存在"实际上的恶意"的心理状态就是"确信真实"。在对传统媒介的判例中，在有些国家实行由作为被告的新闻媒介（网络时代也可以是指被告）来证明自己"确信真实"。澳大利亚在 1994 年对某国会议员控告某报诽谤案中提出，如果被告能够证明以下几点，就可以免于责任：不知道发表的材料是不真实的；不是不负责任地发表文章，即不是毫不顾及文章内容真实与否；出版物是在合理情况下出版的。法国诽谤案件也有"诚实"的抗辩理由，如果被告能够证明自己是诚实的，是谨慎行事的，那么他就可能免责或者减责。

为了在网络时代有利于发挥网络媒介的舆论监督功能和保护公民批评权，中国媒介侵权法似可借鉴国外的这个原则。"确信真实"的抗辩实际上是把新闻媒介和公民的诽谤责任限制在故意和严重过失的范围以内。另外，实行这个原则必须局限于与社会公共利益有关的案件以内。

尽管我国属于成文法法律体系，但司法界的一些新情况还是值得关注和研究的。

（三）微博言论须警惕"侮辱"侵权

对于微博，我们既要看到众口铄金，积毁销骨，把好人变坏，也要看到防民之口甚于防川。对于那些滥用诉权（尤其是一些政府部门及其官员）对正当的言论自由进行的打压，需要特别警惕。网络侵权责任不能豁免，正如在本案中判决中所说的："微博理应成为沟通思想、分享快乐和思考的交流平台，而不应成为进行名誉侵权、商业诋毁等不正当竞争的营销阵地。"否则表面上是保护了言论自由，但实际上却侵犯了他人的权利，那就不是真的自由了。要明确只有在法律框架下活动，才有可能让网民得到真正的自由。

一个成功的案例判决，很可能会造成蝴蝶效应。当然，一个失败的判决也有这样的效果。本案例向我们传达了以下信息。一是案例的判决给微博画出了言论的边界，微博不再是法律的无疆地带，网络和现实一样，自己的行为需要由自己负责。二是公众人物要注意表达自由将会受到较普通人更为严格的限制，也就是说，要更加谨慎。当然这一点还需要再研究、探讨。但通过本案的审判，我们看到法院判决试图寻找到言论自由和法律约束之间的平衡点，即：按照法律相关规定，公民行使自身权利的同时，一定要注意不能侵害别人和社会的合法权益。从这个意义上说，法律的界限就是平衡点。

但需要强调指出的是，本案中法院认为，通观周鸿祎微博的前后文，确实读不出周主观上的善意，不排除其借助对金山安全公司技术上的指责而获得自己利益的可能性，而且部分微博中使用了明确带有侮辱性质的用语，应当予以删除。

在名誉权案件中，诽谤涉及的是事实，是可以澄清的，但侮辱则是无可辩驳的。传统媒体时代发生大众化媒体因侮辱侵犯名誉权的案例并不常见，因为有层层"把关人"。但在网络微博时代，自己是自己言论的把关人，往往不易自觉把握，情绪激动，言语冒犯的情况比较多，这点尤其需要关注。

信息自由与网络版权保护
——百度文库版权纠纷

一、百度文库的开放性与版权之争

2010年3月15日，贾平凹、刘心武、麦家、韩寒、郭敬明、慕容雪村、沈浩波等50位著名作家和出版人联名，发表《3·15中国作家讨百度书》称："百度文库收录了我们几乎全部的作品，并对用户免费开放，任何人都可以下载阅读，但它却没有取得我们任何人的授权。"文中直指百度侵权。

3月22日，部分出版人和作家共同成立"出版界和作家群体反侵权同盟"。两日后，同盟与百度正式谈判。长达4小时的激烈交涉后，谈判正式宣告破裂。

3月26日，百度发表《百度关于文库产品的声明》作出回应，表示：预计将在三日内删除未获授权的文学作品，对伤害作家的感情表示抱歉，将积极推进与作家、出版社的合作，通过用户付费阅读和广告分成等模式获取收益，百度将把大部分收益回馈版权方。[1]

3月28日，百度CEO李彦宏在深圳IT峰会上说："我已经要求下面的员工去加强管理，我的态度也很明确：管得好就管，如果管不好，就关掉百度文库。"百度28日对外宣布称，从3月26日开始，百度调集公司各部门的技术力量，加速对文库中可能侵犯他人著作权的文档进行清理。截止到3月29日中午12时，百度文库的清理工作已取得显著成效，文库中非授权文学类作品基本清空。

3月29日，高晓松、崔健、林夕、小柯等众多音乐人跟进，成立"华语音乐作

---

① 参见《百度称文库非授权文学类作品基本清空》，见新浪网，2011-03-29。

者维权联盟",继 2010 年 3 月对百度音乐搜索等业务提出侵权控诉失败后,重提百度音乐版权问题。

截止到 3 月 29 日 21 时,百度将百度文库中文学作品一项的文档数量由原来的 280 余万份删减至 207 份,删除量超过 99%。

3 月 30 日上午,出版界和作家群体反侵权同盟发出联合声明,希望百度在尊重《中华人民共和国著作权法》的前提下,与出版行业重启谈判。

3 月 30 日,百度文库首页推出"文库合作平台",宣称为合作伙伴"提供销售分成、广告分成、宣传营销等多种合作模式,并且为您的版权内容提供全方位的保护"。两日后,百度宣布将上线新的音乐平台。其收入目前将通过音著协等行业机构将著作权费用反馈给词曲作者等版权所有人。百度文库相关负责人表示,百度会持续排查,并将通过 4 月中旬上线版权 DNA 识别技术进一步从源头上阻止非版权作品的上传。

百度文库是一个开放到几乎随便就可以上传任何文档的平台。只要注册一个用户,就可以上传文档,一个人可以注册成千上万的用户名,不停地上传文档,系统根本不知道你是谁。这种开放性平台,百度如何管理?从事互联网行业的专业人员会认为百度故意在程序上作如此设置。为什么如此设置?虽然无法用证据来证实,但在这样一个平台上,这么做可以聚拢人气。因为这些文档由自己买或自己上传,成本太高,法律风险太大。

二、目前相关的法律——"红旗原则"与"避风港原则"

2006 年 7 月正式实施的《信息网络传播权保护条例》第二十三条规定:"网络服务提供者为服务对象提供搜索或者链接服务,在接到权利人的通知书后,根据本条例规定断开与侵权的作品、表演、录音录像制品的链接的,不承担赔偿责任;但是,明知或者应知所链接的作品、表演、录音录像制品侵权的,应当承担共同侵权责任。"这条又被称为"避风港原则"。该原则最早出现在美国的《数字千年版权法案》中,规定网络服务提供者为服务对象提供搜索或者链接服务,在接到权利人的通知书后,断开与侵权的作品、表演、录音录像制品的链接的,不承担赔偿责任。"通知加删除"的"避风港原则"的制定,是为了鼓励互联网产业的发展,在一定程度上,国家从政策层面保护了新兴互联网企业。

与服务商举出"避风港原则"来规避责任相对的是,出版行业代表和作者则提出应该引用"红旗原则"来确定百度的侵权责任。"红旗原则"规定,网络服务商必须"不知道也没有合理的理由应当知道"盗版的存在，才能获得"避风港原则"的庇护，如果上传的内容像红旗一样是显而易见的盗版，那么运营商就应当主动删除，而不能因为没有收到版权人的通知而拒绝承担责任。

（一）百度文库是否适用信息网络"避风港原则"

1. 一种观点：百度文库适用"避风港原则"

2011 年 4 月 6 日"文档分享平台版权保护研讨会"在京举行，来自互联网知识产权领域的知名专家和权利人组织齐聚一堂，共同探讨我国文档分享平台的版权保护问题。与会专家均认为，百度文库属于法律明确规定的信息存储空间，适用"避风港原则"，但对于具体作品是否需承担侵权责任可能还需进行个案认定。

华东政法大学教授高富平认为，文档分享平台目前未被要求承担事先审查的义务或责任，现有法规没有明确网络服务提供商负有主动检索、识别、判断的义务。

华东政法大学教授王迁认为，信息存储空间的判断标准是，平台上的内容是不是根据系统自动指令由用户上传并发布的，只要不是百度自己上传，而是根据一套系统和固定程序自动接收用户上传，就属典型的信息存储空间。根据百度网站对其系统的描述，百度文库属于信息存储空间。而什么情况下可以认定百度知道或者有合理理由应当知道文字作品属于未经许可上传，应结合具体案情和涉案作品的具体情况，不应笼统地一概认定百度知道或有理由知道。[1]

关于百度文库与版权人之间矛盾的解决方案，专家认为，互联网环境的广泛、自由传播作品的精神与现有版权法的精神必然发生矛盾，因此，各方需探讨共赢的解决方案，既能够让权利人作品广泛传播，又能让权利人的利益得到保障。在现行互联网立法不完善的情况下，从鼓励商业模式创新和产业发展角度看，对企业运营的过程中可能存在的一些潜在法律风险，不应加以重责。

2. 另一种观点：应追究百度文库的侵权责任

持这种观点的人认为，《信息网络传播权保护条例》使著作权人无法追究百度文库的侵权责任。认为事后的删除对于已经发生的侵权在互联网上已经没有任何现实意义了。这种事后审查，不但对保护作者的权利不起任何作用，对侵权者起不到惩罚的效果，而且还会让侵权者可以不停地实施侵权行为。

对于像百度文库这种网络服务提供者的平台，因为这些网络服务提供者只要履行事后审查的义务，致使这些平台为了商业目的，让侵权者上传和下载行为变得相

---

[1] 参见《法律专家认为：百度文库适用信息网络避风港原则》，载《每日经济新闻》，2011 - 04 - 06。

当容易。只要权利人没有发侵权通知，平台就不阻止这种侵权行为。侵权者也只要很简单地注册一个用户名（没留下任何其他真实信息）就可以瞬间实施侵权行为，理论上和实际上权利人在这种情况下是无能为力的。此时，像百度文库这类的平台实质上就是为侵权者提供了一个可以不断实施侵权行为的平台。因此，持这种观点的人认为：为保护知识产权和信息网络传播权，应让百度文库类平台承担其应有的责任。

第一，应规定百度文库类平台承担对文档上传者进行实名认证的责任，并有义务向被侵权者公开。从技术上来讲，这种实名认证的实现是完全可行的。并且只有对注册用户进行了实名认证，被侵权者才有可能追究侵权者的责任。

第二，应规定百度文库类平台承担不能提供侵权者实名资料的连带责任。被侵权者如果不能从百度文库类平台获得侵权者实名资料，百度文库类应承担侵权者的责任。

第三，应规定百度文库类平台承担网络传播权预告登记义务。任何权利人都有权利向百度文库类平台进行作品保护的预告登记，百度文库类平台必须通过技术对经过预告登记的作品进行保护，任何其他非权利人上传此作品的行为都能得到禁止，如果没有禁止，百度文库类平台则应承担侵权责任。

（二）北京市版权局公布了《信息网络传播权保护指导意见（试行）》

2011年5月10日北京市版权局公布了《信息网络传播权保护指导意见（试行）》，并于2011年8月1日起试行。该《意见》是根据《中华人民共和国著作权法》、《信息网络传播权保护条例》等法律、法规制定的。

颁布该《意见》的同时，北京市版权局有关人员指出，《信息网络传播权保护条例》的免责条款并不是资源分享网站的"避风港"，"避风港原则"的设立是有先决条件的。一是"避风港原则"并没有取代《著作权法》关于授权使用的基本规定；二是近几年在社会反响强烈的版权纠纷事件中，资源分享网站都载有的贴片、绑定式的商业广告，这不符合信息存储空间的提供者不从上传作品中获得直接收入的规定。三是"避风港原则"只规定了免除民事赔偿责任，并没有免除其法律责任。"但在今年一些重大的版权纠纷事件中，可以清楚地看到，一些资源分享网站并不是不能分辨原创作品和他人作品。"很多音乐、视频、图文网站上本来就设有"原创"作品栏目。"因为他们心里明白，根据中国网民的现状，推广用户原创内容（user generated content，UGC）模式和收费模式是很困难的。"这些网站在主观上并不是要限制用户传他人作品，而是鼓励、引诱、纵容用户大量上传作品，以达到快速集聚人气，提高点击率的目的。"一边是遵纪守法的网站一个个地买版权后播出，一边是站在资源分享的大船上，不用花一分钱就可以拥有几乎所有作品，这不仅是不正当竞争，而且是在试图打法律的擦边球。"[①]

该《意见》基本认定，允许用户大量上传他人作品造成侵权后果的，网站负有共同侵权责任。《意见》共有 14 条，规定网站应有效记载网民的姓名或名称、网络地址等注册信息，相关信息应保留一年。网站应当采取必要的技术措施，有效防止未经授权的 5 类作品上传。这 5 类作品包括：电影、电视剧及其他专业制作的长视频作品；载有出版、版权标志和再版编目的作品；体育赛事、文艺演出等电视、网络直播节目；一般公众所熟知的知名作者、制作者的作品或知名度较高的作品；处于热播、热卖期间的其他作品。对于未经许可且多次上传他人作品的用户，网站应当对其予以禁止；对于制止无效的，应当终止服务，并向版权行政执法部门举报。《意见》还提到，鼓励网站与权利人组织建立预先防范机制，通过采取指纹、水印、DNA 等自动识别技术，以制止未经授权，上传他人作品的行为。

对于搜索引擎网站上常见的侵权行为，《意见》也作出了相应规定。今后作品权利人发现网站中存在侵权内容时，可以通过在线、电子邮件或信函等方式通知网站；网站方面则应指定专门的机构受理此类通知。在接到通知后，网站应立即删除相关信息或断开链接；如遇到权利人一次通知的数量较大或有其他比较复杂的情况，难以立即删除或断开的，应当在 24 小时内删除或断开；超过 24 小时未删除或断开的，应当向权利人作出书面说明。

三、"避风港原则"的效力解读[②]

以"免责条件"形式出现的"避风港原则"对我国而言相对陌生，对其效力也出现了诸多误解。

如前所述，该原则源自美国的《数字千年版权法案》，美国法院在长期的司法实践中逐渐确立了直接侵权与间接侵权的界限：未经版权人许可而直接实施受专有权利控制的行为构成的是直接侵权。主观过错并非直接侵权的构成要件，其只影响直接侵权人承担的赔偿数额。而在知晓一种行为构成版权侵权的情况下，引诱、促成或实质性地帮助他人进行侵权行为构成间接侵权（包括"帮助侵权"和"引诱侵

---

① 参见《北京出台〈信息网络传播权保护指导意见〉始末》，载《中国新闻出版报》，2011 - 06 - 30。
② 参见王迁：《〈信息网络传播权保护条例〉中"避风港"规则的效力》，载《法学》，2010（6）。

权"），主观过错显然是间接侵权的构成要件。同时判例还确立了"替代责任"：如果对他人的直接侵权行为具有监督的权利和能力，同时又从侵权行为中获得了直接经济利益，即使其不知道他人的侵权行为，也应当为他人的直接侵权行为承担责任。"替代责任"和基于间接侵权承担的责任统称为"间接责任"，也被称为"第三人责任"。

在1993年美国法院判决的"花花公子公司诉Frena案"中，被告设立了一个收费的BBS。该BBS中存有用户未经许可上传的《花花公子》成人照片。花花公子公司起诉Frena直接侵犯了其对照片享有的发行权和展示权。被告抗辩称自己从未实施过上传行为，涉案照片均为用户所上传。美国佛罗里达中区联邦地区法院认为：只要能够认定被告接触过原告的作品，同时涉案作品又与原告的作品存在实质性相似，就可以认定被告使用了原告的作品。而本案中，"接触"和"实质性相似"这两个要件都满足，因此被告直接侵犯了原告对照片享有的发行权和展示权。法院的这一判决完全混淆了美国版权法中直接侵权与间接侵权的界限。法院提到的"接触＋实际性相似"公式，以及无过错侵权的论述均只适用于直接侵权。

其后，又发生了案情类似的"花花公子公司诉Webbworld案"，美国得克萨斯北区地方法院以类似的逻辑，认定BBS服务提供者Webbworld侵权。在该案中，被告抗辩称，自己对于那些上传照片的用户没有控制能力。法院则认为，即使被告确实没有控制能力，也不能成为免除责任的理由。根据这一逻辑，只要BBS等信息存储空间中出现了用户上传的侵权内容，服务提供者就应当承担赔偿责任。

对此类判决，1995年，美国政府信息基础设施专门工作组下属的知识产权工作组公布了题为《知识产权和国家信息基础设施》的报告，其中也主张对网络服务提供者施加严格责任，而白皮书仍然没有对直接侵权和间接侵权加以正确区分。针对网络服务提供者提出的其无法审查海量信息的主张，白皮书认为，允许其用户上传内容的网络服务提供者本质上就是一个"电子出版者"，并认为尽管书店、音像店、书报亭和软件店实际上都无法对其出售的所有作品进行审查，但其都会因出售盗版商品而承担严格责任。在今天看来，也许这一比拟完全无法成立：出售盗版作品是对发行权的直接侵权，而类似BBS的网络服务提供者没有实施上传作品等受专有权利控制的任何行为，根本不是一个"出版者"，不可能构成直接侵权。两者承担责任的条件应当是存在明显区别的。

从"网络服务提供者是电子出版者"这一错误前提出发，白皮书认为，若不让网络服务提供者承担严格责任，就会鼓励网络服务提供者对侵权行为视而不见，有意不行使控制侵权行为的权利，而且不利于促使网络服务提供者采取减少侵权行为的措施。

这种认识在另一个案件中有了一些扭转。在"宗教技术中心诉 Netcom 在线通信公司案"。一名牧师的布道被上传到了一个 BBS 上，该 BBS 是通过 Netcom 公司提供的接入服务才连接到互联网上的。宗教技术中心要求该 BBS 经营者和 Netcom 公司禁止该名牧师使用其服务。BBS 经营者要求宗教技术中心先提供其享有版权的证明，却遭到了拒绝。Netcom 公司则提出：自己向该 BBS 提供的仅是接入服务，不可能为了不让其传播特定牧师的布道，就断开对整个 BBS 的网络连接，因为这将导致该 BBS 的所有用户都无法使用 BBS。尽管 Netcom 公司是一个纯粹的接入服务提供者，既不主动提供也不控制任何信息，但由于牧师的布道通过其系统传递时，会自动在其服务器中形成"临时复制"，宗教技术中心仍然同时起诉了 BBS 经营者和 Netcom 公司侵犯其复制权、发行权和展示权。

法院指出："Netcom 设计和运营一个自动对所有经其传递的信息进行临时复制的系统，与一个复印机的所有人让公众使用复印机进行复制并无二致。虽然有人会使用复印机直接侵犯版权，但法院是从帮助侵权的角度来分析复印机所有人的责任的，而不是将其归于直接侵权……根据原告的理论，即使服务器只是在没有任何人工干预的情况下向其他服务器转发牧师发布的信息，其经营者也要承担责任。即本案中被告的系统只是被第三方用于制作复制件，（为认定版权侵权所需的）意志要件和因果关系要件并未得到满足。"同时，针对 BBS 经营者的责任问题，法院不但以同样的理由认定 BBS 经营者没有直接侵犯复制权、发行权和展示权，还指出 BBS 经营者是否在收到通知后删除侵权内容与直接侵权无关，只与帮助侵权有关，因为只有帮助侵权的构成要件是知晓侵权，也即具有主观过错。

这一判决澄清了网络环境中直接侵权和间接侵权的区分标准，对于在网络环境中确保利益平衡具有重要意义。

由此可见，"避风港原则"的"免责条件"，只有在符合以下条件时不承担赔偿责任：（1）服务提供者并不实际知晓存储在其网络系统中的内容是侵权的；在缺乏该实际知晓状态时，没有意识到能够从中得知明显侵权行为的事实或情况；在得以知晓或意识到侵权内容之后，迅速移除侵权内容或屏蔽对其访问。（2）在服务提供商具有控制侵权行为的权利和能力的情况下，没有从侵权行为中直接获得经济利益。（3）服务提供商在得到侵权通知后，迅速作出反应，移除被指称侵权的内容，或屏蔽对其访问。而且，免责条款是在服务提供者根据现行法律原则被认定为需承担责任时才适用。

（一）我国《条例》中的"避风港原则"并非是对"侵权者"的"免责"

与"避风港原则"的立法背景不同，在《条例》出台前的司法实践中，我国法院并未在仅提供接入服务、BBS服务、搜索和链接服务本身是否构成"侵权"这一问题上发生过争议。在以往审判的案例中，法院清楚地认定提供信息存储空间并非侵权行为，因此服务提供者无须为该行为承担责任。只有当其知晓用户上传的内容侵权而不及时消除时，才会"对网络使用者的侵权行为承担法律责任"。这正是对直接侵权与间接侵权的正确划分。如在案件中认定提供链接服务行为本身并非直接侵权行为，链接提供者承担责任的前提是其在知晓被链接内容侵权后，没有及时断开链接。这种责任显然是帮助侵权责任。

由此可见，我国法院从最早的案例开始，就从未认同过网络服务提供者仅因用户的侵权行为就要"根据现行法律原则被认定为需承担责任"的观点。网络服务提供者不能仅因提供信息存储空间和链接服务的行为而承担责任的法理基础，就在于该行为本身不是侵权行为。

也就是说，与上述美国的案例审判情形形成鲜明对比的是，我国的民事立法和判例从未要求网络服务提供者对用户的侵权行为承担严格责任。即使我国没有制定《条例》并规定"避风港原则"，我国法院一方面不会认为没有上传作品，仅仅为作品传输提供技术支持的服务提供者构成侵权并承担责任；另一方面仍然会认定知道他人上传了侵权作品却仍然提供帮助的网络服务提供者构成侵权并承担责任，这种侵权责任不会因《条例》的颁布得以免除。因此，"避风港原则"在我国免除的既不是原本就不存在的严格责任，也不是根据正确的侵权认定规则已经构成侵权者本应承担的责任。

（二）正确地解读"免责条件"的效力

我国《条例》在移植自美国的情况下，必须在我国民事责任立法的框架之中对"免责条件"作出合乎逻辑的解读。

1. 与归责条件对应的"免责条件"

在适用于信息存储空间及搜索与链接服务提供者的"避风港原则"中，"免责条件"可以被分为几类。

（1）与帮助侵权责任对应的免责条件。如《条例》第二十二条为信息存储空间服务提供者规定的第三项免责条件，即"不知道也没有合理的理由应当知道服务对象提供的作品、表演、录音录像制品侵权"。将其反过来进行表述，就是帮助侵权的构成条件——"知道或者有合理的理由应当知道服务对象提供的作品、表演、录音录像制品侵权"。同样,《条例》第二十二条和第二十三条（第二十三条适用于搜索与链接服务提供者）均规定的一项免责条件——在接到权利人的通知书后,删除权利人认为侵权的内容或断开链接,也正是帮助侵权构成条件的反面表述——在接到权利人的通知书后,没有删除权利人认为侵权的内容或断开链接。在这种情况下,只要符合其他侵权构成要件,包括直接侵权行为确实存在,以及权利人的通知准确无误,而且缺乏合理使用等传统抗辩事由,即可认定网络服务提供者构成帮助侵权并承担责任。换言之,信息存储空间和搜索与链接服务提供者不符合这类免责条件,不但不能"免责",而且其行为必然被同时认定为构成帮助侵权。

（2）与直接侵权责任相对应的免责条件。《条例》第二十二条规定,信息存储空间服务提供者免责条件之一是"未改变服务对象所提供的作品、表演、录音录像制品"。如果服务提供者名义上提供信息存储空间,但却像报刊编辑部那样对用户上传的内容进行审查、选择和修改,则其实际上对作品实施了信息网络传播行为,其行为应当构成直接侵权。因此,对这一免责条件的反面表述,仍然是直接侵权行为的构成要件。

2. 与归责条件无关的"免责条件"

在适用于信息存储空间服务提供者的"避风港原则"中,还有一类"免责条件"与侵权认定却没有直接关系,此即"明确标示该信息存储空间是为服务对象所提供"（以下简称"标示"）、"未从服务对象提供作品、表演、录音录像制品中直接获得经济利益"（以下简称"未获利"）。这是因为"标示"与"未获利"均不直接涉及利用作品的行为以及主观过错。

将"标示"和"未获利"纳入侵权认定的逻辑框架之内,分别作为考虑服务提供者承担举证责任和其履行注意义务情况的因素。如果服务提供者未明确标示自己仅为用户提供信息存储空间,则当其网络中出现侵权内容时,服务提供者必须举出较强证据证明其提供的仅为信息存储空间,且侵权内容确为用户上传。如果举证不能,则可推定侵权内容由服务提供者自行上传,此时服务提供者应承担直接侵权责任。同时,如果信息存储空间的商业模式使服务提供者从用户上传的侵权内容中直接获得了经济利益,则法院可将服务提供者有无履行与其商业盈利模式相应的注意义务,作为认定其主观过错的因素之一。如果能够综合其他因素认定服务提供者有主观过错,则可推定服务提供者"知道"用户上传了侵权内容。这种解读可促使信息存储空间服务提供者正确地"标示"其服务性质,并履行与其商业盈利模式相应的注意义务。

四、媒介监督与企业责任

媒介监督不能蜕变为"寻租"

——达芬奇家具事件

改革开放以来，中国的企业伴随着经济的发展在数量上不断增多，在规模上不断扩大。但无论是中外合资企业、外资企业还是中国民间资本企业都相继出现了不少问题，有些企业处于一种社会责任理念缺失的状态，漠视员工的权利，给工人造成身体和精神方面的伤害；对社会天然资源一味地索取，造成环境污染；不讲诚信，"取财"无道，失去了消费者的信任；等等。

监督企业担负起应负的社会责任，需要媒介的参与，媒介是企业和受众的中介，媒介运用自身追踪报道和现场报道等方式客观真实反映了企业社会责任的实施履行情况，运用舆论监督的功能，促使企业能够更好地履行其义务。但是媒介在参与的过程中出现了很多问题，这包括媒介自身制度的问题，媒介在报道中出现的"新闻寻租"，报道的肤浅性，还有媒介在监督过程中出现了"媒介越权"、"报道失衡"以及"报道方式"上的问题。加强媒介自身制度的改革，设立强有力的监督机制，加强媒介从业人员的素质是保证媒介更好地报道企业社会责任的关键。在报道的过程中，媒介要注意自身的报道方式，保证法律的权威性，保证报道的合法性。

一、达芬奇家具事件与央视的"摆平"费卷入

2011 年 7 月 10 日中央电视台《每周质量报告》播出《达芬奇天价家具"洋品牌"身份被指造假》，以下是节目主要内容：达芬奇家具曾是国内家具的高端品牌，以价格昂贵著称。一张单人床能卖到 10 多万元，一套沙发能卖到 30 多万元。之所以能将这些家具卖到如此高的天价，达芬奇销售人员说是因为他们销售的家具是100％意大利生产的"国际超级品牌"，而且使用的原料是没有污染的"天然的高品

质原料"。记者经过了长达半年多的调查后发现，达芬奇公司销售的这些天价家具有相当一部分根本就不是意大利生产的，所用的原料也不是达芬奇公司宣称的名贵实木，经过检测，消费者购买的达芬奇家具甚至被判定为不合格产品。

记者历时半年，先后对100多家家具厂进行了实地走访调查，终于在东莞长丰家具有限公司展厅里，发现有一张床和北京达芬奇家具专卖店里的那张卡布丽缇双人床几乎一模一样。长丰家具公司的总经理向记者证实：这里为达芬奇公司生产的家具所使用的原料根本就不是什么意大利名贵木材，而是一种高分子的树脂材料、大芯板和密度板。只要一走进车间，就能闻到这些化学物质混合的刺鼻味道。而且这里生产家具雕花部分的时候，也不是用手工雕刻的，而是采用模具成型的。

调查发现，达芬奇公司为了掩盖从长丰公司购进家具的事实，专门设计了一整套流程，对双方的交易过程严格保密，双方还专门设定了专用电话、传真，同时指派专人进行沟通和联络。在长丰公司生产的家具交付给达芬奇公司之后，达芬奇公司将这些家具从深圳口岸出港，运往意大利，再从意大利运回上海，从上海报关进港回到国内，这样一来，这些家具就有了全套的进口手续，成为达芬奇公司所说的100%意大利原装、"国际超级品牌"家具了。

媒体曝光后，上海市工商局迅速出动近70人，对达芬奇位于上海的母公司、两家分公司、三个展示厅以及两个仓库进行紧急检查，对涉嫌侵犯消费者权益的产品进行调查取证。执法人员在位于上海市青浦的仓库内查获了部分涉嫌伪造产地的家具产品，对所有证据均进行了登记、保存。2011年7月18日下午，达芬奇家居方面在微博上发出公开道歉信，称"公开向消费者道歉，并将对产品标注问题开展内部清查整顿"。有消费者认为，"达芬奇的道歉信中丝毫未提及消费者最为关心的退换货问题，看不出道歉的真情"。

2011年7月20日，北京市首例消费者告达芬奇家具双倍赔偿的案件进入庭审阶段。12月23日，上海市工商局向达芬奇家居股份有限公司发出行政处罚决定书：根据《产品质量法》，没收该公司经销的部分不合格家具产品，并处以133.42万元罚款；对该公司所售产品标签标注不规范的行为，责令改正。根据《广告法》，对该公司广告宣传不规范的行为，责令停止发布、予以更正。面对罚单，达芬奇开始连续发布微博，称从未造假，不服上海市工商局的行政处罚决定，要依法提起行政诉讼。

2011年12月31日，《新世纪》在一篇《达芬奇案中案》里，对央视《每周质量报告》提及的消费者唐女士与达芬奇之间如何产生纠纷、央视暗访记者在东莞长丰家具厂如何引导业务员说出与达芬奇的关系、达芬奇通过中间人与央视记者几次面谈，作了翔实的揭秘。报道称：在央视《每周质量报告》中，消费者唐女士和东莞长丰总经理彭杰是两个主要证人，唐女士指证自己购买的达芬奇家具质量不达标，彭杰则承认，这些家具"正是他们公司生产的"。而《新世纪》报道却发现，彭杰的真正身份是一名自由的跑单员，为了得到央视暗访记者"李总"一个大订单，"夸下了口"，说出了"我们帮达芬奇做的"这样的话。而消费者唐女士因货款、质量等问题与达芬奇产生民事纠纷，此前就已在东城区法院审理了3次。唐女士丈夫曾表示"认识央视《每周质量报告》记者，有办法把达芬奇家居搞垮"。达芬奇通过中间人崔斌传话，付给唐女士450万元"和解金"后，就见到了央视暗访记者李文学。此外，中间人崔斌告知达芬奇，央视记者开出了100万元的"摆平"条件，因此达芬奇在7月28日，给收款地址为香港金钟道89号力宝中心一楼的中信银行账户转去15.52万美元（折合人民币100万元）。

达芬奇家居执行董事、新闻发言人黄志新接受记者采访时说，他们几个月前就针对央视的报道直接找过央视进行沟通，但对方一直没有积极回应，才不得不选择在12月初向新闻出版总署、广电总局进行举报。达芬奇认为《每周质量报告》记者李文学"故意编发虚假报道，隐匿新闻事实，并联合唐女士、崔斌对达芬奇进行敲诈勒索"，同时达芬奇还向北京市公安局经侦处报案，要求追究李、崔、唐等人涉嫌敲诈勒索和诈骗的刑事责任。[①]

同时，达芬奇官方微博上挂出达芬奇老总潘庄秀华与自称崔斌的人士（中间人）一段讳莫如深的对话录音。崔在里面如是说："人家不会承认拿过你一分钱的，永远都不会承认的"，不过整个对话对方显然很警惕，一直用"人家"这个词代替，没有明确说是央视李记者。

2012年1月6日《京华时报》总经理崔斌被免职，他负责的传媒中国网也已经悄然关闭。崔斌在达芬奇事件中担当达芬奇方面与媒体记者中间人，他的传媒中国网因此获得300万元公关费用。

二、对相关行为新闻道德与法律方面的规范

2009年11月修订并通过的《中国新闻工作者职业道德准则》第三条规定：坚决反对和抵制各种有偿新闻和有偿不闻行为，不利用职业之便谋取不正当利益，不利用新闻报道发泄私愤，不以任何名义索取、接受采访报道对象或利害关系人的财

---

① 参见廖爱玲：《达芬奇称遭央视记者敲诈　曾汇款百万摆平造假门》，载《新京报》，2012-01-01。

物或其他利益，不向采访报道对象提出工作以外的要求。第四条规定：发扬优良作风。要树立正确的世界观、人生观、价值观，加强品德修养，提高综合素质，抵制不良风气，接受社会监督。第五条规定：严格执行新闻报道与经营活动分开的规定，不以新闻报道形式做任何广告性质的宣传，编辑记者不得从事创收等经营性活动。

1. 作为媒介管理者的职业道德堕落

作为新闻事业的管理者、媒体的高层领导用以往拥有的荣誉作为自己的"保护伞"，以自己在新闻界的"人脉"为自己营造腐败链条，是铤而走险，以法律和良心为代价的。一名有成就的新闻界管理人才，一名新闻人之所以陷入恶德而背弃美德，是因为恶德就其结果来说，虽然会给自己带来更大的损害，但就其本身来说，却是对自己的某些欲望和自由的解放与实现。恶德对他虽然害多利少，但其利是眼前的、近的、确实的，而害却是尔后的、远的、不确实的。恶德比美德更接近人的本能，且是不学而能的，是人的自然倾向。反之，美德的形成是困难的，它需要一定的经验和训练。一个人追求美德，是因为美德就其自身来说，虽然是对他的某些欲望和自由的压抑、侵犯，但就其结果和目的来说，却能够防止更大的害或恶和求得更大的利或善，因而其净余额为利。不管是记者还是官员，首先还是要懂得在社会中做人的道理，然后还要懂得为什么要当官、做记者的道理。当然这些道理一定要是正确的，而不是"邪门歪道"。有了好"道理"还要看他们愿不愿意去认识去体会。

上述这两点应该是新闻管理人员和所有新闻从业者的道德底线，在复杂的实现中，在各种价值观的冲突下，要把握清楚和把握住并不容易。本案中，达芬奇家居董事黄志新在崔斌办公室签署了一份300万元的"公关顾问服务合作合同"，聘请该公司与各大主流媒体"深度沟通"，帮助达芬奇家居平息事件。这其中的"公关费"或"摆平费"实质上也是"有偿不闻"的一种。

在社会主义的中国，新闻人的底线伦理是指维系记者之为记者的本性、样态、特质的起码的伦理道德，是任何记者——只要他还是记者——都认可并遵循的普遍伦理。而底线伦理的意义之一在于，它是人之为人的下限。就是说，它不是要求记者都要做优秀记者、做品德高尚的记者的道德，而是要求记者不失去"记者"或"新闻人"的起码准则的道德。新闻职业底线伦理关涉的不是高级层次的规范（如职责信仰、社会文化理想、传播功能实现），而是最低层次的规范，是作为"记者"的最后要求，所以这些规范是记者都可以、都应该接受的。任何记者，无论种族、国别、文化、道德差异如何，都不能拒斥这些职业伦理规范。

并不是其他人能做的事情，记者和新闻人就都可以做的，新闻业是文明社会的事业，一个重要标志是新闻职业于社会的有益性。如果新闻事业给人类社会带来的是危害，记者在公众眼里是一群唯利是图，唯恐躲之不及的人，那这项事业和记者这个职业就该被取消了。

2. "服务合同"违反法律，是出卖"传播权"的"寻租"

本案中，达芬奇家居董事黄志新在崔斌办公室签署的这份300万元的"公关顾问服务合作合同"，如果将之看做"服务合同"，就是一份出版出卖"传播权"的新闻媒介"寻租"合同。

在新闻传播事业中，我们一直强调新闻与广告的区别表现在：新闻必须客观公正，广告则是自我宣传；新闻的取舍处理取决于新闻事实本身固有的新闻价值，广告只要广告主付费即可发布（违反法律的除外）；新闻以满足人们的多层次、多方面的信息需要为目的，广告以实现广告主推销自己产品或服务的需要为目的；新闻是从客观的新闻事实产生的，广告是按广告主的主观意图制作的；新闻是公益行为，广告是市场行为；等等。把广告混同于新闻，发布"广告新闻"，在受众看来似乎是新闻，但其内容和价值取向则是广告，这实质上就是把广告主的自我需求、自我宣传冒充为具有普遍新闻价值的信息，把市场行为冒充为公益行为，把广告主个体的局部的利益冒充为社会公共利益，是对受众的误导和欺骗。而新闻单位如果把新闻报道活动与广告活动混同起来，对新闻报道的取舍不是以新闻价值为标准而是像登广告那样以收费多少为标准，钱多多登，钱少少登，无钱不登，新闻就不成其为新闻，势必声誉扫地。

对照1997年1月中共中央宣传部、广播电影电视部、新闻出版署、中华全国新闻工作者协会《关于禁止有偿新闻的若干规定》的条文，本案属于"有偿新闻"，其表现包括了以下几个特征：

（1）采编人员以各种名义收取费用，或接受采访报道对象提供的钱物、有价证券、信用卡等；或向采访报道对象索要钱物。

（2）采编人员在其他企事业单位兼职以获取报酬，充当宣传"捐客"、"媒婆"，通过权钱交易，牟取非法利益。

（3）采编人员利用职务之便要求他人为自己办私事，采取"公开曝光"、"编发内参"等方式要挟他人，或强迫被采访报道对象刊登广告，或直接进行敲诈勒索；或因得到好处而大事化小，小事化了，不再采写批评报道稿件，搞"有偿不闻"。

对于上述"有偿新闻"问题，不仅需要加强职业道德教育，而且需要加强新闻法制规范。只有将其纳入法制化的轨道，"有偿新闻"才可能得到根本的治理。

3. "服务合同"违反广告法及广告代理制

新闻媒体管理经营者与企业签订这样的合同，如果视其为"广告类"合同，该合同是违反《广告法》的。《广告法》第十三条规定："广告应当具有可识别性，能够使消费者辨明其为广告。大众传播媒介不得以新闻报道形式发布广告。通过大众传播媒介发布的广告应当有广告标记，与其他非广告信息相区别，不得使消费者产生误解。"据此，所有新闻媒介发布的所有广告，都应当标明"广告"、"广告专版"、"广告专页"、"广告专栏"、"广告节目"等字样。有的新闻媒介使用"企业之窗"、"为您服务"、"榜上有名"、"电视商场"、"经济信息"等标志来刊登广告，都是不符合法律法规规定的，因为这些用语并不能起到广告标志的作用。

如果将本案签订的这个"服务合同"视为广告类合同，媒体的行为则违反了我国实行的广告代理制度。我国现行的《广告法》第二十三条规定："广告主委托设计、制作、发布广告，应当委托具有合法经营资格的广告经营者、广告发布者。"本条是对广告主依法委托广告经营者、广告发布者的规定，体现了广告主、广告经营者、广告发布者三者之间的委托代理关系，虽然并没有详细说明广告代理制的具体内容，也没有对广告代理制作出强制性规定。但 1993 年，国家工商局颁布了《关于进行广告代理制试点工作的若干规定（试行）》，开始在部分城市试行广告代理制。广告代理制要求媒体不直接向企业承揽广告业务，而通过广告代理公司这个桥梁联系广告主和媒体，广告代理制的实施，可以理顺广告主、广告公司、广告媒体之间的关系，进而有力地推动我国广告业的发展。广告代理制指的是广告代理方（广告经营者）在广告被代理方（广告客户）所授予的权限范围内来开展一系列的广告活动，就是在广告客户、广告公司与广告媒介三者之间，确立广告公司为核心和中介的广告运作机制。它是国际通行的广告经营与运作机制。广告业现代化的主要标志之一就是在整个产业结构中，广告代理公司处于中心地位。而对于相对滞后的我国广告业而言，媒介处于中心和强势地位，有"强媒介弱公司"的说法。广告代理制的最终确立与实施仍是广告业今后发展的努力方向和基本趋势。广告代理制的实施，有利于促进广告行业的科学化、专业化建设，有利于提高广告业的整体水平和消除行业内的不正当竞争，明确广告客户、广告公司、广告媒介各自的权利和义务。只有真正全面推行国际通行的广告经营机制——广告代理制，才能使广告市场的三个主体各司其职，各就其位，充分发挥广告业对经济发展的巨大促进作用，使广告业朝着健康、规范的方向发展。中国的媒体理应遵守和执行广告代理制度。

舆论监督与行政问责

——毒胶囊事件

2012年4月15日，央视《每周质量报告》曝光了河北等地厂商用皮革废料造药用胶囊事件，9家药厂的13个批次药品所用胶囊重金属铬超标，最多达90多倍。"问题胶囊"事件立即成为网民热议的焦点话题。

一、毒胶囊事件的揭露与查处

2012年4月15日，央视曝光修正药业、吉林海外制药、通化金马等9家药企13批次药用空心胶囊产品铬超标。新闻报出2个多小时之后，河北阜城县学洋明胶蛋白厂经理宋训杰纵火烧办公楼。该厂生产果冻胶、工业明胶、药用明胶，产品销往北京、浙江、江苏、福建等地。

4月15日，国内明胶另一生产基地——江西省弋阳龟峰明胶被政府下令停产，董事长李明元被刑拘。该厂为胶囊生产企业"特供"60吨工业明胶，产品主要销往浙江、广东、上海等地，有部分工业明胶销售后被用作食用明胶。

4月15日晚，国家食品药品监督管理局紧急发出《关于暂停销售使用媒体曝光的13个"铬"超标产品的通知》。

4月15日晚，吉林省政府召开紧急会议，部署安排问题胶囊查处工作。要把涉及吉林省6家生产企业购进问题胶囊问题搞清，立即封存送检，责令涉事企业对疑似问题胶囊药品进行召回。

4月16日，央视《新闻1＋1》《问题胶囊：你很"毒"！》对河北阜城部分工厂生产工业明胶并销售给药企事件进行曝光，阜城副县长却介绍政府过去数年工作成绩和工作制度，遭受公众质疑。

4月16日晚，修正药业发布声明称供应商是资质齐全、符合国家标准的正规企业，并停止问题产品的销售。并将借力第三方检测机构调查，但声明只字未提羚羊感冒胶囊的"召回"事宜。

4月17日，央视《新闻1+1》《治理有毒胶囊，用什么药？》曝光江西龟峰明胶厂生产销售无标志的白袋明胶10年之久，主要流向就包括浙江新昌的药用胶囊生产厂。

4月17日，阜城县公安机关抓获涉嫌生产销售假劣产品的学洋明胶蛋白厂犯罪嫌疑人8名，公安、质监等部门共查封这家企业的产品200余吨。并证实纵火者是该明胶厂的"家族二代人物"。

4月17日，江西上饶市质监局纪检调查组展开了调查，认定弋阳县质监局城南岩分局长胡某存在监管不力等问题。胡某被停职接受调查。江西弋阳龟峰明胶董事长李明元被刑拘。

4月17日，吉林通化颐生、吉林省辉南天宇、辽宁丹东市通远药业、青海格拉丹东药业宣布召回。

4月17日，国家食品药品监管局督查组已到达浙江新昌，会同当地食品药品监管部门对报道涉及的药用空心胶囊生产企业进行检查，以查明药用空心胶囊所用原料明胶来源、质量检验、生产工艺及产品销售去向等情况。

4月18日，浙江新昌县公布关于胶囊原料及半成品抽检结果显示，96批次中33批样品重金属铬超标。封存了媒体曝光的涉嫌使用铬超标胶囊的药品2 993盒。

4月18日，上海食品药品监管部门公布的最新抽查结果显示，上海一家医药企业购自浙江新昌康诺胶囊有限公司的空心胶囊样品重金属铬超标。

4月18日下午，卫生部部长陈竺回应铬含量超标胶囊事件，表示胶囊重金属超标要依法管理，有责任的企业家应承担起社会责任，对药品仍要有信心，对医药卫生事业还是要有信心，有责任的企业家科学家一定是我们国家医药行业的主流。

4月18日，吉林6家企业已全部下发召回通知，包括修正药业、通化金马、长春海外等。长春海外致歉。

4月19日，毒胶囊事件波及阿胶业，除了学洋明胶厂之外，广东深圳安德明胶公司、鸿运明胶厂等在公开资料中都声称能生产阿胶。东阿阿胶股价当天曾一度大幅下挫9%，接近跌停，收盘价为39.57元，下跌4.3%。

4月19日，《南方都市报》报道，河北问题明胶厂账本曝光，工业明胶流向雪糕冰淇淋乳制品企业，三元乳企上榜。三元公司回应，三元并未与学洋明胶厂有业务或财务往来，称2003—2005年使用美国卡夫明胶，2006年至今使用法国罗赛洛明胶。

4月19日，国家食品药品监管局已责成浙江省食品药品监管局吊销华星、新大中山、卓康胶囊厂的药品生产许可证，涉嫌刑事犯罪的相关责任人移送司法机关依法追究刑事责任。

4月19日，因监管工业明胶不力，弋阳县质监局南岩分局局长胡某遭停职。

4月19日，修正药业通过官网发通告致歉，称召回涉事胶囊199件。同时，该企业近年来聘用明星广告代言费用在网上被曝光。

4月20日，河北阜阳40多家明胶作坊被夷为平地。学洋明胶的产品，证实流向药用胶囊生产企业，还流向众多食品企业，成为生产雪糕、冰淇淋、乳制品和饮料的原料。

4月21日国家食品药品监管局有关负责人表示，党中央、国务院高度重视，要求严肃依法查处。各级食品药品监管部门及时采取措施，封存问题产品，全面排查药用明胶和胶囊生产使用过程中的隐患；医疗机构和零售药店，已按要求停用、封存问题产品。公安部门对涉嫌犯罪的企业和有关人员正在进行侦查。[1]

8月1日绍兴市、新昌县检察院对新昌县铬超标胶囊事件中的6名渎职犯罪嫌疑人分别依法立案侦查。而在河北阜城，12名在"明胶问题"事件中有责任的官员被处理；在河南，20名干部因昊海药业和焦作金箭实业铬超标胶囊事件被追责。[2]

二、毒胶囊事件曝光了谁？

在食品药品安全危如累卵的今天，只有公众想不到的，没有不法商人做不到的。就连小小的胶囊，都隐藏着惊天秘密。

亚当·斯密在《国富论》中指出："我们的晚餐并非来自屠宰商、酿酒师和面包商的恩惠，而是来自他们对自身利益的关切。"一旦企业为了逐利而不惜践踏良知底线，公众消费安全也只能成为砧板上的鱼肉。就此而言，我们应该感谢媒体，为我们揭开真相，所曝光的9家药厂13批次药品将被定在历史的耻辱柱上，受人唾弃。随着皮革胶囊成为"过街老鼠"，有关部门也将进一步介入，开展专项调查和整治行动。与此同时，我们又不免有些遗憾和失落，监管又一次没跑过媒体。近

---

① 参见《中央批示严查毒胶囊事件　药监局部署全面整顿》，见新华网，2012-04-21。
② 参见《毒胶囊事件三省查处38干部》，载《南方都市报》，2012-08-01。

年来，三鹿奶粉、染色馒头、毒豆芽、注胶虾……几乎每一起质量安全事件都是媒体扮演"先行者"，通过曝光引发社会关注。媒体曝光固然是在履行社会监督，但也从侧面折射监管的不力。毕竟，监管部门与媒体相比有着信息、技术、知识等多种优势。连作为局外人的记者都能"识得庐山真面目"，"身在此山中"的监管部门情何以堪？

监管落后大抵有以下三点：一是"无利不跑"。现行的"分段监管为主、品种监管为辅"的食品安全监管模式，往往涉及多个执法部门，各部门间权责不清，有利就抢着管，无利就让着管。二是"脚软难跑"。尽管中央三令五申执法"收支两条线"，但仍有少数监管部门下达有罚款指标。吃人手短，拿人"脚软"，无力追赶违法者的步伐。三是"跑不跑一个样"。每当媒体曝光引发众怒，监管部门都是扮演"救火队员"的角色，出面对违法企业进行处罚，而自身的监管失职却很少被追究。

产品安全出现问题并不可怕，可怕的是正常的监管机制形同虚设，因为前者污染的是水流，后者破坏的则是水源。监管跑不过媒体，不是媒体之幸，而是社会之痛。从这个意义上讲，厘清权责，完善问责，治理失灵失效的监管机制，比查封销毁皮革胶囊更为重要。[①]

有人称："作为药品辅料的生产企业，药监部门的监管也是很严格的，企业需要生产许可证，各级药监部门要抽检，甚至中检院也会抽检，如果胶囊有问题，是绝对出不来厂的。"但是"问题胶囊"还是走出了胶囊生产企业的大门，堂而皇之地迈入了原本审核标准更严格的医药企业的生产车间，并做成了成药，而且又进入了药店和医院。在我们质疑问题胶囊作为辅料管理的同时，购买问题胶囊生产药品的厂家又该承担何种责任？[②]

这种现象暴露了地方监管部门难以推卸的失职问题。2009 年中共中央办公厅、国务院办公厅印发《关于实行党政领导干部问责的暂行规定》，对问责情形、方式和适用都作出了明确规定。但是，由于我国一些地方和领域长期存在"多龙治水"和信息不透明、不公开等问题，轻问责、难问责、不问责现象时有发生，问责机制的实施被打了折扣，使部分地方和相关部门负责人得过且过。这是"三聚氰胺"事件、"瘦肉精"事件、"地沟油"事件等难以根治的一个重要原因。事件发生后的查处和问责力度都不应偏废，只有这样才能使问责制度严格落实，做到有责必查、有

---

① 参见张枫逸：《监管为何又没跑过媒体》，载《华西都市报》，2012 - 04 - 17。
② 参见马晓华：《谁给了"问题胶囊"存在机会》，载《第一财经日报》，2012 - 04 - 19。

责必问、问责必严，后来者对职责心存敬畏，才能真正减少和杜绝此类事件。①

事件曝光后，国家食品药品监督管理局督察组抵达浙江省新昌县，对药用空心胶囊生产企业进行检查。尽管媒体的报道已拿出了检测数据，但国家食品药品监督管理局认为，这些数据尚不能作为执法依据。言下之意，不免让人揣测，只有在国家食品药品监督管理局进行了抽检之后，才能确定哪些产品铬超标。国家食品药品监督管理局的这番表态，令原本黑幕重重的"毒胶囊"事件更加耐人寻味。既然媒体给出的检测数据不能作为执法依据，为何监管部门查处的 13 种药品同媒体公布的名单完全一致？假如媒体给出的检测数据不足为凭，为何丹东市通远药业和通化颐生药业已主动宣布召回被曝光药品，而包括广东等地在内的相关部门也已叫停涉毒胶囊的采购？如今部分涉事企业已经承认了错误，监管部门也已用行动"密切配合"媒体报道，现在反过头来再作出"只有在国家食品药品监督管理局进行了抽检之后，才能确定哪些产品铬超标"的表态，未免有些让人百姓对监督管理部门失察、失职、推诿、不负责任的做法感到遗憾。

制售"毒胶囊"成行成市，使用"毒胶囊"也几乎成为部分药企潜规则，药监部门岂能不知？如果当真不知，便是渎职；如果早已知晓，却听之任之，迟迟未有采取有效措施，甚至牵涉利益纠葛，则更须被严厉追责。药是用来治病救人的，"毒胶囊"泛滥，已经危及公共安全。目前，公众要求药监局道歉的呼声高涨，但眼下看来，药监部门不仅欠公众一个道歉，这起严重的公共事件更亟待司法介入，相关部门和责任人当接受法律制裁。《中华人民共和国药品管理法》第九十七条中明确规定，药品监督管理部门应当依法履行监督检查职责，监督已取得《药品生产许可证》、《药品经营许可证》的企业依照本法规定从事药品生产、经营活动。对有失职、渎职行为的药品监督管理部门直接负责的主管人员和其他直接责任人员依法给予行政处分；构成犯罪的，依法追究刑事责任。"毒胶囊"使用之广，危害之大，折射出监管积弊之深，对于失职、渎职者，应依法追究责任。

"毒胶囊"事件暴露出的是一个长长的黑色链条，制售"毒胶囊"者、采购"毒胶囊"者、监管不力者，都是这黑色链条中的一部分。其中，监管者的身份尤为特殊，他们既要负责查处前者，自身又存在无法推脱之责，更无法因对前者施以严惩而脱离这一黑色链条，成功"漂白"。甚至在某种意义上讲，正是因为药监部门的懒政和不作为，变相纵容和激励了某些无良企业的行为，导致制售"毒胶囊"泛滥。以往每有食品药品安全丑闻曝光，受罚的总是直接涉事者，这样的追责并不

---

① 参见《"毒胶囊"事件：公众期待一个让人信服的说法》，载《成都日报》，2012 - 04 - 19。

完整，对监管不力亦应严惩，并及时启动司法程序。①

三、《药品管理法》的"有规定无惩戒"

目前我国的法律及管理还需要完善。这主要表现在以下方面。

(一)《药品管理法》责任设定模糊需修改

胶囊事件涉及药用辅料的问题，《药品管理法》第五十二条规定，直接接触药品的表面材料和容器，必须符合药用要求。但违反了这一条没有惩戒。有专家指出，《药品管理法》中对药品监管机构的裁量权规定过于宽泛，而且目前看惩处惩戒过轻，法律责任设定较为粗放，也缺乏风险监管的观念，药品监管有一些新的方式，比如现在的召回、行业禁入、黑名单、药品信用体系没有在那里面体现。在美国，如果一个制药企业犯有重罪，应该在 10 年内禁止其再次申请新药，如果 10 年内再发生，终生不准做这个行业，这是美国法律的明文规定。

目前我们也规定了，若违法，5 年内不受理你的新申请。但中国往往是禁止法人，企业可以换一个名称再去申请，而且我国监管信息化并没有真正联网，行业禁入按说很管用，但现实中没有用起来。同时监管法的修改不仅仅是《药品管理法》的修改，还包括相应的行政法规和部门规章、规范性文件的修改。在药监执法过程中，规范性文件也会发生重要作用。美国 FDA 网站上面有很多执法手册，非常细，美国 FDA 关于行政执法，怎么调查、取证都有一个指南，在网上可以查到。中国不光是药品监管，各行各业监管都没有这个，所以我们应该在行政机关制定这样的指南。另外在药品监管中有很重要的一块，即药品审评，这几年国家药监局包括药品审评中心立章建制，借鉴国际经验，做了很多行之有效的工作，比如借鉴美国经验建构自己的药品审评质量管理规范，实现自我拘束，要向社会公开信息。②

(二)完善法律实行理性监管

1998—2008 年间药监局作为国务院直属机构有规章制定权，2008 年以后归卫生部管理，没有规章制定权，只能颁布规范性文件。如果想制定规章，就要借助卫生部部长令的形式去颁布，理想的状态是药监局和卫生部形成合力。

---

① 参见《毒胶囊事件要的不仅是道歉　更须司法介入》，载《晶报》，2012 - 04 - 19。
② 参见宋华琳：《〈药品管理法〉中处罚毒胶囊条款缺失遭质疑》，载《山东商报》，2012 - 05 - 07。

企业是第一责任人，地方政府负总责，监管部门各负其责。政府管理部门的监管的风格应该是稳定的、一以贯之的，不因为公共事件出现或者公众的情绪而变化，监管部门不应该跟着感觉走，也不应该跟着媒体走，要有理性的判断。要正确处理监管与发展的关系。药品监管部门的核心是风险监管、预防监管，要确保药品安全有效，质量可靠。应该对高风险的药品、高风险的机构，增加监管检查的频率；药品中生物制品要比化学药品风险高，生产企业、药品经营企业和医疗机构的风险也不一样。药品监管需要体制改革、能力建设，形成稳定的监管风格、监管理念。还有一个很重要的问题，即正确理解药品监管中包括整个行政规制中监管权的边界，政府与市场的关系，现在的药品监管、食品监管，政府有些该做的没有做，不该做的做了。药品监管中，日常监管需要加强。目前规制能力不适应这样的需要，从人员、技术支撑、信息化远远不能适应药品监管的要求。

事后监管除了行政处罚外，还要考虑召回。还可以建立药品安全的信用体系，进行信用评级，包括在药品监管中引用惩罚性赔偿，要考虑药品的行政责任、民事责任和刑事责任之间的衔接。2011年《刑法修正案（八）》颁布后，对生产假药的罪名也有相应的变化。药如果属于劣药，根据《药品管理法》第四十九条规定，劣药包括直接接触药品包装材料和容器未经批准的，擅自添加辅料的，添加不符合药品标准规定的。既然是劣药，《药品管理法》第七十五条有劣药的行政处罚，同时构成犯罪的，追究刑事责任，刑事责任应该按照《刑法》第一百四十二条追究责任。追谁的责任？药是劣药，上游企业是明胶企业，中游企业是胶囊企业，最后是药企，药企的责任可以按照此责任追究。

根据《标准化法》应该鼓励药品生产企业去制定比药品更高的标准。我们的标准不是90分的标准，是60分的标准，西方鼓励企业创造70分、80分的标准，中国是40分、50分，药品要细分，企业也要细分，应该发挥企业在市场经济中的主体地位。

另外还应该强化行业协会的药品监管作用，让协会真正成为一个桥梁和纽带，引导企业合法经营，推动行业的诚信建设。学者、专家在药品监管中也应发挥作用，比如药品检验、药品审评。学者如何保持自己的独立性，特别是在药品研究开发过程中、药品审评中。社会科学专家则更应该理性参与药品监管政策的形成，从行政法上看要建立一个专家咨询的机制。媒体也很重要，调查本案件，传媒做了监管部门应该做的事，发挥了舆论监督的作用。

因此，目前我国药品监管法律应该修改，监管体制应该进一步完善，药监局部门一方面要加强监管能力建设，要有所为有所不为，不要去干预药品市场的微观运营和管理，同时应该引入行政许可标签说明书、认证等方式，包括事后的行政强制、行政处罚、药品召回、药品信用体系和一些灵活的、新型的管理方式，通过对药品研究开发、生产经营、使用、广告等全过程管理，通过政府包括媒体对风险的理性宣传，媒体可以起到很好的风险交流作用，理性地告诉老百姓究竟发生了什么，发挥专家的咨询作用，真正让协会成为协会，企业成为第一责任人，通过合作治理的网络，使药品监管和药品安全得以不断健全和完善。①

---

① 参见宋华琳：《〈药品管理法〉中处罚毒胶囊条款缺失遭质疑》，载《山东商报》，2012 - 05 - 07。

五、记者权利与职业准则

记者职务权利及其保障困境

——从记者报道陕西天价烟事件被停职一事谈起

一、陕西天价烟事件，为什么倒下的是记者？

一盒"九五之尊"香烟的"出镜"让省级贫困县陕西省大荔县成为社会关注的焦点。2012 年 6 月 25 日，陕西省大荔县人民政府网上发布了一篇名为《孙云峰等领导慰问包联村贫困老党员》的新闻，在该新闻稿件的 4 篇配图中，有一幅是在会议室的一张照片，大荔县委书记孙云峰面前摆放着水果、瓜子、水杯和一盒"九五之尊"香烟。

新闻发布后，《西安晚报》渭南记者站站长石俊荣接到读者热线，反映县委书记慰问贫困老党员的照片里出现了"天价烟"。得到该新闻线索后石俊荣采访了相关人员，6 月 27 日他在《西安晚报》上发表了一篇题为《慰贫会场咋有一盒高价烟？据称系村支书提供　遭大荔县领导批评》的报道，这篇 500 多字的小稿发在《西安晚报》第 9 版"陕西新闻"很不起眼的版面中下位置。稿件中说，大荔县委宣传部长称上述"天价香烟"是当地村支部书记拿来招待县委书记的，县委书记已经批评了当事的村支部书记。

石俊荣和报社领导都没想到，这篇小稿发表后立即广受关注，各大门户网站纷纷转载。更想不到的这种网络围观给石俊荣的职业生涯产生了意想不到的影响。

6 月 30 日上午，微博实名认证为"《新快报》调查新闻中心记者"的网友"记者刘虎"发微博称："因为报道'县委书记慰问贫困老党员会场出现九五之尊香烟的新闻'引领导震怒，《西安晚报》记者石俊荣昨日深夜被按照上级要求停职，《西安晚报》同时被要求从即日起禁止出现任何监督或者涉及政府的负面新闻。"这一消息，随后被西安晚报社社长郝小奇和事件当事人石俊荣发微博证实。石俊荣发布的微博内容为："稿子就像自己孩子，可以不去怀她，可以流产，还可以大月份引产。但是，生下来你就要为她负责，如果有人伤害她，就必须用臂膀为她遮挡任何暴力，用生命呵护她纯洁的心灵，直到自己永远闭上眼睛。"

6月30日20时50分，石俊荣在微博中发布情况说明，称因报道大荔县"天价香烟"的事件，报社通知其停职检查。石俊荣对网友的关心表示感谢，同时称自己深刻认识到稿件采写中有不周全的地方，给当地造成负面影响。

7月1日17时20分，石俊荣再次发布微博透露细节，称关于"天价香烟"采访，是他得到读者线索后在当地政府网站上了解到的，进行了电话采访，没有采访到全部当事人，同报社采访规范不符。报社让其停职总结反思，石俊荣表示诚恳接受，"今后我要汲取教训，提高职业素养，履行好自己的职责。"

陕西天价烟事件让人联想起2008年12月发生的南京周久耕"天价烟"事件，纷纷猜测三年半之后的陕西大荔县这起"天价烟"事件该如何收场。但没想到结果竟然是报道此事件的记者被停职。消息经证实后，迅速引爆互联网，"记者刘虎"的这条微博，前后被转发4万多次，被评论1万多条。学者展江，媒体人胡锡进，地产商任志强、潘石屹等都在第一时间通过微博表态为石俊荣鸣不平。

《环球时报》总编辑胡锡进呼吁中国记协介入，了解情况。"记协有保护记者的职责。在舆论如此复杂、传统媒体又如此困难的时候，官方如果不善待记者既有悖公权力的道德，也是愚蠢的。"

引人注目的是，新闻出版行政主管部门相关负责人对此事进行评论。6月30日15时56分，新闻出版总署新闻报刊司新闻业务处处长农涛就石俊荣因报道被停职事件，在其腾讯认证微博表态："报道没有不当，地方滥用职权。"

在网络传播和讨论的同时，传统媒体迅速跟进，各报社的时评发挥了重要作用。《中国青年报》、《法制日报》、《新京报》等媒体相继发表评论，批评陕西方面打压记者的行为。

舆论的强烈反应让西安方面有些措手不及。7月1日19时，《西安晚报》官方微博发表声明："6月29日上午，《西安晚报》开会研究天价烟报道中记者未到现场实地采访的问题，按照报社有关规定，让本报记者石俊荣停职总结，以进一步改进作风，并未停止其渭南记者站站长职务。本报遵循办报方针，从没有不能开展舆论监督之说。"

在舆论的强大压力下，西安方面终于有所松动。7月4日一大早，石俊荣发微博宣布自己已经"复工"。因报道天价烟记者被停职事件告一段落。

值得注意的是，大荔县政府网上的天价烟照片在事发后就被删除了。而发表石俊荣稿件的 2012 年 6 月 27 日《西安晚报》电子版，也不见了该稿件，只剩下一片空白。

二、陕西记者被停职的理由与问题分析

有学者撰文指出，陕西记者石俊荣被停职事件是研究当下社会舆论监督环境的一个标本。[①] 近年来，记者因批评报道受打压事件层出不穷，石俊荣受到的处理并不是最严厉的，但该事件受到的社会关注程度却是前所未有的，一个重要原因是该事件的荒诞程度超过了以往的事件，因为记者行为并无差错，却招来了不公正的对待，让人倍感报社和公权力的霸道与无理。

这位学者对天价烟报道的内容和记者被处理的理由进行了分析，首先，记者报道在事实方面并无差错。500 多字的小稿陈述了三个方面的事实：（1）大荔县政府网站曾贴出过一张照片，内容是主要县领导在农村开会慰问贫困党员，图片上可看出领导面前摆着一盒"天价香烟"；（2）这张照片在网上发出后引发群众议论并向记者反映情况；（3）记者向县领导联系采访时，县委宣传部长告诉记者：烟不是县委领导的，也不是会议招待烟，而是村支书拿来让领导品尝的。报道还强调，县领导对村干部进行了批评。就文中所写的三个事实，自始至终没有任何人提出任何异议。在新闻报道并未失实的情况下，有什么理由处理当事记者？

石俊荣被处理的理由，西安晚报社社长郝小奇在微博上这样披露："报道出发点有些问题，传播效果负面，影响陕西形象，网上扒稿，异地监督，被上级通报批评，责令要撤站。而各级把关不严，影响大局。"7 月 1 日，《西安晚报》在官方微博上给出的理由是"没有到现场采访"。对这些颇为牵强的理由，这位学者逐条进行了驳斥。第一，该报道从标题到正文，毫无锋芒，甚至算不上严格意义上的舆论监督报道，报道出发点甚至是记者出面为领导澄清。传播效果负面的责任不在记者，不在媒体，而是政府的回应不被公众信任的缘故。第二，不存在报社社长所指责的"网上扒稿"。从网上直接拷贝或东拼西凑出一篇稿子，当做自己采写的稿子发表，可以叫"网上扒稿"，这种做法违背了新闻专业规范。但石俊荣接到群众反映后，在大荔县政府网站看到照片，还专门采访了县领导，了解核实了主要新闻事实，这是正常采访的方法，不是所谓"网上扒稿"。第三，对有关"记者未到现场

---

① 参见王天定：《记者权益的维护与新闻职业共同体的构建》，载《新闻记者》，2012（8）。

采访"的指责，这位学者说，一般而言，记者采访的确应该到新闻事件发生的现场，所谓"无现场，不新闻"。但对现场采访应该视具体情况，很多情况是无法到现场采访，通过电话、网络等手段了解情况，也是采访的正当途径。不看采访是否平衡、报道是否准确，而是以记者没有到现场采访为由处分记者，如果不是过于苛求，就是为处罚找理由。这位学者还对事件处理中，记者所在的报社缺少应有担当的做法提出批评。尽管人们相信《西安晚报》处理记者，是在上级有关部门的压力之下作出的决定，但这一点并未减轻社会各界对报社的不满。在新闻报道特别是舆论监督报道出现争议或问题时，难道就只能"文责自负"让记者独自担责，而报社则躲在后面甚至扮演管理者来处罚记者吗？

三、舆论监督与记者"维权"困境

陕西记者报道天价烟被停职的事件发生后，国内诸多新闻媒体对该事件进行调查报道，其中《中国青年报》的一篇评论对发挥舆论监督功能、帮助社会公众维权的新闻记者却屡屡陷入职务权利被侵害而"维权难"的窘境进行了分析。[①] 该文提出，以陕西曝光天价烟的记者在隐秘的官方压力下被停职为代表，近来一系列记者受打压的事件，让媒体人隔段时间就会出现的受辱感、受挫感和无力感再次爆发。重重压力下履行舆论监督之职，曝光腐败鞭挞丑恶，却不料背后中枪，噤若寒蝉之余，更让人无比寒心。

监督公权力，曝光丑恶，是记者的天职。如果说这是一种权利，它蕴涵于"权力源于人民赋予，所以每个公民有权批评和监督政府"的公民权利，与公民权利共生同源。很多人喜欢将媒体称为社会的"第四种权力"——如果媒体和记者手中掌握的真是一种权力，这种权力也是源于民众授予，能够使其为了让民众知情，为了代表民众监督公权力，为了民众的利益而站在社会的船头做一个瞭望者。所以，记者权利是一个社会中公民权利的晴雨表，记者权利常受侵犯，记者权利缺乏保障，很难寄望民众的权利会有保障、民众的权利不受侵犯。在桀骜不驯的公权力面前，记者没有尊严，其他公众更没有尊严。

相比普通公民，记者并没有特权，记者与公民无法分离。记者权利是公民权利的一部分，记者就是公民，记者不受保护，就是公民不受保护。如果一个社会，担负着满足公众知情权的记者的权利得不到保护，报道真相的人被打压，真相被公然

---

① 参见曹林：《记者无力，则国民无力国家无力》，载《中国青年报》，2012 - 07 - 03。

地遮掩，信息被操纵和垄断，民众不知情，民意就无法得到表达，民权就得不到伸张。记者无力，不仅是国民无力，整个国家都会无力。一个强大的国家，应该有强大的国民，而国民的强大，应以知情权得到充分保障为前提。

记者有力，贪官污吏才会无力，腐败官员才会慑服于舆论监督的力量，而不会嚣张地反击记者"拿这点钱怎么了，你怎么不去曝光那些贪更多钱的官员"；记者有力，公权力才会被驯服，被规训于严格将权力用于为公众谋福利，而不是以权谋私；记者有力，社会的丑恶现象才会被揭露，而不是被一些人捂着捂着，捂成了危害社会的大矛盾、大麻烦；记者有力，民众才能知情，这个国家才会安全，诚如哲人所言，让人民知道的真相越多，这个国家就越安全；记者有力，记者身后的民众才会有力，国家的强大并不是表现在强大的官员、强势的权力上，而是表现在每个公民的强势上，不会有被"跨省追捕"的恐惧，不会担心警察破门而入，不会担心因言获罪……

高层一再强调"要创造条件让人民监督政府"、"创造条件让人民讲真话"、"不要轻易把不同意见说成杂音噪音"。能树立一个国家形象的，不是花天文数字般的钱去国外做形象广告，而是实实在在的公民形象、公民权利。

舆论监督是媒体的一项重要功能，其核心就是新闻媒体及其从业人员以宪法赋予公民的言论自由等基本权利，对公权力运行状况和社会公共事务进行监督。监督的前提是知情，在知情的基础上还要保障自由表达，才能实现监督的功能。如果动辄得咎，动辄不让采访、不让报道，甚至让记者停职，舆论监督就只能变成一句空话。确实，记者的权利来自公民权利，并无超出公民权利的特权可言。记者只是以采集、传播信息为业的职业群体，其职务权利也是以完成这一职业行为、维护公共利益为依归，所以记者被称作"公人"，以维护社会公平正义为使命。

法理如此，但现实的实然状况与应然情形的抵牾乃至悖谬，构成舆论监督无力、记者权利屡被侵害的深层原因。因为，在我国的新闻传媒制度下，新闻媒体首先是党的喉舌。而在市场经济环境下，新闻传媒又兼有宣传工具、社会公器、市场主体等多重功能和属性，这些功能和属性之间还有相互冲突之处，造成媒体不能独立于政府和商业利益，成为一个具有独立价值判断的主体，其意志和行为受制于多个主体，其中最主要的控制者是新闻媒体所在的党委、政府。尽管中央三令五申要保护公民的知情权、参与权、表达权、监督权，要让权力在阳光下运行，但作为国家主人和公权力监督者的公民力量，总是受到一些地方政府的打压和限制，媒体和记者也常常因正当的采访报道而被制裁，记者职务权利状况呈现与法理层面较大的偏离。

四、记者职务权利及其保障的几个问题

著名传媒法学者魏永征先生早在 1994 年出版的国内第一本新闻法专著《被告席上的记者》一书中，就对新闻权利的宪法保护等理论问题作了探讨。并著有《论采访权》长文，在兼跨传媒与法、中外对比的视野下，对新闻采访权的概念、内涵、与舆论监督的关系及现实状况等作了阐述，对我国新闻传播学界和业界发挥了重要的"权利启蒙"作用。2012 年，根据近 20 年来我国新闻法规和管理制度的变迁，魏永征先生对"记者权利"作了新的论述。[①] 本文结合陕西记者因报道天价烟被停职事件，以魏永征先生的论述为主要依据，对记者职务权利及其保障的几个重要问题进行探讨。

(一) 记者权利的内涵

什么是记者的权利？记者权利包括哪些内涵？对这些问题现在还是众说纷纭，连官方的文件也没有统一说法。如 2008 年新闻出版总署《关于进一步做好新闻采访活动保障工作的通知》称"新闻机构对涉及国家利益、公共利益的事件依法享有知情权、采访权、发表权、批评权、监督权"，把这些权利定为新闻机构法人权利。而《国家人权行动计划（2009—2010)》则把这些权利肯定为记者的权利："依法保障新闻记者的采访权、批评权、评论权、发表权。"2009 年新闻出版总署《新闻记者证管理办法》，则只涉及记者的采访权利。这些差别，反映了我国新闻体制的特色，也说明目前对记者权利的认识还没达成一致。

记者是专门以从事新闻报道和评论为职业的工作者，他们理应享有职业上的权利。报道、评论、批评、发表的权利，属于表达权。而为了报道、评论等需要，必须采集信息或访问一定对象，属于寻求和获取信息权利（知情权）的范畴，即采访权。

(二) 我国新闻体制下的记者权利

本文前述的记者权利与公民权利的关系，是在宪政、法治条件下的应然状况，欧美（西方）的新闻自由体制就是这种制度的体现。这种体制确认新闻自由是表达自由（言论自由）的组成部分，属于公民的宪法权利。宪法权利所调整的是公民与

---

① 参见魏永征：《关于记者权利的独白》，载《青年记者》，2012（9）。

国家（政府）之间的关系，国家承担不侵犯公民新闻自由的义务并且保障它不受其他侵犯，限制公民滥用新闻自由行为必须以法律规定为界限。西方通常认为新闻自由包括办报自由、报道自由、评论自由、信息自由（寻求和获取信息的自由）等，这些权利人所皆有，记者当然享有。西方很少对记者权利作出特别规定，至多讨论记者为消息来源保密的特权之类，而这也并未得到普遍的法律认可。

采访权、记者权利之所以成为一个理论和现实论题，是与中国新闻管理制度的特殊性分不开的。我国不实行西方的新闻体制，而是"公民有自由，媒体归国家"。我国报刊实行主办、主管单位制度，按照《出版管理条例》的规定，报刊必须有主办单位及其上级主管机关，而有资格主办报刊的单位则由国家认可。这个制度在全国多数报刊转企改制之际修订施行的 2011 年《出版管理条例》中继续保留还有所加强。电台、电视台一向实行政府设台制度，在制播分离的改革中，广电总局的部门规章限定新闻节目只能由电台、电视台制作，社会上设立的节目制作单位只能制作其他节目。互联网兴起后，有关部门规章限定只有上述新闻机构设立的网站才可以发布自行采制的新闻，非新闻机构设立的网站只许转载新闻机构的新闻。创设新闻机构还必须履行行政许可的程序。如此种种，说明在我国新闻业是一门特许行业，新闻机构总是直接或间接地隶属于一定的政党或行政机关之下。

对媒体实行审批制，从事记者的职业同样必须经过行政许可。核发新闻记者证是《国务院对确需保留的行政审批项目设定行政许可的决定》第 333 项确定的项目，新闻出版总署据此制定《新闻记者证管理办法》，规定新闻记者证由新闻出版总署统一颁发，只有在经过批准设立的新闻机构内正式从事新闻采编工作的人员才可以申领新闻记者证，从事新闻采编活动须持有新闻记者证，新闻机构非采编岗位工作人员、非新闻机构以及其他社会组织或者个人不得假借新闻机构或者假冒新闻记者进行新闻采访活动。可见，从事新闻传播活动的合法性是来自国家特别授权，而不是直接源于宪法，在西方不构成问题的"记者职业权利"在中国就成为一个需要研究的问题。

（三）舆论监督不是权利

"舆论监督"现在使用频率很高，成了新闻媒体进行批评报道的正当性理由。还有人把媒体通过新闻报道并诉诸舆论对被监督者产生约束的功能称作"舆论监督权"。舆论监督是不是权利？是怎样的一种权利？

魏永征先生对"舆论监督"概念的历史和实际功能进行梳理后，认为舆论监督并不是一项权利，而是新闻报道和评论特别是批评性报道和评论的一种效果或者是新闻媒体的一种功能。舆论监督是 20 世纪 80 年代我国新闻学术界提出后为官方采纳的一个概念。自党的十三大到十七大的五部政治报告中，提及新闻舆论监督时，都称之为"舆论监督的作用"而没使用"权利"一词。从理论上说，舆论是指多数公众的意见，任何单篇的新闻报道和评论，内容再正确再重要，也是没有资格称为舆论的，只有得到广大公众的认可，形成社会共识，才可以称为舆论。舆论影响力巨大，可以促使有关当事人或机构采取改进措施，形同监督。这种监督不同于人大监督、司法监督那样政权机构的监督（supervise），而只是一种监察（surveil-lance）。这在网络监督中尤其明显，在某一公众事件中，网民意见像潮水一样涌现，新闻媒体的报道和评论也与之呼应，推动事件的积极发展，我们能说哪一条帖子、哪一篇文章就是舆论监督吗？只能说，事态的发展是网络和新闻媒体形成的舆论所取得的效果。约定俗成，我们说到新闻媒体的舆论监督，就是指新闻批评。新闻批评是新闻报道和评论的一部分，是指对负面事实的公开报道和针对特定事项提出反对、指责的评论。其核心是对政府和社会公共事务的批评。由于批评对于相对人和社会的特殊影响，所以人们往往予以单列讨论。

从过去到现在，舆论监督的一个基本原则就是媒体批评必须在党的领导下进行，可见新闻舆论监督其实是党和政府自我调整、自我完善的一个手段。按照我国现有新闻体制，新闻舆论监督的对象和范围必须也只能同新闻媒体从属的上级党政机关的管辖权限基本对口。所以以前有党报不得批评同级党委的规定，今天存在着"上级媒体"批评"下级官员"的做法，以及不允许"异地监督"的规定等，不管这些规定是否继续有效，但这是现行体制的必有现象。

我国新闻舆论监督或新闻批评与西方媒体的"看门狗"（watchdog）、"第四机构"（the fourth estate，或错译为"第四权"）的功能，有根本的区别。西方新闻媒体"第四机构"建基于"三权分立"制度，新闻媒体独立于立法、司法和行政，对它们起到监督作用。政府提出任何措施，媒体总是众说纷纭，有支持有指责。任何官员哪怕贵为总统，一旦发生丑闻，媒体往往一哄而起，事实、传闻、推测、攻讦，泥沙俱下，推动民意代表向政府施压甚至提出弹劾，达至真相大白。我国不搞"三权分立"，新闻媒体隶属于而不是独立于党政机关，不可能实行这样的"监督"。

但是我国有领导的新闻批评并不意味着媒体对批评对象享有特权，新闻批评如果侵犯了批评对象的合法权益照样要承担法律责任。媒体被当事人诉称侵害名誉权、隐私权等而接受法庭裁判如今已成常见现象。学界有人主张，对官员等"公众人物"起诉媒体侵害名誉权的纠纷，法院应该向媒体"倾斜"，"弱化"对"公众人物"的名誉保护，似乎这样可以推动新闻舆论监督。但这种设想并不具有现实针对性，反而不利于一般名誉保护。

在现行体制下，传媒界维护批评权的努力应该得到支持，但新闻舆论监督的阻力和障碍是很明显的。

(四) 采访权是个什么权？

如前所述，采访权是我国有效法律文件中唯一明确肯定的权利，也是我国特有的记者权利。在西方并没有新闻采访权的概念。按照知情权和信息自由的原则，人人享有寻求、获取和传递信息的自由，记者当然也享有这些自由，不需要专门规定。

在我国，设立新闻机构和从事记者职业都必须经过国家许可。我国时政类新闻信息，包括有关政治、经济、军事、外交等社会公共事务的信息，以及有关社会突发事件的信息，只有新闻机构才能报道传播，这才需要对记者搜集信息的权利予以特别规定。这个规定见于《新闻记者证管理办法》："新闻记者持新闻记者证依法从事新闻采访活动受法律保护。各级人民政府及其职能部门、工作人员应为合法的新闻采访活动提供必要的便利和保障。""任何组织或者个人不得干扰、阻挠新闻机构及其新闻记者合法的采访活动。"

主管部门以部门规章为保护记者的采访活动作出规定可谓用心良苦。不过这只是部门规章，其效力只及于主管部门管辖范围，而采访活动遍及各行各业，各级政府及其职能部门是否遵照执行以及主管部门能否对抗拒执行的行为采取行政强制措施，都是问题。而且由于新闻事件重要性和敏感性的差别、新闻人物地位的高低直至采访场地的限制等，事主对于记者不可能一视同仁，往往是地位较高、影响较大的媒体的记者捷足先登，被摒于门外的记者当然不能说是被干扰、阻挠了他的采访权。记者采访活动中的争议一般还是要由新闻机构及其主管部门与相关部门协调解决。至于记者在采访活动中受到人身和财产侵犯，诸如遭到辱骂、殴打、非法拘禁，采访器材被抢被毁等，则可适用保护人身权、财产权的法律，也已有不少此类违法者受到了行政法和刑法的制裁。

还须明确的是，所谓采访权，调整的还是限于公法关系，即国家机关与记者之间的关系，记者的采访活动需要受到国家保护，上述行政规章的行文就表明这一点。采访权并不规范记者和他的采访对象之间的关系，也就是说，承认采访权并不意味着"不得拒绝采访"。新闻机构、记者同被采访人之间不存在支配和被支配、管理和被管理的关系，任何单位、个人没有义务必须向新闻机构和记者提供、反映、汇报情况，记者要什么就给什么。"不得拒绝采访"的说法不但与被采访人的言论自由和其他人身权利有冲突，也不符合新闻采访报道活动的规律和人际交往的礼仪习惯。采访是人与人之间的交流沟通，只有在相互理解、信任和尊重基础上的采访才会是成功的采访。对方表示"无可奉告"，这是他的权利，不是干扰、阻挠采访，记者应当通过其他合法手段来获取所需要的材料，借助新闻机构和上级主管机关的权势进行"强制采访"，只会得到事与愿违的效果。采访权也不意味着可以任意进行隐性采访。隐性采访是指对被采访人隐瞒记者身份以至伪装其他身份进行采访，有时还要采取偷拍偷录等手段。这种手段存在许多道义上乃至法律上的问题，只有在涉及公共利益议题而又没有其他手段获取信息时才可以酌情采用，对此业界已有相当共识。

媒体设立和记者从业资格来自行政权的许可，记者权利也来自国家公权力的认可和授予。而记者职务权利在现实中被打压和损害，也多是由于公权力的滥用。一正一反，都说明了公权力的强大。相比之下，作为监督者的新闻媒体和记者，却明显处于弱势。如果媒体不能获得独立于公权力的地位，记者权利不是来自宪法赋予的公民基本权利，而是要靠国家的授予，其正当职业行为被禁止、权利屡屡被侵害而维权无门的现状就难以改变。也可以说，当采访权不再成为学界研究、业界呼吁的概念和问题时，记者采访天价烟而被停职的事件或许就不会再发生了。

路人的冷漠与媒体的狂欢

——从"小悦悦事件"看媒体的角色偏差和社会责任[①]

一、小生命的逝去与 18 名路人的冷漠

2011 年 10 月 13 日晚，2 岁的小悦悦在广东佛山南海黄岐广佛五金城相继被两车碾压，7 分钟内，18 名路人路过但都"视而不见"，漠然而去。最后，拾荒阿姨陈贤妹上前施以援手。小悦悦虽经医院全力抢救，终因伤势过重于 10 月 21 日 0 时 32 分离世。10 月 23 日，佛山 280 名市民聚集在事发地点悼念小悦悦，宣誓"不做冷漠佛山人"。

小悦悦事件发生后，媒体便展开了铺天盖地的报道。10 月 15 日，南方电视台以《佛山南海女童接连被撞 18 路人漠然走过》为题首先对小悦悦事件进行了报道。在电视台播出的视频中，没有对小悦悦被车碾压的图像做虚化或模糊处理，血淋淋的画面被赤裸裸地呈现在观众面前。当晚该条新闻被视频网站大量转载。

10 月 16 日，《小女孩挣扎血泊中，18 路人冷淡走过去》出现在《南方都市报》头版，报道中配有大幅小悦悦被碾压视频中的截图，这篇报道率先开始对 18 位路人进行谴责，之后媒体的谴责声不绝于耳。文中写道："顽强的小悦悦并未死亡。而在之后的 5 分钟里，又先后有十多位路人从她身边走过，但每个人竟然都只是看了看，没有一个人伸出援手哪怕只是拨打报警电话。"

同样，10 月 16 日，《羊城晚报》用整个头版来报道了小悦悦事件，标题为《两车先后碾过两岁女童，十多冷血路人见死不救》。报道也是配有大幅小悦悦被碾压

---

① 本文案例和媒体报道资料由中国人民大学新闻学院硕士研究生王晓曼整理。

的视频截图，图片上读者可以清晰地看到小悦悦被碾压后血肉模糊的图像，编辑并未对图片进行处理。报道的重点也是对路过的 18 位路人进行道德谴责。文中写道："十几秒后，3 个路人经过此地，其中一男子从女童身边绕过，看也没看；另外两人看了女童一眼并绕过，没有放慢脚步。紧跟着，一辆小型货柜车开了过来，像没有看到一般，右侧前后轮两次碾过小悦悦的双腿。此后几分钟内，又有 4 辆电动车、三轮车和 3 位路人经过（其中一位女士领着一个约五六岁的女孩），但都只是看了一下，没有伸出援手，也没有打电话求助。而路边的店铺也没有人走出来看一眼。"在报道的最后，记者还写道：

> 看看这些冷漠的人——
>
> 第一个人：白衣深色裤男子，左右张望，似乎看不到小悦悦，然后径直从小悦悦脚边经过。
>
> 第二个人：摩托车男，小悦悦躺在其正前方，他往下看了一眼，一拐弯绕过伤者。
>
> 第三个人：浅色长袖衣服男，走进监控范围后一直盯着小悦悦，却走得离孩子越来越远。
>
> 第四个人：开着蓝色后尾箱三轮车男，从店铺门口两次横向经过，对 2 米外的小悦悦视若无睹。之后该红衣男子再次开车路过，看着小悦悦，却没有停步。
>
> 第五个人：踩着三轮车的蓝衣男子经过。
>
> 第六个人：另一摩托车男经过。
>
> 第七个人：黑衣男子开摩托车经过，不断回望小悦悦。
>
> 第八个人：一名中年女子带着黄衣小女孩经过，看了几眼没有停步。
>
> 第九个人：一个穿雨衣的摩托车男子经过。
>
> 第十个人：穿着蓝色短袖衣的男子在小悦悦身边来回两次，除了奇异的目光外再无动作……

同一日，天涯、网易论坛等社区针对群体性冷漠和社会道德沦丧展开讨论。

10 月 17 日，《成都晚报》头版报道冠之以"最冷漠的路过"。《佛山日报》头版头条发出讨伐："这一天，他们令佛山蒙羞"。

媒体甚至发出了要求 18 位路人公开忏悔的"召集令"，路人的冷漠被看成了恶的根源，恨不得拉出来示众。

2012 年 9 月 5 日，广东省佛山市南海区法院 5 日对"小悦悦"案作出一审宣判，案件被告人即肇事司机胡军被判犯过失致人死亡罪，判处有期徒刑三年六个月。被告人不服，提出上诉。[1]

二、18 名路人真的冷漠到见死不救？——探寻媒体报道的真相

新闻媒体的天职就是追寻事实真相。在小悦悦事件中，几乎所有媒体都把 18 名路人的冷漠和没有人性的见死不救作为报道的主要"事实"。一个天真烂漫的幼小生命被无端夺去确实令人惋惜，但媒体报道的事实是不是真实、准确？18 名路人真的如媒体呈现的那样冷血、无人性？

南方电视台率先播出的视频似乎是准确无误地显示了小悦悦被两辆车碾压之后，相继经过的 18 名路人均无动于衷、见死不救。但事后的调查和分析显示，媒体报道所依据的事实本身是大有疑问的。

亲眼所见未必为真，画面可能也会说谎。曾当过警察的苏州大学教授张成敏运用证据学和逻辑学，推理出小悦悦事件另外一些可能——18 名路人确有冷漠者，但可能不都是见死不救，而是没看见；司机也未必丧心病狂。

18 个路人成了公德"罪犯"，但证据支持这样的解读：事发时天色已黑，五金城没有开路灯；佛山市发布暴雨黄色预警，当时正在下雨，出事地点附近的铁皮屋顶被雨敲打，声音很响；市场杂乱、占道严重、车辆乱行；光线昏暗，视线不佳；更重要的发现是电视台播出的视频是经过高亮度增光的，但电视台并没有说明其视频作了增光处理，更没有说明监控摄像头有滤光和增光效果，以致很多新闻评论写到"大白天"发生如此事件，电视台的误导令人匪夷所思。如果只看电视，人们绝不会相信那些路人会看不见小悦悦。但各种证据显示，在无灯的嘈杂雨夜，肇事司机和路人很难发现倒地的弱小的小悦悦。张成敏教授分析，18 个路人可能有四种认知状况：（1）有的人根本没有看见小悦悦；（2）有的人视觉上看到了东西，但没有识别出是 2 岁的小孩；（3）有的人看见了，但并没有意识到发生了什么情况；（4）至少有一人已经承认看见——超过一个人看见并意识到情况是完全合情理的，这是一个合理概率范围的事情。[2]

更令人难以置信的是，电视台对本已增亮的视频还动了别的手脚：为了表现 18 名路人见死不救，竟然对监控录像的视频进行了"技术处理"，通过剪辑来夸大甚

---

[1] 参见《佛山"小悦悦"案宣判，肇事司机胡军获刑三年半》，见光明网，http://edu.gmw.cn/2012-09/06/content_4995575_3.htm.

[2] 参见《路人们真的都见死不救吗？——小悦悦事件的证据学分析》，载《南方周末》，2010-10-28.

至扭曲事实，以激发公众情绪。这种与新闻真实性背道而驰的做法，事后被《南方周末》组织的现场采访和专家分析所证明。网民从互联网络看到的视频，也多是该电视台裁剪过的这段视频。

媒体擅自剪裁视频，或许是为了让自己的新闻更有震撼力，借此作出的道德批判更天衣无缝，但这样的行为违背了新闻真实性原则，是严重背离新闻伦理的失德行为！

考察报道小悦悦事件的各家媒体，令人吃惊地发现，只有极少数媒体到事发现场进行了调查，大多数媒体并没有派人到现场调查采访，而是不假思索地一口断定司机无德、路人冷漠，在媒体自己设定的报道框架下推波助澜、摇旗呐喊。

在当时国内媒体清一色把小悦悦事件定性为"18个冷漠路人"的"道德大讨论"框架下，路人清一色地被媒介审判，也被新闻伤害。2011年10月24日，某网站推出的一期《被"审判"的路人——小悦悦事件追踪》，刊登了数幅大图来表现其中一位路人陈升在小悦悦事件后的生活状况。文中写道："在社会舆论漩涡和媒体审判的气氛中，夫妻两人的生活很受影响。"陈升在媒体的密集采访下，一遍又一遍地述说着："我真的没有看到，要是有看到，我会救的。"

我们无法否认，18名路人确实有冷漠者，但并不能断定都是见死不救。但不负责任的媒体煽动起汹涌的民意，干扰了公安机关独立调查，司法机关的独立裁判也难免会受到影响，特别是让人对国人的道德状况产生了空前绝望的情绪。

事件的真相被媒体"加工"了，事件的进程也被媒体热情地"导演"着。事件追踪报道中，小悦悦父母的微博被诸多媒体关注。但小悦悦的父母称并未开过微博，而是媒体的"好心人"帮忙开的。新闻媒体此举是为"制造新闻"，为吸引点击率和关注度。但这样做算不算"消费苦难"，是不是"好心"过头了？

关于媒体对小悦悦事件的报道，业界也有不同声音。《南方都市报》就发表评论《小悦悦事件冷漠背后的媒体狂欢》，对媒体报道进行反思——

> "这一刻，他们令佛山蒙羞"，媒体不失时机进行道德审判，这似乎还不足以表达佛山媒体的义愤填膺。我很奇怪，18名路人的冷漠之恶，与佛山高明区成腐败重灾区相比、与佛山"反补课英雄"肖兵老师的落寞相比，究竟谁更让佛山蒙羞？
>
> 我不是在为冷漠辩护，对生命缺乏基本敬畏的冷漠与对恶的麻木，都是这个社会罪恶渊薮的帮凶，因此在道德法庭上，这18名路人已经丧失了为自身辩护的权利。但是，轰轰烈烈的谴责活动，是否能够传递出温暖和希望？
>
> （媒体）这种不敢直面自己内心的自我陶醉和麻痹，以及充当道德法官的

姿态，多少会显得很滑稽。他们用近乎投机的方式，选择了一种安全甚至不需要任何担当和代价的方式，满足了自身的道德幻觉：既为自己对现实某些苦难的冷漠辩护，掩饰自身的懦弱，同时也宣示了自己的道德优势。

媒体自居道德制高点，发出不容分辩的批判，看起来特有气势和力量，其实反映了媒体的懦弱和浅陋。在这种居高临下的批判中，浸润着媒体对他人苦难的消费、对人性的冷漠和对媒体自身私利的追逐。媒体之所以血腥地展示车祸现场，罔顾儿童权利保护和公众观感，并不约而同选择了对路人横加道德批判，背后隐藏的主要是自身的利益考量：希冀最大限度地吸引受众眼球，为所在媒体带来注意力资源和广告收益。

媒体如此不当行为早已不是第一次。如在媒体热心鼓动、策划杨丽娟追星，最终导致杨父蹈海自杀的事件中，媒体行为的偏差及害处已被人深刻认知。有学者梳理了 2006 年 3 月到 2007 年 4 月间的媒体报道后得出结论，杨丽娟追星是一起由媒体导演的"传媒假事件"。传媒偏离了"记录者"的角色定位，某种程度上成为新闻事实的推动者和参与者。角色的错位不得不让公众怀疑背后传媒利益的"合谋"。传媒的新闻炒作表明了传媒的动机不纯，想通过炒作充实版面，吸引公众眼球，扩大自己的影响。这种功利主义的价值取向必然会影响社会的价值标准。① 正如《人民日报》就该事件发表的评论所说，"众多媒体热衷于报道这件事的每一个细节，和每个当事人的'控诉'，却唯独忘了自己。事实上，将杨勤冀（杨丽娟之父）最终推下大海的，可能有几只兴奋的手掌，其中用力最猛的，正是那些口水四溢的娱记和他们背后渴望吸引眼球、推高发行量的传媒老总。"② 媒体超越了自身应遵循的行为边界，对杨氏家庭悲剧产生，负有不可推卸的责任。

小悦悦事件报道再次暴露了媒体盲目炒作新闻的行为逻辑，让人更加警惕媒体行为给社会带来的不良影响。小悦悦事件报道不仅应该拷问路人的良知，更应该追问媒体的良知。

三、媒体到底该做什么？——媒体社会责任承担与监督

媒体怎么做才算是有良知？我们从一起发生在美国的相似案例，看美国新闻媒体的行为，以更好地认知媒体的行为准则和社会责任。

---

① 参见陈力丹、刘宁洁：《你没有责任吗？——疯狂追星的传媒责任分析》，载《新闻与写作》，2007（5）。
② 李泓冰：《谁害死了追星女之父？》，载《人民日报》，2007 - 03 - 30。

2008 年 5 月 30 日，美国康涅狄格州首府哈特福德市的公园街区也发生了一起类似小悦悦事件的车祸。78 岁的老人托里斯准备过街回家时，被一辆飞速驶来的本田车撞倒在路上，血流一地。肇事车一路飞奔逃逸。随后，9 辆汽车从老托里斯的身边驶过，但没有人下车察看老人的情况。路边的行人目睹了事故之后也无动于衷，其中一些人走上前去但都没有靠近，更没有人去阻挡路上驶过的车辆，避免老人再次被压。直到一分半钟后，一辆巡逻警车从事故现场经过，才将老人送到医院。老托里斯颈部以下瘫痪。对老托里斯的遭遇，哈特福德警察局局长罗伯特感到极其愤怒，他公开发表讲话说："人们怎么会这么没人性，这实在是不可思议。我们的心中好像不再有一个道德罗盘。什么都变了。"当地报纸随即在头版显著位置用了"毫无人性"这样的标题。自此，哈特福德开始了一轮"寻找灵魂"的大辩论。地方论坛上充斥着各种各样的读者评论，其中不乏攻击性言论。几天后，哈特福德市警方公布了"天网"拍下的视频，迅速传遍全美。大家都在谴责肇事者和路人的冷血，哈特福德"见死不救案"成了这个城市的耻辱。在这种情形下，新闻媒体还是为这些"冷血的路人"提供了答辩或回应的机会。

经过辩论，媒体找到了路人冷漠的"两大理由"：一是警方公布的视频资料不完整，路人虽没有靠近，但有 4 个路人报警。哈特福德官方证实，这段视频并不完整，根据当时的报警记录，一共有 4 个路人报警，有人叫救护车，也有人向警方详细地描述了肇事车辆的外形和逃跑方向。其中 37 岁的汉尔就住在附近，也认识老托里斯。他说，看到他一直在流血才没敢帮忙，因为没有相关的急救技巧。另有人说，都"怪"警察来得太快，事发后一分半钟警察就赶到，而在此之前，他们都懵了，根本不知道自己要做什么。还有一些路人则真的是怕麻烦。他们说，自己以为老托里斯是被枪击倒地的，又或者他们不习惯和警察打交道。总之，接受采访的人能够说出一堆理由，但无疑，这其中有的人确实自私而冷漠。二是经过社会学分析，发现事发现场的街区多住流浪者，人际关系冷漠。他们认为，假如该事件发生在隔壁的街区，那么大家反应会很快，因为那里有更多的商业场所，人们的社群归属感也更加强烈。

总之，警察局局长的言论赢得了从市议员到普通市民的认同，他们都认为这个城市需要重新寻找良心。而新闻媒体也积极参与了这场道德反思和重建。车祸事发之时，许多媒体都连篇累牍地报道了此事。但是，这个事情并没有因为风头一过而立马走出当地媒体的视线。媒体除了在自己的地方网站上组织起连市长都吃不消的大讨论以外，一直及时报道老托里斯的情况。2009 年 5 月 11 日，老托里斯逝世。当地媒体的标题是《托里斯走了，现在，你还会袖手旁观吗？》。也是在当月，犯罪嫌疑人被捕。

当地媒体在车祸发生一年之后重新访问了民众，想知道这件事情对他们的道德观有什么改变。一位女士说，自己在市中心看到有位老奶奶突然倒下，所有人都停下脚步帮忙。她的朋友说："大部分哈特福德市民都会互相帮助。"警察局局长罗伯特告诉媒体，这一次，他不再耻辱，反而以这个城市为傲，因为在逮捕犯罪嫌疑人的过程中，许多居民都提供了帮助。媒体与社会一起行动，还建立起两个全新的社群组织——"哈特福德犯罪阻止者"和"哈特福德关爱者"。当地媒体评论说："这都是老托里斯留下的'遗产'"①。

在媒体的参与和行动下，良心的回归如今成为哈特福德这座城市的骄傲。而我们，在媒体的无情挞伐和围观下，却造出了一片道德的荒漠，让本已冷漠不信任的人际关系更加雪上加霜。在小悦悦伤重离世之后，新闻媒体的关注目光随之移走，逃逸司机的法律责任、父母作为监护人的责任、市场管理人和政府作为公共服务提供者的责任，一大堆本应该媒体关注的问题依然是问题，道德没有建设，冷漠依旧存在，甚至经过媒体报道，这种冷漠更加放大。

有媒体认为，说现阶段国人普遍冷漠也许对，这18名路人中也许有人真的冷漠。但要消解这些冷漠，单单对这18名路人搞道德上的民粹主义是不行的。当然，媒体要救世道人心也对，但要从厘清责任、解决问题开始，当一个社会人人尽本分了，世道人心自然就不药而愈。其中，媒体的作用不可忽视。针对媒体发挥的作用，有论者甚至认为，某种意义上，我认为18名路人对小悦悦幼小生命的冷漠，是最近一两年来所谓"老人倒地扶不得"这一社会现象恶性发酵的后果，是与媒体的不当报道有一定关联的。首师大日前发布的一组有关社会信任的调查数据就显示，在针对时下热议的"老人摔倒该不该扶"的问题上，尽管有高达64.8%的受访者认为围观民众该扶起老人，但在不扶老人的原因中，更有高达87.4%的民众认为怕惹祸上身。媒体在报道有关"老人摔倒反诬救助者"的事件中，很少有去进行扎实的调查，还原事情的经过及影响，一些报道甚至都不去采访一下当事人，这样的报道出来后就难以谈得上客观、公正和全面，它只把事情的一个方面或表象呈现给人们，而看不到事情的全部真相。再加之媒体在用词造句或标题制作上为追求一种所谓新闻效应，用诸如《又一起南京"彭宇案"》、《又一起天津"许云鹤案"》等刺激性题目，从而给人一种感觉，老人的摔倒诬人，并不是一个个案，而是社会的一

---

① 参见《一个老人改变一座城市　美国版"小悦悦"让良心回归》，载《广州日报》，2011-10-19。

种现象。①

媒体在追问他人责任的时候,不能忘记自己的社会责任。美国新闻自由委员会(或称哈钦斯委员会)围绕新闻自由和防止新闻界滥用权利的问题,发表了《一个自由而负责的新闻界》报告,提出:"对于整个社会的价值观和目标,新闻界有一种相似的责任。……我们必须承认,大众传播机构是一种教育机构,而且也许是强大的;它们必须在陈述和阐明本共同体应该为之奋斗的理想中,承担起教育者那样的责任。"② 正是由于传媒的内容具有示范的作用,是构成社会文化环境的重要组成部分,对社会道德风气和价值观的形成,尤其是未成年人的社会化过程具有很大的影响,所以,传媒在新闻传播活动中需要确立自己的社会责任,无论什么情况下,都不能为了所谓的"眼球效应"、经济利益而忽视甚至彻底放弃传媒应该承担的社会责任。③

道理不可谓不明,但现实情形却是不以学者良好意愿为转移地向下滑去——新闻媒体各种道德失范现象屡见不鲜,并愈演愈烈。记者收红包由小打小闹变成了高额的封口费;挥舞舆论监督的"大棒"对企业进行敲诈勒索,早已不是个别无良记者的个体行为,而是演变成为媒体的组织行为。有一家地方城市党报甚至撤销了广告部,广告部的职能分解到各新闻采编部门的记者编辑头上,他们根据分工不同,承担数额不等的广告创收任务,完成任务者就能拿到可观的绩效奖金。在金钱利益这一诱人的"胡萝卜"驱动下,各新闻采编部门主任带领麾下记者,以冠名堂皇的"舆论监督"的名义,以寻找可以换钱的报道对象和题材为"第一要务"。企业掏钱就范,就收起事前写好的"舆论监督稿";企业不投广告不拿赞助,就发表批评报道,把企业名声搞臭。而企业视名声为身家性命,少有置之不理的,频频得手的媒体也就屡试不爽。

2012 年 4 月 18 日,国家新闻出版总署、全国"扫黄打非"工作小组办公室、中央纪委驻新闻出版总署纪检组联合发出通知,在全国开展打击"新闻敲诈"治理有偿新闻专项行动。这次专项行动打击和治理的范围包括:社会机构或人员假冒新闻单位或新闻记者搞所谓的新闻采访活动及利用"采访"活动敲诈勒索;新闻记者利用采访活动牟取利益,接受企业和公关公司"红包";报刊出版单位及其工作人员以新闻报道形式发布广告,搞有偿新闻或"有偿不闻"等。

新闻出版总署等职能部门部署专项治理,说明"新闻敲诈"已非罕见的个例,

---

① 参见邓聿文:《从小悦悦事件反思传媒的责任》,载《新快报》,2011 - 10 - 20。
② [美]新闻自由委员会:《一个自由而负责的新闻界》,15 页,北京,中国人民大学出版社,2004。
③ 参见陈力丹、刘宁洁:《你没有责任吗?——疯狂追星的传媒责任分析》,载《新闻与写作》,2007 (5)。

而是已成常见现象；专项行动还在进行中，这几份报纸就在"顶风作案"，说明治理任务任重道远，还远未完成。

客观地说，市场经济环境下，新闻媒体已踏进市场，即使是党报，也要靠获取广告收入来维持自身运转并实现再生产。经济效益是现代传媒活动无法忽视的问题，市场经济利益的刺激是传媒发展的推动力之一。市场化、商业化为传媒带来了难得的发展机遇和明显进步。但是，无论在什么样的社会环境中，经济效益都不该成为传媒活动的首要目的，甚至是唯一目标。这是由传媒角色的社会性质决定的。媒体从来就不是一般的企业，不能完全按照市场规则运行。梁启超先生说，报纸的天职在于：监督政府、向导国民。把自己等同于一般企业的新闻媒体，肯定担当不了这一使命。

传媒的社会责任与新闻自由的权利一样，都是新闻业良性发展的立身之本。但中国的现实情形是，新闻自由作为一种制度性权利还不存在，新闻记者的权利不能得到有效保护；传媒的社会责任内涵不清，尚未形成共识，责任承担机制也形同虚设。这种状况造成不自由的媒体反而过度恣意妄为，在面向处于弱势的被报道对象（公民个人和企业），媒体屡屡使用"新闻暴力"，对公民合法权益加以侵害，对企业肆意敲诈勒索，借所谓舆论监督换取广告投入。为官方所深恶痛绝的媒体"三俗之风"（低俗、庸俗、媚俗）为什么总是难以禁绝？秘密就在于：以煽色腥的信息来迎合受众并不高尚的需要，往往比对公共议题的严肃讨论更能吸引公众注意力。这类内容与小悦悦事件中媒体的道德讨伐一样，成了不少媒体赖以生存的"财源"。

商业化，让媒体获得了一部分自由，但无处不在的生存压力又给它们套上了经济的枷锁，变得更加不自由。从宏观上看，中国的传媒体制下，媒体的宣传工具属性、市场角色和公共功能难以化为一炉，多重的社会角色和功能相互冲突与错位，让媒体进退失据、方寸大乱。从微观上说，新闻媒体没有有效的自律制度，就难以克服商业化带来的弊端。而我们的新闻媒体自律规范恰恰是虚置的，甚至连真正的共识都未形成。中国记协制定的《中国新闻工作者职业道德准则》多为政治性表述，专业性不够，难以发挥规范新闻职业行为的实际作用。

新闻媒体的站位往往决定其思维和视角。媒体对事件有怎样的归因，就会相应地体现出怎样的报道框架。传媒社会学认为，由于社会事实的复杂性，媒体报道都是精心选择的结果。选择的过程很大程度上也就是框限事实的过程。媒体通过将问题和事件放在某个特定的环境里，从而为受众提供用于理解信息的基本框架。同样的新闻事件，严肃媒体会秉持理性、专业精神，去深入调查、平衡报道，力求客观、中立地反映事实真相；不负责任的市场化媒体，往往想到的是炒作、哗众取宠和吸引人眼球。新闻是要追求"新"，但新闻炒作产生的"新闻"往往是一种"垃圾信息"，它会使得社会公众关注的焦点集中在不值得关注的事情上，而忽视了那些应该受到关注的新闻事件和社会群体。媒介审判往往也与新闻炒作有关，目的是吸引眼球，获得注意力资源。媒体如此行为所追求的是事件的轰动效应，而不是事件的社会意义；是卖点，是眼球经济，而不是公益、公共领域的建构。所看重的是读者手中所持有的"货币选票"，而不是媒介在社会走向民主化、法治化进程中应尽的责任。白岩松说，把自己打扮成卫道士和正义者的媒体要反思，在报道中用吸引人眼球的方式其实是在鼓励仇恨。在小悦悦事件中，媒体报道除了引来舆论对18名路人的愤怒声讨，也加剧了国人对社会道德水准的恐慌和不信任。

最过瘾的批判需要最坏的故事。可以说，对路人道德挞伐最起劲的媒体就在制造这样的故事。

媒体报道可以诉诸情感，但情绪宣泄应适可而止。事实观察比道德判断更重要。没有理性，事实判断会发生偏差，道德批判之矛会矛头不正。媒体要建立态度，必须先搞清事实，做到事实和态度分离。在发出道德评判之前，要努力逼近事实，还原事实真相。从以上分析看，参与小悦悦事件报道的电视和报纸媒体并没有做到这一点，有的媒体甚至不光彩地对视频进行剪辑。不客气地说，对新闻事实的剪裁其实就是造假，是严重违背新闻真实性原则的行为。

小悦悦事件报道中的偏颇和过分之处应被批判，其中的虚假报道成分也不应忽视。有学者将媒体对小悦悦事件报道中出现的问题进行了归纳，主要有以下几点：第一，报道缺少人文关怀。第二，路人被媒介审判和新闻伤害。第三，报道缺乏平衡，分析材料提供不足。[①] 单凭想象来写新闻、剪裁事实，报道往往与事实有较大出入。特别是在一些社会事件报道中，不少记者喜欢先入为主，自行判断或设定采访对象的对与错，以"卫道士"和正义化身自居。采访过程中不客观、不中立、不冷静、不深入，往往流于情绪化和孤立化地看问题，呈现的新闻真实甚至与客观真实相去千里。

近年来，新闻媒体的虚假新闻问题突出，其中很多并不仅仅是因为业务能力和判断能力低下造成的。国家新闻出版总署对《上海证券报》、《时代周报》、《人民政协报》、《青年时报》4家转载引用虚假报道的报纸提出严厉批评，下达警示通知书，并责成报社对相关责任人作出处理。2012年8月，经济观察报社因连续刊发虚

---

① 参见谷月、王君一：《媒体对"小悦悦事件"报道存在的问题及反思》，载《新闻世界》，2012（1）。

假失实报道被处罚。① 张冠李戴，添油加醋，乃至于与事实相违的报道屡屡出台，不少报道就是媒体不惜牺牲报道的真实性和准确性，挥动道德武器，激起公众道德愤慨，给媒体带来了关注度，达到了目的。其实这种愤慨应该指向媒体。

新闻媒体有对公众负责的道德义务。传媒在追逐报道热点的时候，不能忘记自己的社会责任。记者的目标是要抛开那些先入为主的假设和偏见，以一种健康的怀疑眼光去从事调查。新闻媒体理应比许多企业更加透明，因为其工作成果要不断受到人们的审视。新闻工作者也应该经常批评和质疑彼此的工作。而作为受众，公众可以拒绝那些不够标准的新闻。媒体应对偏离通常职业规范的情况加以解释，并邀请读者参与讨论，并鼓励他们提出问题和投诉。所有新闻媒体都会出差错，应该通过整个编辑过程中建立核实程序来努力减少差错。但是，当确有差错发生时，应该立即承认并明确予以纠正。

互联网时代传播格局的深刻变革，带来了作为权力资源的传播资源的社会化分享，传统意义上的受众第一次拥有了巨大的传播话语权，新闻媒体也面临有史以来最大的一场变局。在媒介化时代，人们头脑中90%以上关于这个世界的认识来源于媒介传播的"塑型"。喻国明教授认为，在web 2.0时代，媒介的代言者角色逐渐弱化，而意见平衡者的角色日渐凸显。媒体的专业责任就是实现社会表达的意见平衡、关系的平衡、设置情绪的平衡。② 在小悦悦事件中，媒体没有担负起意见平衡者的角色，对事件的报道只注重速度，虽然也跟踪报道事件的进展，但缺乏对事件的深度剖析，导致一度出现对社会公德绝望的舆论。"传媒应该更好地区别花边新闻和重要新闻，去关注那些影响了某一社会群体的生活，或全社会乃至全人类生活的事件。"③

新闻媒体的良知是什么？在一系列的价值冲突中，媒体如何找寻和把握自身的责任？除了正面宣传、树典型，抑或猎奇、炒作、追逐轰动效应之外，媒体有没有另一个选项？在监督公权力和保护公民权利（包括小悦悦在内的儿童权利）之间，如何形成新闻媒体的自我规范机制和道德准则？

置身中国现实，我们认为，建基于学界、业界和社会公众普遍共识的新闻评议组织，是形成有效的媒体自律之必需。借助这种行业和社会力量，在对媒体行为的不断纠偏和校正中，媒体行为规则的共识才能被认同和坚守，小悦悦事件报道中的媒体角色偏差和责任错位才有望避免。

① http://www.gapp.gov.cn/cms/cms/website/zhrmghgxwcbzsww/layout3/index.jsp?channelId=511&siteId=21&infoId=763782.
② 参见喻国明：《"关系革命"背景下的媒体角色和功能》，载《新闻大学》，2012（2）。
③ ［法］克劳德-让·贝特朗：《传媒职业道德规范与责任体系》，71页，北京，商务印书馆，2006.

"最残忍的采访"与中国新闻伦理

——犯罪新闻报道中的受害人保护

一、杨武事件：何以成为"最残忍的采访"

2011 年发生在深圳的一起入室强奸案因媒体的不当报道，被称作"最残忍的采访"。

10 月 22 日晚上，联防队员杨喜利手持钢管、警棍闯进其同乡王娟（化名）的家中，一通乱砸后，对她进行长达一个小时的毒打和强奸。王娟的丈夫杨武（化名）则躲在几米外，不敢做声，眼睁睁看着妻子遭此横祸。

随后媒体的报道则给了受害人身心又一次打击，让受害人受到"二次伤害"。

11 月 8 日，《南方都市报》发表记者成希采写的题为《妻子遭联防队员毒打强奸 丈夫躲隔壁"忍辱"一小时》的长篇报道。之后又发表一篇。两篇报道均为 4 000 多字的长文，是关于此事的第一组报道。

本来新闻媒体应针对强奸犯罪行为展开舆论监督报道，但媒体却偏偏"剑走偏锋"，报道的重点不是揭露强奸嫌疑犯，而是揭示强奸受害人的丈夫如何无能和懦弱。报道称，31 岁的安徽阜阳人杨武与妻子王娟在深圳宝安区西乡街道租房开了间修电器的小店。10 月 23 日晚，杨武的同乡、西乡街道社区治安联防队员杨喜利来到他们家，毒打并强奸了王娟。杨武出于恐惧，在杨喜利对妻子施暴的过程中始终躲在杂物间报警，未敢出来制止。面对后来的责骂，杨武称自己"软弱、窝囊、没用，是世界上最窝囊和最没用的丈夫"。具有讽刺意味的是，杨武竟然是该事件的新闻报料人，《南方都市报》支付了其 500 元的线索提供奖。而媒体似乎由此取得了侮辱和损害当事人的"资格"。

《南方都市报》的报道引来众媒体蜂拥追踪。为了报道这条新闻，多家媒体的记者找到杨武家，用摄像机、相机、话筒和录音笔将杨武及王娟团团围住，一遍又一遍地向他们逼问事件的经过，尽管《南方都市报》此前的报道已经描述了受害人王娟的精神状态，称她"自事发后一直躺在家中不愿见人，也不愿与人对话，不吃不喝，精神失常，还时常撞墙"，并有自杀行为，但蜂拥而至的媒体依然找上门，话筒伸向蜷缩在被窝里的王娟，甚至还有记者追问受害者案发的经过和感受，一直逼问到王娟用被子捂住脸，杨武痛哭流涕地下跪哀求，用带着哭腔的声音说："我忍受的是所有男人不能忍受的耻辱和压力，我不愿意回忆，求求你们了，出去好吗？"

11月9日，安徽《江淮晨报》对此事的整版报道更是配上了这样的报道标题：《"我是世界上最窝囊的丈夫"　是的，你还好意思说！》。

《东南快报》的标题是《"我是世界上最窝囊的丈夫"》。

虽然报道中受害人使用了化名，但报纸刊登了杨武住所的外景和受害人照片，当事人的容貌是清晰呈现的；受害人痛哭流涕的表情还被没做任何遮掩地呈现在电视画面上。

媒体的表现引来公众愤怒和强烈非议，也引发了恶劣效应，女受害人因此而多次寻求自杀。

11月12日，《中国青年报》发表《"最残忍的采访"有违新闻伦理》[①]，率先对媒体的行为进行反思。

《江淮晨报》在官方微博上作出道歉："在制作标题时，我们只是浅薄地对受害人杨某'哀其不幸，怒其不争'，未能做到应有的公正、公平，给受害人及读者带来了伤害，在此表示道歉。"

许多声音都质疑媒体记者道德的底线到底在哪里，甚至连首发该报道的《南方都市报》内也有记者（纪许光）在微博上质疑："这样长枪短炮地对着一个刚刚遭遇不幸的女人，于心何忍？"他呼吁："忏悔吧！记者首先必须是一个具有基本道德判断的人！而不是冰冷的信息传播机器。"

作为首个报道者，《南方都市报》记者成希也被网友呼吁道歉，但成希在接受天涯论坛的访谈时称："事发十几天，杨武跟很多媒体求助过，但都没有得到任何回应……他找到了我们，我立即赶到现场进行采访报道，应他的请求报道此案。至于其他媒体粗暴采访，跟《南方都市报》无关。"他还声称："在新闻伦理上，我们

---

① http://zqb.cyol.com/html/2011-11/12/nw.D110000zgqnb_20111112_4-01.htm.

做了很大克制。……原本我们是有机会跟他妻子对话的，但看她情绪过于悲伤，根本不忍打搅，只是看了一眼她。"但他承认，他在报道中个别表述在报纸上呈现"确实有所不妥"，比如他在与杨武的对话中直接对他说："你太懦弱了。"

中央电视台记者柴静在个人博客上发表对此事的看法：部分媒体不顾当事人隐私强行曝光事件也是一种暴力行为，本案的报道手法是对于新闻的羞辱。她写道："这样一个新闻，被毫无尊严地、粗暴地曝光于他们的邻居、父母、孩子面前。他们确实不知道怎么反抗暴力，对自己最脆弱的保护，只能用袖子掩住脸，来避开采访。是的，这是一场羞辱，但不是他们的。"

《新民周刊》记者杨江认为："我们一些同行像狼外婆一样对受害人表演同情，生硬揭开伤疤，'循循善诱'刺激受害人痛苦回忆、掩面而泣甚至精神失常，这样做很不道德。"他认为，强奸时的过多细节，如时间、动作、声音等压根就不是新闻所需要的，"这个事件中，案犯反倒不是新闻核心，很荒谬。"

新浪微博上的一项关于此事件中"最该反思的是什么"的调查显示，2 853 名投票者中，有43％的人将票投给了"媒体不应泄露受害人隐私，并造成二次伤害"，另有22％的人认为"媒体报道失当，如指责丈夫杨武窝囊怯懦等"。

很多人将这些媒体的做法斥为"媒体暴力"。

二、媒体为何"偏爱"受害者

近年来，各类事件中的受害者成了媒体关注的热点，特别是刑事案件的受害人频频被媒体聚焦，血淋淋的照片见诸报端，受害人痛苦表情的画面出现在电视屏幕上。如发生在2010年的系列校园血案中，多数媒体对受害儿童及家长进行真名报道，还刊发未经处理的未成年受害人照片，这种做法引起社会公众强烈不满。

媒体为什么要这样做？原因是市场化媒体往往把社会新闻当做吸引受众眼球、谋求经济效益的"利器"，不仅追踪违法犯罪新闻中的加害人，连受害者也成了报道的"富矿"。媒体把受害者当做开拓新闻市场的工具，尤其是受害者有激烈反应时，更有"新闻性"，捕捉受害者的表情、语言和行为，成为媒体提高收视率、发行量的利器，因此追逐受害者变成新闻媒体的"黄金定律"[1]。

---

① 参见许琼文：《新闻记者采访报道受害者应面对的新闻伦理：多元观点的论证》，载台湾《新闻学研究》，2009（7）。

在犯罪新闻报道中，刑事被害人可能因媒体行为而"二次受害"。在实践中，对被害人权利关注的缺失导致被害人在新闻媒介呈现中边缘化、被动化，媒体的报道往往不是医治被害人受伤心灵的良药，反而是往受害人伤口上撒盐。记者打着同情的幌子，把受害者的伤痛和泪水当做高潮，往往各家媒体蜂拥而上，根本不管受害者的意愿和感受。这种情况和采访报道犯罪新闻的嫌疑犯一样，没有规矩。或者说只遵循一个规矩，就是所谓新闻价值。典型表现就是不顾当事人死活而抢新闻、对被害人的同情演变成冷漠的展示、新闻传播的警示效果蜕变成对犯罪行为的宣扬。这方面的一个极端例证是 1997 年台湾媒体对知名艺人白冰冰之女白晓燕被绑架案的报道。在白晓燕被绑架案报道中，台湾媒体极尽炒作、煽情之能事，往往抢在警方行动之前公开案情，对警方侦查活动采取全天候跟踪报道，甚至采取秘密摄像、秘密盯梢、窃听信息等手段，严重干扰警方正常侦查活动，并给犯罪嫌疑人潜逃提供了信息。当绑匪发出恐吓信和被害人白晓燕上半身裸照给白冰冰时，竟有媒体把裸照刊登于显著版面。在白晓燕被歹徒残忍撕票之后，还刊发白晓燕双手反绑、全身赤裸、面目全非的大幅尸体彩照和特写镜头。媒体这种做法引起了公众抗议。①

2010 年 8 月 23 日上午 9 时左右，一辆载有 22 名香港乘客的旅游车在菲律宾马尼拉被菲前警察门多萨劫持。近 11 个小时后，菲警方实施突击解救行动，8 名香港游客死亡，6 人受伤。人质事件结局令人悲伤，而该事件中媒体的行为，特别是多家电视台的现场直播颇被诟病。菲国家警察署发言人克鲁兹透露，在人质解救的关键时刻，曾有一些媒体人通过各种渠道联系劫匪门多萨，其通话目的竟然是怂恿劫匪"不要接受"警方的条件，以便这个"新闻热点"更吸引人！如果事实真的如此，那么这些媒体不仅丧失了新闻人的职业操守，更丧失了人性，不顾被绑架者的生命安全，变成只知追求残暴"热点"的帮凶。

有的媒体，特别是市场化媒体为了吸引受众眼球，谋求经济效益，有意迎合受众猎奇心理，将犯罪情节、作案手段、对抗逃避侦查的方法等进行淋漓尽致的描述，甚至把犯罪分子"英雄化"，不惜渲染作案细节，暴露犯罪情节，以满足公众知情权为名进行毫无顾忌的"裸报"。

体现对生命的尊重，是对犯罪新闻进行报道的出发点。这应是妇孺皆知的常识。为什么这一常识不被媒体遵循呢？

---

① 参见陈绚：《也谈"新闻自律"——从台湾"白晓燕"事件和英国"戴安娜"事件说起》，载《国际新闻界》，1998（1）。

三、媒体采访报道受害人的正当理由

新闻媒体为什么要报道受害人？媒体往往会辩称：这样的报道受众喜欢看，他们只好提供，是满足公众的知情权，或者说报道有警惕、教育的效果等等。媒体采访刑事受害人、从事犯罪新闻报道的正当性是什么？边界在哪里？①

犯罪新闻是法制新闻的重要内容。按照宪政理论，知情权（right to know）被认为是从言论自由（freedom of speech）引申出来的一项"潜在"的权利。言论自由，指公民有发表意见、交流思想、抒发感情、传播信息、传授知识等而不受干涉的自由。广义的言论自由与国际人权公约中的表达自由基本同义。表达的前提是要获知和接受表达内容，即知情。新闻媒介的犯罪新闻报道是公民获知案件信息和表达意见的有效渠道。犯罪严重威胁着社会公众的人身自由和安全，因而知悉犯罪的动向、犯罪的形态以及犯罪地域分布等是社会公众知情权的应有内容，媒体的犯罪新闻报道有助于公众实现此种知情权。校园血案、人质事件这样的公共安全事件与公共利益关联，公众理应有权利获知真相。如果媒体不报道，对真相不知情，势必造成恐慌的蔓延、安全感的降低、社会信心的丧失以及偏激的观点。而在互联网时代，延续过去捂着盖着隐瞒不报的做法弊端多多而且几无可能。对"最残忍的采访"所涉及的强奸犯罪案件，媒体也可进行正当的舆论监督。

新闻媒体的一个重要功能就是社会监察功能。所谓社会监察功能（public surveillance）就是大众传播通过如实、客观、迅速、广泛地传播各种信息和意见，帮助人们特别是政府认识所处的环境，引起警觉，及时应对调控。社会监察的内涵与我国的舆论监督相近。公众知情和表达的范围应是与国家和社会公共事务有关的人和事。大众传媒作为社会的瞭望者和"安全阀"，一旦异常情况、特别是涉及人身安全的事件发生，就有必要第一时间进行报道，并且发出预警信号。

媒体有助于帮助公众参与公共事务、监督公权力运行。公众有权知道和他们生活息息相关的信息，包括公共安全信息，政府有义务提供相关信息。这是现代宪政制度下公众参与公共事务、监督公权力运行的需要。英国法谚云：正义不仅应当得到实现，而且应以人们能够看得见的方式得到实现（Justice must not only be done, but must be seen to be done）。与信息公开的潮流相适应，过去秉持的刑事侦查适度公开替代了秘密进行的原则。在刑事案件侦查的特定场域，公众的知情权维系于

---

① 参见张文祥：《犯罪新闻报道的价值冲突与平衡》，载《国际新闻界》，2011（1）。

侦查公开。没有侦查信息公开，知情权只能是一句空话。在我国，允许媒体进入侦查阶段进行报道是信息公开的必然要求。因此，刑事侦查程序应当公开、透明，"以便使或许是社会唯一制约手段的舆论能够约束强力和欲望"①。媒体在第一时间报道校园血案、人质事件，并对随后的刑事侦查活动进行报道，对公权力良性运行能发挥重要监督作用。

对犯罪新闻进行报道是基于公民的表达权和知情权。而这两种权利并不是不可克减的绝对性权利。表达权和知情权的相对性及其界限，体现在与公共安全、公共秩序的保持、公正审判的维护、公民人格尊严等同样重要的价值之间的平衡与协调。在对刑事案件所涉的犯罪嫌疑人、受害人和侦查权运用等报道中，集中体现了多种价值之间的冲突与取舍。"最残忍的采访"、校园血案、人质事件报道之所以引起公众质疑，原因就在于报道对这种多种价值界限把握的模糊和恣意侵越。

这种模糊和侵越，使得媒体报道的正当理由具有了损害人权、违反法律、违背新闻伦理规范的性质。因此，从媒介伦理和传媒法视角，探讨犯罪新闻报道与其他价值之间的冲突与平衡，明确犯罪新闻报道规范，对改进新闻报道受害人保护尤为必要。

四、犯罪新闻报道失范的伦理探源

在"最残忍的采访"中，各媒体不是对犯罪嫌疑人的犯罪行为进行舆论监督，而是过多地关注强奸细节，揭示强奸受害人的丈夫如何无能和懦弱。有学者提出，如此报道主题的选择，反映记者人性的缺失。②笔者认为，媒体如此行为，是新闻伦理缺失的表现，是记者无德的结果。

"最残忍的采访"突出体现了商业利益对市场化媒体行为的侵蚀与扭曲。犯罪新闻具有商业价值，可以增加发行量和提高收视率。犯罪新闻成了媒体吸引受众的便捷工具，成为新闻竞争的场域。

犯罪新闻不仅仅具有社会规范功能，而是已成为媒体追逐的一种资源，通过媒体呈现，公众也养成了对犯罪新闻固定消费的胃口。但这种胃口并不全是严肃的调查和讨论，很多是血淋淋的展示，或者对被害人隐私的披露。研究表明，越是严重的犯罪越有新闻价值，越年轻或越年老的受害者越会引起重视。新闻业界认为，受

---

① ［意］切萨雷·贝卡利亚：《论犯罪与刑罚》，25 页，北京，中国法制出版社，2005。
② 参见陈力丹：《论传媒的"二次伤害"——以"联防队员入室强奸"案的报道为例》，载《新闻与写作》，2012（1）。

害者成为消息来源会使得新闻价值提高，也使得新闻本身更受舆论重视。电视新闻注重视觉形象，报道的内容更强调现场感和视觉效果，注重感情诉求。平面媒体重视事件分析与描绘细节。电视媒体比平面媒体更喜欢追逐犯罪新闻，更倾向通过展示画面、描述犯罪细节，重视视觉刺激与戏剧化的报道方式，来吸引受众的注意，争取收视率。

除了犯罪新闻，各种灾难、意外事故因为有相似的特性，可以归类为社会新闻，在各类媒体中都有举足轻重的地位。研究显示电视新闻比较会夸张事实，而公众对犯罪现象的认知也比较倾向大众媒介所塑造的形象。为什么电视比较夸张呢？美国一个地区通常只有一家报纸却有很多电视台，竞争的结果就让电视台试图发展一种能吸引观众与广告主的营运方式——犯罪新闻。而且好新闻对电视新闻而言就是最快的新闻，但是追求最快的情形下就失去正确，追求快又吸引人的新闻，使得电视台特别钟爱杀人、火灾或重大意外的社会新闻。

但和西方媒体不同的是，我们的新闻媒体和记者没有成型的、有效的伦理规范约束自身行为，往往恣意妄为而不受约束。记者采访受害者与家属之所以造成"二次伤害"、"三次伤害"，第一个原因是记者脑子里压根没有相应行为应遵循的伦理规则，也就是学者说的中国记者还没形成采访报道行为的伦理和法律共识。第二个原因是，即使朦胧中有点伦理规则，但这种伦理规则多是以传播者为中心，并未充分尊重受害者的利益和自我决定。往往以公共利益或公众的合理兴趣为自己行为辩护，造成报道血淋淋、生硬地揭伤疤，正义的报道者成了公众质疑的"狼外婆"。

越是商业化程度高的媒体，越倾向于对受害者言行表现的细节呈现，其效果近乎"消费"受害者，把受害者的苦难当做娱乐对象。在台湾媒体中，受害者被呈现的形象也倾向娱乐为主的新闻。有学者以被拍摄的情事与场景来划分消息来源是提供事实、还是情绪性的反应，以感官主义研究所使用的影像策略、镜头策略、视觉效果、听觉效果、是否有重建现场的表现手法，观察新闻是否强调视听觉的刺激、是否有模拟现场的八卦式报道。结果发现消息来源中，被害者与其家属高居第一位，采访的议题，提供了解案件所需的事实占少数，多半是比较赚人热泪的痛哭、追忆或是动手打加害者等画面，拍摄策略倾向以特写、近景显示冲突，偷拍现象仍然存在，记者还会以俯视的角度拍摄被害人及其家属，有的媒体还会使用慢动作的后制效果，令受害者在镜头前更显无助，增加观众的同情与怜悯。在声音方面配乐的情形不多见，但是普遍使用新闻人物的现场自然音，这些声音多半是哭声、悲愤的叫声、法事声、呼喊亲人名字声等，勾起受众的同情怜悯的心情，戏剧化的效果似乎比配乐更强。①

从事犯罪新闻报道的记者常常以为对受害人使用化名，或画面对受害人脸部或眼部做马赛克处理，就是对受害人的尊重和保护。从"最残忍的采访"看，仅仅做到这些是很不够的。对受害者采访报道时，记者第一个想到的常是知情权和公共利益，并以此为自己行为的正当性进行辩护；或者自认为已经参考了一些新闻伦理守则，尽量不要伤害受访者，但是结果却常是伤害受害者。到底新闻记者实际操作中，所根基的新闻伦理出现了什么问题？

我国现有的新闻伦理规范只有中国记协制定的《中国新闻工作者职业道德准则》，六条准则分别为：全心全意为人民服务；坚持正确的舆论导向；遵守宪法法律和纪律；维护新闻的真实性；保持清正廉洁的作风；发扬团结协作精神。准则的内容政治性大于专业性，内容笼统，偏重原则性，针对性不强，难以对新闻记者具体职业行为提供指引。新闻实务中实际起作用的伦理守则主要依靠老记者带新记者的"师徒制"，徒弟模仿师傅，规则含糊、不定型，而且多是记者个人经验，理解因人而异，这些模糊的规则常常因媒体为了应对竞争而被打破。尽管近年来，我国一些媒体制定了自己的采编行为准则，如南方报业传媒集团制定了《采编人员准则》、《消息来源使用管理办法》，广州日报社制定的《采编行为准则》全文见报，还成立了采编行为准则监察委员会，专门受理举报、核查、处理工作等。这些媒体自身行为准则对规范采编人员行为发挥了积极作用，但这种规则是以传播者为中心、为自己行为正当性辩护的目的论的伦理规则，带有很大的缺陷，对被报道者权益考虑和保护不足。

尽管因制度差异，中国大陆新闻媒体对受害人的报道受到一些限制，呈现与台湾媒体不同的特点，但从"最残忍的采访"来看，若不能尽快形成有效的新闻伦理规范，特别是受害人权利保护的采访规则，媒体行为的偏差及后果会越来越严重。

五、犯罪新闻报道尺度的法律把握

"最残忍的采访"不仅有违反新闻伦理，更是违法行为。在犯罪新闻报道中，对受害人或犯罪嫌疑人的强迫拍摄，可能违反刑事诉讼的侦查秘密原则，侵害受拍摄者的肖像权、名誉权及隐私权；记者未经当事人同意闯入他人住宅采访，还会侵

---

① 参见许琼文：《新闻记者采访报道受害者应面对的新闻伦理：多元观点的论证》，载台湾《新闻学研究》，2009（7）。

害住宅不受侵犯的安宁权；对未成年人的拍摄，还会违反未成年人保护法；而涉性的内容明显是公民的隐私。无论如何不能以所谓公共利益或公众的合理兴趣为由，为记者的违法行为进行辩护！可惜很多记者并没有认识到其行为的违法性，包括对记者行为提出反思的媒体。

从法的角度研究犯罪新闻报道的价值冲突，对犯罪新闻报道与侦查权行使、犯罪嫌疑人人权保障、被害人权利保护等关系进行探讨，有助于认识受害人权利保护的伦理规则，把握犯罪新闻报道的尺度。

（一）犯罪新闻报道与侦查权行使

现代社会中，诉讼的民主性决定了公民享有接近司法系统和对国家权力进行监督的权利。侦查过程中的犯罪新闻报道是监督警察和检察官权力行使的有效方式。犯罪新闻报道使侦查活动处于"阳光"之下，可以增强侦查人员的责任心和自律观念，有效防止司法专横和司法腐败，遏制刑讯逼供，促进社会稳定。[1] 正是基于对犯罪新闻报道价值的认同，过去普遍奉行的侦查密行原则被侦查适度公开化所取代。再以侦查秘密为由，不允许媒介报道侦查活动，拒绝公众获知案件信息和表达意见，不仅不利于公众对警察和检察官权力行使的有效监督，而且只能加重公众对侦查活动合法性的疑虑。《政府信息公开条例》第六条规定："行政机关应当及时、准确地公开政府信息。"侦查机关及时发布案件情况信息，不再像过去那样认为是可为可不为的职权，而是一项必须作为的法定义务。正是基于法理和现实制度，公民可依照法律规定，正当了解刑事案件侦查情况、自由发表观点看法，侦查机关没有理由打压或置之不理。[2]

但从实践看，媒体对刑事案件报道的规则远未理顺，缺位和越位的现象还比较普遍。尽管按照我国现行规定，刑事案件以逮捕或提起公诉为媒体公开报道的起点，明确否定了以往刑事案件只许在终审判决后进行报道的说法，进一步明确了公众对刑事案件（不公开审理的案件除外）全过程的知情权。但在新闻实践中，刑事侦查起诉阶段的对媒体公开多是侦查机关控制下的公开，媒体新闻报道的内容、范围、自由度等严重受制于侦查机关的单方意志；受职业利益左右，侦查机关所谓的公开必然是以控制犯罪为导向的公开；加之媒体的官方色彩较浓，导致其不仅难以以公共传媒的姿态对侦查活动进行广泛、经常和制度化的舆论监督，而且容易成为

---

① 参见周长军：《刑事侦查阶段的犯罪新闻报道及其限制：基于犯罪嫌疑人人权的分析》，载《中外法学》，2005（6）。

② 参见张文祥：《从邓玉娇案看侦查阶段信息公开》，载《青年记者》，2009（19）。

警察、检察权力政绩宣传、自我保护的工具。总体看来，当下侦查新闻报道范围的受限性与无责任性、恣意性并存。媒体报道空间的大小，多取决于侦查机关的好恶和需要。

2009 年 12 月 14 日，《中国青年报》发表《重庆打黑惊曝"律师造假门"——律师李庄、马晓军重庆"捞人"被捕记》，就重庆打黑辩护律师李庄、马晓军等人涉嫌伪证造假一事进行报道，报道内容引来律师界和新闻界的质疑声音。从《中国青年报》这一篇 4 600 余字的报道来分析，其一，它显然偏离了新闻专业主义的基本要求，通篇中"混迹"、"潜回"、"贪婪律师"、"远远填不满李庄的胃口"、"李庄之流"等多处带有倾向性的语言来叙述事件经过，并且在未采访李庄本人及其代理律师的情况下迅速发表了文章；其二，该文也偏离了法治报道的基本价值理念，与"尊重人权"、"保障公民获得公正而及时的审判"、"无罪推定"的方向背道而驰，这种人治而非法治的行为却恰好出现在了法治报道的版面上。事后证实，这篇未审先定罪、写得有鼻子有眼的报道，不过是重庆市公安机关炮制的"通稿"，然后向众多媒体散发，除了重庆本地媒体外，北京的主要媒体也都收到了这份"通稿"。《中国青年报》没有核实"通稿"中提到的事实，包括那些极端贬损性的言辞，便以本报记者的名义照单全收。作为国内享有盛誉的媒体，《中国青年报》这篇异乎寻常的报道出来后，不仅遭到律师界的猛烈抨击，而且引起了同行的质疑。报道发出的当天晚上，央视《新闻 1＋1》节目即以直播的形式，采访法学界人士，认为《中国青年报》的报道违反了《宪法》规定的"未经审判任何人不得被确认有罪"的法治精神。央视能够发出这样的声音，实在是一个不小的进步，也反映了犯罪新闻报道与侦查权行使之间的现实关系已引起媒体关注。如同《中国青年报》一样，《新京报》当天也得到了重庆公安机关的"通稿"，但该报没有全文发表，而是据此整理成一个动态性消息，然后派出记者赴重庆实地调查，从而避开了一次让媒体公信力付出代价的廉价陷阱。《中国青年报》的报道让新闻界习以为常的问题再次浮现出来——公检法机关是否应当向新闻媒体提供涉及未决刑事案件的报道通稿？媒体如何对待此类稿件？[①]

过去媒体使用被报道单位提供的"新闻通稿"司空见惯，媒体广泛发展包括公检法机关在内的通讯员队伍，使用通讯员独立采写或与记者合作采写的稿件，还是一项普遍的工作制度。但从该案例看，这种制度有很多缺陷，有几个问题值得学界和业界思考和面对：公安机关的新闻通稿假如失实，媒体报道能免责吗？侦查机关

---

① 参见朱莉：《"律师造假"三问三答》，载《青年记者》，2010（1）。

认为有罪过之人，媒体是否就能随意批判？媒体报道未决刑事案件的边界在哪里？媒体应如何处理与侦查机关之间的关系？

对现实中侦查机关与媒体的关系，有论者甚至认为，长期以来，公安机关习惯以管人者自居，媒体不过是受政府机关摆布的附庸而已，因而习惯于对媒体发号施令，几乎没有任何新闻信息公开义务的意识。[①] 中国当下的刑事侦查程序具有鲜明的封闭性特征，尽管现行《刑事诉讼法》扩大了侦查对当事人和社会的公开化程度，但由于传统的控制犯罪思想和拒绝外来监督的心理根深蒂固，实践中的侦查活动仍然习惯于秘密进行。除非侦查机关允许，无论当事人、律师还是新闻媒体，还很难介入侦查活动。侦查环节恰恰是被追诉人权利最易受到侵犯的场域，我国刑事侦查实践中存在的不少人权性问题，如滥用警察权力、实施刑讯逼供等造成的佘祥林案等一系列冤假错案的发生，其根源就在于刑事侦查新闻报道的规制不完善及新闻媒体所代表的公众表达权和知情权的缺位。在中国现实语境下，媒体的犯罪新闻报道一定程度突破现有制度束缚，坚持独立、公正调查，以还原事实真相，并对公权力机关进行监督，具有重要的制度价值和现实意义。

但同时应注意到，媒体的这种"突破"，如果超出一定限度，特别是在商业利益驱使下，不适当地介入刑事案件，就可能滥用新闻报道自由，影响犯罪追诉，损害公共利益。尽管媒体监督的力量是健康公民社会不可或缺的重要因素，但也不能因此而无限膨胀媒体的力量，媒体也有发挥作用的边界。就侦查机关而言，应在不侵害侦查秘密前提下，实现信息公开，满足公众知情权。媒体与刑事侦查应当明确各自界限并守住界限。

(二) 犯罪新闻报道与犯罪嫌疑人人权保障

侦查阶段犯罪新闻报道对犯罪嫌疑人的影响主要体现在与公正审判权和人格权保护的冲突上。

1. 与犯罪嫌疑人公正审判权的冲突

自贝卡利亚在1764年撰写的《论犯罪与刑罚》中首次提出无罪推定的观点以来，这一原则已被各国普遍接受。所谓无罪推定，是指犯罪嫌疑人未经法定程序判决有罪之前，应当假定或认定无罪。我国《刑事诉讼法》第十二条规定："未经人民法院依法判决，对任何人都不得确定有罪。"无罪推定原则奠定了犯罪新闻报道

---

① 参见杜晋丰：《对警方与媒体关系法律维度的思考》，载《中国人民公安大学学报》（社会科学版），2008（4）。

应遵循的法律原则，即在法院判决被告有罪之前，新闻媒介的报道不能认定其有罪。但实践中因为对该原则认识模糊，仍然不自觉地存在有罪推定的倾向。违背无罪推定精神的倾向性报道，容易使公众和被害人形成先入之见，激起社会公众的非理性情绪，影响司法机关独立判断，甚至产生"舆论审判"或"情感审判"，侵害犯罪嫌疑人接受公正审判的权利。我国在这方面的教训是很多的。

媒介对案件在法庭审理前的报道范围，美国公平审判暨新闻自由顾问委员会曾有一份报告提出，新闻媒介可以报道的内容为：事实、逮捕的情形、被捕人的身份、逮捕的机关和官员、物理证据、法院提出的控诉、法院公开的记录和讨论下一步可能进行的法律步骤。媒介不可以报道的内容包括：被告前科、性格说明、自白、测试效果、对判决结果是否有罪的预测以及证据是否有价值的讨论。①从国内看，针对犯罪嫌疑人的侦查阶段犯罪新闻报道应受一定限制，但制度化的限制规则还是空白，有待进一步研究。笔者认为，这些规则应包括：（1）谁来限制——是以立法形式限制、司法解释限制还是媒体伦理规范限制？（2）何时限制——是事前限制还是事后限制？（3）如何限制——是限制媒体获取信息和报道的权利，还是限制控辩双方接受媒体采访的权利？（4）如何称谓——对犯罪嫌疑人是真名报道还是匿名报道？目前我们的规则还只是停留在是称呼"犯罪嫌疑人"还是"罪犯"的水平上，对犯罪嫌疑人权利保障认识程度偏低。

2. 与犯罪嫌疑人人格权的冲突

人格权是指法律赋予权利主体为维护自己的生存和尊严所必须具备的人身权利。人格权包括姓名权、肖像权、名誉权、隐私权等具体权利。②根据无罪推定原则，被拘捕的犯罪嫌疑人可能在罪案告破以后被侦查机关认定是无辜的，或者在审判后被认定为无罪，而一旦新闻媒体提前曝光犯罪嫌疑人的相关信息，那么对于无辜者以后的生活必然造成不可估量的影响。在犯罪新闻报道实践中，媒体为了追求报道的详细性、生动性和轰动效果，往往将犯罪嫌疑人的肖像、身份、住址、生活习惯、家人情况、身体特征等悉数公开，甚至用侮辱性的语言进行描述，披露与案情无关的私人信息，犯罪嫌疑人的姓名权、肖像权、名誉权、隐私权均可能遭受侵害。新闻媒体必须明确：犯罪嫌疑人尽管因涉嫌犯罪而人身受到限制，但其人格权并未因此丧失，不能遭受媒体不当侵害。

《宪法》第三十八条规定，"中华人民共和国公民的人格尊严不受侵犯。禁止用

---

① 参见李瞻编译：《传播法：判例与说明》（上），285～286页，台北，政治大学新闻研究所，1985。

② 参见王利明、杨立新主编：《人格权与新闻侵权》，北京，中国方正出版社，1995。

任何方法对公民进行侮辱、诽谤和诬告陷害。"任何个体都有获得社会公正评价的权利，哪怕是身陷牢狱中的犯人也不能例外。原湖北省枣阳市市长尹冬桂，以媒体不实报道侵害名誉权为由向法院提起诉讼并胜诉，就是最好的例证。

2003 年 9 月，尹冬桂因受贿 59 540 元人民币被湖北省宜城市人民法院一审判处有期徒刑五年。尹冬桂受贿案审理过程中，《武汉晨报》于 2003 年 6 月 25 日在第三版上刊发了两篇新闻报道，除了谈到尹冬桂因受贿将接受审判外，更多地谈到了尹冬桂的两性关系问题，并与以前报道过的湖北腐败分子、与众多女性有染的原天门市市委书记张二江相提并论，冠之以"女张二江"。当时，尹冬桂正关押于看守所，听到社会上的传闻后，愤然向法院提起名誉侵权诉讼，并最终得到法院支持。

有学者指出，我国新闻媒体对未决刑事案件的报道，简直可以用"一团乱麻"来概括，不仅媒体没有规矩，而且执法和司法机关更加随意，其后果，都是对来之不易的法治的破坏。

六、域外采访报道受害者的伦理规则

从伦理角度看，我国新闻媒体同样没有规矩。记者之所以屡屡做出违背伦理道德的事，一个重要原因是新闻伦理规范不明确，共识尚未形成。如何保护受害者权利等具体问题更是乏人思考、混沌不清。

考察国外新闻伦理规范或守则发现，大多关心的是言论自由、真实与客观、隐私与公益，大多是教条式的提醒，并以公众利益和社会责任为准则，缺乏暴力犯罪等负面影响较大的新闻的采访报道守则。

在欧美新闻发展较为悠久的国家，新闻记者专业组织发展新闻伦理守则由来已久，但多数国家的新闻伦理守则对受害者采访部分较少提及。欧洲国家（或跨国家）的新闻伦理，重视的主题不外是新闻自由、隐私、正确、诚实、多元，都是属于对新闻内容规范的伦理守则，强调新闻专业要独立于外在干预，关注新闻的贡献，也就是新闻要对公众、社会、国家有益。有学者认为，这主要属于专业教条主义式的伦理，是功利主义的产物。

早期的新闻伦理守则对于记者采访过程的规范较少探讨，但因为犯罪与灾难新闻剧增，使得新闻记者组织或专业团体开始重视对受访者的尊重。以成立于 1909 年的美国专业新闻记者协会（Society of Professional Journalists，SPJ）为例，其 1987 年的伦理守则与 1996 年修订的版本有相当大的差别，新增了两个新的部分，即减少伤害（minimizing harm）与问责（accountability），首度在新闻伦理规范中强调记者的同情心（compassion）。说明新闻行业已意识到采访过程中可能造成的伤害。不过，此类守则虽已关注记者本身的德行伦理，但主要还是针对性侵害案件与幼童受害案件及对未成年嫌犯的保护，对受害者的保护不够。

除了美国，欧洲国家也开始重视采访受害者的伦理。荷兰记者协会（Netherlands Press Council）的伦理守则提到，报道犯罪事件，不应该报道受害者与家属的痛苦，以及将犯罪所造成的伤害展示出来。芬兰新闻记者工会（Union of Journalists in Finland）与大众传播协会（Council for Mass Media）所制定的新闻伦理自律守则中也都提到对受害者的报道要特别留心，让受害者保持匿名以及保护受害者，除非涉及重大公共利益。瑞典新闻伦理守则（Code of Ethics for Press，Radio and Television in Sweden）要求记者要尽可能地体恤犯罪或灾难受害者，尤其要公开其姓名或照片时一定要特别注意。英国新闻投诉委员会（PCC）制定的守则，对犯罪受害者、性侵害受害者、儿童受害者，要求新闻从业人员避免报道和提供任何身份信息。美国主流媒介长期以来避免指出强奸案和其他性犯罪案原告的姓名。理由是，公众对原告的确认会使此类犯罪行为的受害人在最脆弱的时候遭受蔑视和羞辱。指出姓名还可能公开了她们的私生活和性史，使她们面对无理的、不相干的审查。因此，性犯罪是新闻报道应该提供完全信息这一惯例的例外。美联社要求：一般不指明那些说他们已遭性攻击的人的身份，不同寻常的情况除外，也不播发能识别这些人身份的图片或视频。成年受害人自己公布身份的将是例外。①

国际记者组织（International Federation of Journalists，IFJ）曾经提出如何报道被暴力侵害的女性的相关守则（IFJ Guidelines for Reporting on Violence Against Women），甚至连受害者一词都不可以主动使用，除非当事人自称是受害者，否则只能以幸存者（survivor）称之。其中最不一样的精神就是，记者的报道与引用，不只要尽可能地体恤受害者，还提出被报道者有权拒绝采访，记者采访后还要留下联络方式，供受害者在有疑问或抱怨时都能联络上记者。

而目前保护受害者被报道权益比较完善的应属于美国的达德中心（The Dart Center for Journalism and Trauma），该中心设在美国哥伦比亚大学新闻学院，分支机构遍布全球。达德中心积极辅导与训练遍布全球的社会新闻记者如何采访各式受害者，包括"9·11"事件、弗吉尼亚枪击案、东南亚海啸、四川大地震等受害者。中心提供针对一般灾难受害者、幼童受害者与性侵害受害者的采访守则，并举办训

---

① 参见展江：《新闻职业伦理四大争议问题评析》，载《中国地质大学学报》（社会科学版），2010（3）。

练课程和颁发杰出受害新闻奖。从教育记者知悉受害者可能会面临的情绪问题，到如何措辞访问受害者等巨细靡遗，核心是以受害者为主，而非由记者控制采访过程与内容呈现，其伦理哲学的基础不同于传统的功利主义与教条式专业主义。

七、构建中国的新闻采编行为伦理规范

域外新闻伦理规则加入受害者权利保护，可以看做新闻伦理的一种转向，背后是新闻伦理价值观的调整。其精神就是逐渐改变由记者控制采访过程与内容呈现的专业主义，以受害者为主，更多强调媒体保护受害者的义务。

这些调整体现在对受害者新闻采访报道中，大体要求有：打破追逐受害者的黄金定律；重视受害者的法律权利；建立受害者采访守则；公平采访受害者和加害者；行业自律组织和非政府组织对媒体的监督等。

事实上，除了传媒制度的特殊性外，我国新闻媒体遇到的专业问题并不具备相对于域外媒体的特殊性。我国媒体工作者遇到价值冲突引起的伦理困境时，也常以公共利益为自己的行为辩解，说自己的行为是为了公众知情权，是为多数人的利益。但问题在于，在采访受害者时，谁来决定其采访与公共利益有关？即使是公共利益，受害者就不能拒绝采访吗？若因为公共利益而采访，要如何才是尊重且不过度侵扰与强迫访问受害者及家属呢？要如何小心处理画面？要如何才是保护受害者隐私？我们知道，采访受害者，不可能完全按照受害者及家属的自主与自我决定，尤其是在重大天灾人祸变成社会瞩目的案件时，但是对于受害人的要求却不能完全忽视，造成其二度伤害甚至终生的阴影。记者行为要回归新闻专业，不仅要做公共利益的考量，使对受害者的报道有社会意义，而且要有基本的德行伦理、人性尊严，而非只顾媒体私利恣意而为。问题是建立怎样的伦理规则，才能保证记者在价值判断和采访行为中做到这些呢？

另外，不可忽视的是，媒体对犯罪嫌疑人、被告人等加害者的报道，也常让他们沦为受害者。对于刑满释放的加害者，其已受到国家刑法的制裁，但是回到社会上的时候，又往往因为媒体的再次报道，唤起了公众对当事人罪行的再次谴责，使加害者成为新闻报道的受害者。有法学者提到，记者还要小心避免被受害者利用，尤其是在比较有争议的未决刑事案件中，因为记者的报道会影响到舆论，甚至造成未审先判的"新闻审判"，进而影响到法律程序。因此，诸如被害人、犯罪嫌疑人的人格权、隐私权等保护，公正审判的权利，司法价值和尊严的保护，这些价值与媒体采访行为之间的关系如何处理，都是亟待新闻采访伦理规范明确的问题。

但现实是，我国新闻工作者对新闻报道对受害者（包括犯罪嫌疑人）造成的影响的认识几乎为零。在传统的宣传体制下，媒体只是宣传工具，媒体行为依靠各级宣传部门随机调控，难以形成独立的意志和人格，甚至不能形成独立的行为能力和是非对错判断能力，难以生成新闻专业主义。而新闻伦理规范与新闻专业主义的发育是相辅相成的。

作为目前唯一全国性的行业伦理规范，中国记协制定的《新闻工作者职业道德准则》过于笼统，对新闻职业行为难以发挥有效的规范、指引作用。行业公认的媒体职业行为准则、业务守则，或不同类型媒体的记者信条、具体道德规范尚未形成。现有高校新闻伦理道德教育也尚未细化到将采访受害者的注意事项纳入课程。

靠政府规制，媒体将失去本就不多的自由，而且政府规制有自身局限性，不可能包打天下。无论中外，不自律的媒体一定不自由，媒体还是要"靠自律来换取自由"。规则如何形成？仅靠媒体作为新闻组织自生，高专业水准的带有普遍适用性的规则难以形成。归根结底要靠新闻媒体间的有效自律机构的积极作为。

参酌国外经验，并着眼我国现实情况，应尽快设立由新闻职业组织自愿组成的新闻评议委员会，接受公众投诉；对报纸、杂志、广播、电视、网络媒体新闻报道中违反新闻道德的新闻、评论、节目及广告内容进行调查和评议，通过发表评议报告等形式，对媒体行为提供指引，督促媒体约束自身行为；在新闻评议活动中，逐步明确新闻道德理念，制定和发布各种新闻自律和行为准则，推动我国新闻伦理规范共识的形成，并借助日常的新闻评议活动，促进媒体遵守。从根本上改变目前记者无规矩可守的状况，确保新闻媒体为善而不作恶。

假新闻治理之困

——对"严防"虚假新闻的行政管理规范
和道德准则的分析

一、新闻出版总署发布《关于严防虚假新闻报道的若干规定》

2011 年 10 月 19 日，国家新闻出版总署办公厅印发《关于严防虚假新闻报道的若干规定》（以下简称《若干规定》）。

在发给全国各新闻出版局、报刊主管部门和中央主要新闻单位的通知中说，最近一段时间以来，受网络虚假信息的影响，传统媒体虚假新闻、不实报道呈上升趋势，一定程度上损害了政府形象，扰乱了新闻秩序，降低了媒体公信力，社会反映强烈。为切实维护新闻传播公信力，从源头上防止新闻造假，新闻出版总署依据国家有关法规和行政规章，制定了《关于严防虚假新闻报道的若干规定》，从新闻记者采访基本规范、新闻机构内部管理规范、虚假失实报道的防范及处理规则以及相关责任追究等方面提出明确要求。要求各地各单位结合实际认真贯彻执行。

二、虚假新闻：久治不愈的"新闻痼疾"

新闻出版总署制定《若干规定》，并在全国部署"杜绝虚假报道、增强社会责任、加强新闻职业道德建设"专项教育活动，足见虚假新闻报道问题之严重程度。

2012 年 2 月 9 日，新闻出版总署通报 4 起虚假新闻查处结果，对 2011 年以来社会广泛关注的《新财经》杂志刊登《紫金矿业之祸》、《广州日报》刊登《年终奖个税计税方式将修改避免多发 1 元个税多缴 2 万》、上海《新闻晨报》刊登《国家司法考试被指大面积泄题》、《证券市场周刊》刊登《李书福危局》等 4 起虚假新闻报道的调查及处理情况予以通报。针对新闻媒体存在的使用网络虚假信息、新闻细节不准确、采编流程不健全、人员管理不规范等问题，新闻出版总署重申要进一步规范新闻媒体用人机制，进一步加强新闻媒体内部新闻采编制度建设及落实，进一步加强和改进新闻舆论监督，进一步打击干扰阻挠新闻舆论监督的违法行为。①

《新闻记者》杂志社一直致力于新闻打假。2001—2011 年的 10 年间，每年评选年度"十大假新闻"，累计已评出 100 条假新闻，引起社会广泛关注。每年的"十大假新闻"是从搜集到的上百条假新闻和疑似假新闻里逐条筛选，经过多轮淘汰，将造假最卑劣、内容最荒唐、传播最广泛、危害最严重的假新闻入围，并对造假媒体的地区、类型和假新闻的种类等有所平衡，最终选定最具代表性、最有典型意义的"十大"，然后进行分析、批判，写出文字稿，包括编者按和点评，再反复推敲、修改，直至付印前才定稿。②

十年打假，假新闻是不是越打越少了？《新闻记者》编辑部坦言，在评选出"2001 年十大假新闻"时，他们就希望"这是第一次也是最后一次"评选。"原以为假新闻从此销声匿迹，然而不曾料到，如同打开了'潘多拉魔盒'，假新闻如雨后春笋、越打越多。"③ 新闻打假已成为政府主管部门、媒体机构、公众参与的一项事业，而假新闻也成了新闻传播学界关注的一个重要的研究课题。④

虚假新闻已成了久治不愈的"新闻痼疾"。本文仅列出 2010 年度"十大假新闻"，即可见假新闻数量之大、波及面之广、影响之恶劣（见表1）。

表 1   **2010 年"十大假新闻"**

假新闻名称	刊播媒体	发表时间
中国作协作家团入住总统套房	《重庆时报》、《华西都市报》	2010 年 3 月 30 日
中国每年有 220 万青少年死于室内污染	中新社	2010 年 5 月 16 日
炒蒜高手掷千万买走百斤金条	《北京晚报》等	2010 年 6 月 1 日
70％举报人遭打击报复	《法制日报》	2010 年 6 月 18 日
西安市已被确定为国家第五个直辖市	《甘肃日报》	2010 年 7 月 7 日
喀什房价两个月就翻倍	《新疆日报》等	2010 年 7 月 20 日
一女生世博排队被强奸怀孕	四川新闻网、荆楚网等	2010 年 7 月 22 日
传我军数百战机青岛上空军演	环球网	2010 年 7 月 27 日
"偷菜"游戏或被取消	《西部商报》	2010 年 10 月 12 日
金庸去世	《中国新闻周刊》官方微博	2010 年 12 月 6 日

---

① 参见《新闻出版总署通报 4 起虚假新闻查处结果》，见国家新闻出版总署网站，http：//www. gapp. gov. cn/cms/cms/website/zgshdfw/layout3 _ common. jsp？ channelId＝1875＆siteId＝190＆infoId＝732952。

②③ 参见吕怡然：《十年打假：不得不说的"故事"》，载《新闻战线》，2011（4）。

④ 笔者以"假新闻"为关键词在中国知网检索，找到 1 989 篇学术论文。对 2011 年度《新闻记者》随机进行检索，就找到有关假新闻的学术论文近 10 篇。

没入选"十大假新闻"的大量假新闻同样让人触目惊心。如《女记者与"狼"共穴 61 天》、《上海方言"嗲（diǎ）"字收入〈牛津英语词典〉》、《北京房地产商协会会长赞成炸掉故宫盖住宅》、《郭晶晶怀上霍启刚骨肉欲离队》、《孙中山是韩国人》、《王小丫陈章良携手入围城》、《河南新郑市原副市长李兆才出狱后卖烧烤》、《美传媒称千年女木乃伊出土后怀孕》、《女黑老大包养 16 个年轻男子供自己玩乐》、《180 万买辆宝马车砸着玩》、《杨振宁证实夫人翁帆怀孕 3 个月》等。①

三、假新闻屡禁不止的原因

假新闻屡禁不绝，并大有不断蔓延滋生之势，让政府主管部门、学界、业界大为头疼。新闻传播学界多位专家学者撰文分析假新闻产生的原因、危害，并对假新闻治理提出各种对策。

《新闻记者》原主编吕怡然提出，从目前的实际状况看，虚假新闻层出不穷、久治不愈，固然与社会道德滑坡、诚信缺失的大环境有关，而主观原因也不容忽视。其中主要的有三条：一是记者编辑对新闻真实性原则的轻视和忽略，致使采编工作浮躁、浮夸、肤浅。尤其在互联网和通信条件空前发达的情况下，想当然、拍脑袋、闭门造车，不愿深入采访，不愿慎重把关的风气更甚，导致报道的失实，虚假易发、多发，几成痼疾。二是媒体的领导者对新闻真实性原则不以为然，掉以轻心。一方面对采编人员疏于教育，一方面自己为追求媒体经济效益的最大化而唯利是图，不惜损伤真实性和公信力。一旦自己媒体的虚假新闻被揭露，不仅不以为耻，引以为戒，反而情绪抵触，强词夺理，这实际上在客观上助长弄虚作假之风。三是尚未建立起刚性的、长效的追查、问责、监管、惩戒机制。事实上，这些年除了"纸馅包子"的炮制者受到法律制裁，相关责任者受到查处，前不久微博传播虚假消息的责任人引咎辞职外，其他造假者及其相关责任人几乎都没有被彻查，有的甚至未受到批评教育。②

复旦大学新闻学院童兵教授认为，综观假新闻出笼的大环境、大气候，不外这样几个方面：一是党政机关夸大业绩，通过传媒给自己戴"数字"大红花。二是商业利益冲击正常采编活动，导致假新闻泛滥。三是进入市场经济后，新闻传播体制没有同步改革，致使新闻生产缺少章法，人员管理混乱，让假新闻乘虚而入。除了党风不正、商风劲吹、体制混乱等有关大环境方面的因素之外，近几年传媒自身管

---

① 参见童兵：《假新闻屡禁不绝的缘由》，载《新闻记者》，2011（5）。
② 参见吕怡然：《十年打假：不得不说的"故事"》，载《新闻战线》，2011（4）。

理乏力、有章不循也是导致假新闻屡禁不绝的不可忽视的原因。童兵教授还从新闻生产的微观视角入手，分析编辑记者本身存在的不足，造成新闻失实和新闻弄假。有一些记者编辑对新闻报道工作视同儿戏，极其不负责任。有一些记者仅凭道听途说写新闻，结果一条又一条假新闻源源不断地流向社会，毒害民众。还有的记者，连道听途说都不必，自己关起门来凭空杜撰，就搞出了"新闻"。正是由于片面地追求所谓的"轰动效应"，有的记者和编辑对事实真相不去揭示，对事实细节不加考察，使假新闻一条接一条问世，贻害社会和民众，也极大地伤害了传媒的公信力。还有的传媒把明显的恶搞作品视作"新闻"，公开发表与传播。还有些假新闻反映出一些传媒及其工作者缺乏最基本的知识甚至生活常识，没有基本的知识准备而从事新闻工作，出现假新闻是难免的。另外，有一些传媒人信口开河，胡编滥造，完全不具备当记者的资格。[①]

还有学者把假新闻产生的原因概括为个人原因、技术原因、组织原因和市场原因。其中个人原因包括记者被动造假和主动造假两种。前者多半是由于新闻制作者个人的业务素质不高、判断失误造成的。如2007年7月15日，江西电视台都市频道"都市情缘"栏目播发的"史上最毒后妈"事件。后者则是新闻制作者出于某种功利性目的，知假报假甚至主动参与制作或导演假新闻。如2007年7月8日北京电视台生活频道播出的"纸馅包子"事件，2010年4月22日中央电视台新闻频道播出的"搜救犬牺牲"事件。技术原因是指由于某种技术失误、流程缺失或疏于审查等原因，新闻的要素如主人公姓名、时间、地点、重要数字等出现错漏，构成假新闻。组织原因是指媒体、企业乃至国家等组织出于各种需要（如政治需要、战争需要、政绩需要、外交需要、社会稳定的需要等）而制造假新闻。市场原因则是指对商业利益的追求侵蚀了新闻传媒领域。比如电视媒体对广告利益和收视率的片面追求，进而与员工的绩效和福利挂钩，逼迫一些记者不择手段，制作的节目"三俗"泛滥，直至明目张胆地造假。[②]

四、"严防"假新闻规范的文本分析

（一）虚假新闻报道的行政手段治理

《若干规定》是国家新闻出版总署作为新闻出版行政主管部门为治理虚假新闻

---

① 参见童兵：《假新闻屡禁不绝的缘由》，载《新闻记者》，2011（5）。
② 参见陆地：《假新闻的成因、危害与治理》，载《新闻记者》，2011（3）。

出台的最新规范。有学者指出,《若干规定》中明确的规则,很多是在新闻传播规律基础上概括的专业性规则,在西方国家的媒体编辑部也是常见的。① 如新闻记者报道新闻事件必须坚持实地采访,采用权威渠道消息或者可证实的事实,不得依据未经核实的社会传闻等非第一手材料编发新闻;新闻记者开展批评性报道至少要有两个以上不同的新闻来源,并在认真核实后保存各方相关证据,确保新闻报道真实、客观、准确;新闻分析及评论文章要在事实准确的基础上做到公正评判、正确引导;新闻机构要严格规范新闻采编流程,建立健全稿件刊播的审核制度;新闻机构要规范使用消息来源;新闻机构要建立虚假失实报道的更正制度;新闻机构要建立健全虚假失实报道责任追究制度。

但不同的是,在西方国家,这些专业规则和要求是新闻行业共同制定或者媒介机构订立,并成为每一位记者编辑认同和遵守的道德规范,而在中国却是由政府出面来规定的。前者是新闻行业自律规范,靠媒体及其从业人员自觉遵循。而在《若干规定》中,尽管内容是专业性规则,却同时规定了很多行政处罚措施,显然不属于媒体和从业人员自觉遵循的自律规范。如第三条"完善虚假失实报道责任追究制度"方面,规定"对新闻记者未实地采访,仅凭网络信息或者道听途说编写虚假报道的,新闻机构要公开道歉,新闻机构的主管单位要追究新闻机构主要负责人以及记者、责任编辑、分管领导等相关责任人的责任;对蓄意炒作虚假新闻造成恶劣社会影响、损害国家利益和公共利益的,除严肃处理责任人外,新闻机构的主管单位还要追究新闻机构主要负责人责任"。第四条规定,对"损害国家利益和公共利益的虚假失实报道",视情节轻重,可对新闻机构及其新闻记者通报批评、责令限期更正、责令公开检讨、责令新闻机构主要负责人引咎辞职。对编发虚假新闻损害国家利益、公共利益的或者发表失实报道造成恶劣社会影响的新闻记者,视情节轻重,"给予警告;情节严重的,依法吊销其新闻记者证,并列入不良从业行为记录,5年内不得从事新闻采编工作;构成犯罪的,依法追究刑事责任,终身不得从事新闻采编工作"。对新闻机构的处罚包括停业整顿、吊销出版许可证。

那么,《若干规定》是什么性质的文件呢? 制定和发布主体是新闻出版总署办公厅,而不是新闻出版总署。按照《立法法》明确的立法标准,该规定既不是最高立法机关全国人大及其常委会制定的法律,也不是最高国家行政机关国务院制定的行政法规,甚至也不符合部门规章的特点,究其实质,只是一项部门规章之下的

---

① 参见魏永征:《在2011年十大传媒事件研讨会演讲》,http://weiyongzheng.com/archives/32008.html#more-32008。

"其他规范性文件"。按照《行政处罚法》对行政处罚设定的规定，限制人身自由的行政处罚，只能由法律设定。行政法规可以设定除限制人身自由以外的行政处罚。国务院部委制定的部门规章只能在法律、行政法规规定的给予行政处罚的行为、种类和幅度的范围内作出具体规定。作为部门规章之下的"其他规范性文件"，尽管立法层级很低，无权设定新的行政处罚种类，但并不影响其强制力。

事实上，在《若干规定》出台前，新闻出版总署针对"虚假新闻报道"同一对象，出台过多项行政规范或行政命令。本文选取 1999 年出台的《报刊刊载虚假、失实报道处理办法》、2009 年发布的《关于采取切实措施制止虚假报道的通知》作文本分析。

《报刊刊载虚假、失实报道处理办法》是 1999 年 7 月 8 日由新闻出版总署新闻报刊司发布的一项规范性文件，法律位阶与《若干规定》相同。该办法共 9 条，制定目的是"为了保证报刊新闻报道内容的真实、准确、公正"。第一条要求"报纸、期刊必须遵守新闻出版法规，刊载新闻报道和纪实作品必须真实、准确、公正"。第二条要求若刊载虚假、失实报道和纪实作品，有关出版单位应进行公开更正，消除影响。第三条明确虚假、失实报道的被报道者有权要求更正或者答辩。第四、五条就刊载或转载虚假、失实报道的报刊发表更正或答辩的版位、时间等提出要求。第六、七、八条为罚则，明确处罚的行政主体为"新闻出版署或者所在地省、自治区、直辖市新闻出版局"，对违规报刊及有关责任人可采取的行政措施包括：下达违规通知单、通报批评、责令限期更正或检讨；行政处罚包括警告、罚款；可同时建议其主管部门、主办单位对违规报刊进整顿，对有关责任人给予相应的行政处分。

2009 年发布的《关于采取切实措施制止虚假报道的通知》提出 8 点要求。第一点是和《若干规定》提出的专业规范相似的内容，只是内容少于《若干规定》。提出"真实是新闻工作的生命。报刊出版单位要完善新闻采编管理制度，采取有力措施，确保新闻报道真实、全面、客观、公正"。新闻机构及其新闻采编人员从事新闻采访活动，"要认真核实报道的基本事实，确保报道的新闻要素准确无误，不得编发未经核实的信息，不得刊载未经核实的来稿，不得徇私隐匿应报道的新闻事实。"这些内容是新闻工作的专业要求，中西方皆然。第二点是对新闻队伍建设的要求，如"对存在搞虚假报道、有偿新闻、利用新闻报道谋取不正当利益等不良从业记录的人员，报刊出版单位一律不得聘用"。第三点要求报刊社规范用工、严格新闻从业资格考试考核、签订劳动用工合同、为采编人员缴纳保险，改善采编人员社会保障状况，以稳定新闻队伍。这是针对时下不少新闻单位用人不规范，造成记者生存状态恶化，成为各种新闻乱象屡禁不止的重要原因而提出的要求。还重申了过去多次提出的要求："严格区分采编人员和经营人员身份，不得向采编部门及采编人员下达经营指标，经营人员不得以采编人员名义开展活动，采编和经营工作要做到部门分开、岗位分开、人员分开。"第四点是要求规范采访活动，其中多为专业规范的表述，如"记者开展采访活动必须认真核实新闻消息来源"；"记者报道新闻事件必须进行实地采访，严禁依据道听途说制造或编写新闻，不得凭借猜测想象改变或歪曲新闻事实，杜绝无中生有、胡编乱造，严禁采编人员滥用舆论监督权，严禁采编人员利用采编活动谋取不正当利益"。为了达到这些要求，要求报刊出版单位制定采编人员从事采编活动的规范要求，建立健全内部管理监督机制，规范采访编辑流程。如新闻报道的内部选题报批制度、采访安排计划、新闻稿件审签制度、稿件三审制度等。第五点是对转载提出的要求，包括"报刊转载新闻报道事先必须核实，确保新闻事实准确无误后方可转载，不得转载未经核实的新闻报道、社会自由来稿和互联网信息，严禁歪曲原新闻报道事实、擅自编写或改变原新闻报道内容的行为"。第六点是虚假、失实新闻的问责制度，要求报刊社建立责任追究制度，根据不同情形，承担责任的方式有"总编辑在本报刊上公开道歉，追究相关责任人责任"；"总编辑通过本报刊和当地两家以上主要媒体公开道歉，追究报刊主要负责人以及记者、责任编辑、分管领导等相关责任人的责任"；"总编辑引咎辞职，主管单位追究报刊负责人责任"。第七点明确报刊主管主办单位的管理责任，包括对报刊的导向管理，对报刊虚假、失实报道的查处、处理和向社会公开通报。第八点是新闻出版行政部门的行政监管，监管措施与《若干规定》大体一致，包括责令公开更正，作出警告、罚款、停业整顿的行政处罚；对责任记者，给予警告，并列入不良从业记录名单，情节严重的吊销其新闻记者证，5年内不得从事新闻采编工作，情节特别严重的，终身不得从事新闻采编工作。

对以上三个规范性文件进行内容分析发现，三者的规范对象均为虚假、失实报道；提出的行政管理要求内含了不少新闻专业规范；这些新闻专业规范要求是以行政命令的方式提出，并以行政制裁来保证实施的。另外，专业规范要求和制裁措施，随着时间推移更加周密、细致。而制裁措施有行政处罚，还有行政措施、行政处分等。三个规范性文件制裁措施的强制力不仅来自规范本身的法律效力，更来自我国特有体制下媒体必须遵守的"体制内"的纪律。这种纪律约束比法规范的约束要灵活机动，但也造成了约束的可变性和不统一，对虚假报道的治理效果产生了影响。

西方新闻媒体的职业道德准则、采编守则等专业规范建基于媒体的共识和认同，没有强制力，只能依靠媒体及其从业者的自觉遵守。即使违反了，顶多由新闻评议组织予以谴责。因此被称作"无牙的老虎"。而以上分析的《若干规定》等三个规范性文件，兼有专业性规范的"自觉"和政府主管部门处罚的"威慑"，是"有牙的老虎"，其对新闻采编行为的约束是强有力的，规范效果应是立竿见影的。但如本文所述，《若干规定》出台不久，专门发动的全国杜绝虚假报道专项教育活动还在进行中，就有 4 起虚假新闻事件被查处通报。6 月 25 日，《经济观察报》又为一则重大失实报道向铁道部道歉。而 2009 年发布的《关于采取切实措施制止虚假报道的通知》开篇即言，"近一段时间以来，一些报刊不断出现严重失实报道，个别采编人员炮制虚假新闻，一些报刊转载未经核实的报道，造成恶劣的社会影响，严重影响了正常的社会生产生活秩序，损害了新闻单位的权威性、公信力。"如此看来，针对同一对象持续十多年的行政规制，其治理效果并不尽如人意。虚假新闻不是越来越少，反而是"不断出现"，甚至越来越严重。

（二）治理虚假新闻报道的伦理规范

在长期的计划经济体制下，政治渗透了所有领域，与政治有紧密关系的新闻领域完全依循政治标准行为，无由形成自身特有的新闻职业规范。对新闻媒体及其从业者行为的约束是以政策、行政规范为主的行政管理来实施的，即政府通过一定的行政手段以国家的名义对新闻媒体的日常行为进行控制。[①] 从以上对虚假新闻行政手段治理的文本分析可以看出，这种行政控制的行为模式还普遍存在于新闻业管理中。只是在进入计划经济向市场经济转轨的社会转型期，各种新闻职业道德问题日益突出之后，才开始由中宣部、中国记协等来制定职业道德准则，以补单一行政管理的不足。

最早的新闻职业准则是 1981 年由中宣部新闻局和中央新闻单位共同制定并颁布的《记者守则（试行草案）》。1987 年，中国记协公布了《中国新闻工作者职业道德准则（草案）》。1991 年，中国记协正式通过并公布《中国新闻工作者职业道德准则》（以下简称《准则》），之后又进行了 3 次修订（1994 年、1997 年、2009 年），形成现在的文本。1997 年，中国记协还发布了《建立新闻工作者接受社会监督制度》的通告，以补《准则》的不足。

---

① 参见唐绪军：《报业经济与报业经营》，171 页，北京，新华出版社，1999。

五、治理虚假新闻需要制度革新

依靠一道道行政命令，难以"严防"虚假新闻；非内生的道德规范，也不能遏制新闻造假和新闻失实的主客观因素。本文认为，要治理虚假新闻，必须在行政法治原则下，对新闻行政管理制度和新闻道德规范进行革新。

（一）政府主管部门要有所管有所不管，从新闻伦理道德发挥作用的领域退出来

《若干规定》以政府文件的形式规定了新闻自律的内容，体现了政府主管部门治理虚假新闻报道的热切愿望，但这种全权负责的"全能政府"思维和做法不仅难以治理虚假新闻，还会造成对媒体行为和内容的过度干预，已不适应行政法治、权利保障和传媒发展的要求。即使政府的规定是世界通行的新闻伦理的内容，但也不能内化为媒体的职业准则，生成为有效的媒体自律。相反，政府干预与规制，还阻碍媒体自律的发育和功能发挥。

政府不是全能的主宰者，而是如传播学者霍金（William Hocking）所言的"剩余责任的承受者"。也就是说媒体问题应先由媒体自行处理，再由大众（社会性的媒体监督机制）督责，然后才是政府介入。政府作为传播行业的规则制定者、争议仲裁者和公共服务的提供者，有其特定的职责，即在民间的媒体监督力量薄弱时有义务予以必要的协助。针对媒体违背专业伦理所产生的弊端，政府也应有行政上的防微杜渐机制，透过现有的行政管理手段约束媒体，促使媒体健康发展。此外，亦可由政府出面，促成媒体从业人员完善伦理守则及行为规范，推动媒体自律机制更充分发挥作用。政府还应强化新闻行业协会及相关研究机构的功能，并由政府提供资源，强化对公民的媒介素养教育。[①]

要承认政府的硬规则约束的局限性，降低政府干预的程度，明确政府规制和管理行为的边界，逐渐实现政府管理从权威管理走向共同治理。现有政府管理规范要在行政法治原则下进行清理，实现管理行为的公平、公正和被管理者权利的司法救济。政府要主动从法律法规等"硬规则"管不了、管不住、管了容易出错、管了得不偿失的领域退出来，交给社会和行业由伦理道德等"软规则"来管。

---

① 参见雷跃捷、刘学义：《虚假新闻的治理对策》，载《中国广播》，2011（4）。

（二）发挥媒体和行业组织自主性，培育真正有效的新闻伦理规范

政府退出由媒体自律的领域后，不能由潜规则来主导媒体行为，而是要在肯定新闻媒体及其从业人员主体性、发挥新闻行业组织自主性的基础上，形成真正有效的新闻伦理规范。

事实上，我国已有部分新闻媒体制定了采编行为准则等内部伦理规范，以规范记者编辑职业行为。如广州日报社对外公开《采编行为准则》，成立采编行为准则监察委员会，专门负责受理公众举报、核查和处理工作。南方日报报业传媒集团制定了《采编人员准则》、《消息来源使用管理办法》等。长江日报社制定的《采编行为准则》包括保障报道真实与准确、维护报道的公平性、严禁有偿新闻等内容。江西晨报社、重庆晨报社的行为准则还全文见报，以便接受社会监督。尽管这些规范有的是适应政府要求而制定的，但主要还是新闻媒体根据记者编辑的新闻实践，在大家讨论和协商的基础上形成的，这种规则是内生的，不是靠外压的，因而认同度较高。"一个规范只有当人们认为公正而甘受约束时才有真正的效力。"[1] 如前所述，只有新闻从业人员真正自由讨论产生的规范，才可能被这些人中的绝大多数心服口服地接受，才可能真正作为道德伦理而引导这些人的日常行为。因此，应鼓励我国各类新闻媒体在组织全体记者编辑广泛讨论基础上制定内部行为准则，并推动这些准则切实运行起来，有效指导新闻从业者的行为，并在实践中不断完善。

但媒体内部的行为准则带有一些局限性，存在认识差异和水平的高低。如果面对利益与角色冲突，这些伦理规范就会失效。有学者在分析假新闻猖獗的原因时指出，利益追求往往是虚假新闻滋生的实质根源，也可以说是虚假新闻现象背后最重要的主体根源。面对利益，不少职业新闻人把自己混同于普通的传播者，对新闻失去了专业热情，没有了专业眼光，淡化了专业分析，减弱了专业把关。甚至让"轰动效应"弄"瞎"了眼睛，麻木了手脚。[2] 仅仅依靠内部新闻准则来自省、自查、自纠是不够的，许多违反职业道德甚至侵权的行为得不到有效制止，必须发挥社会和行业的作用。

除了记者（编辑人）协会、专业协会，新闻评议会是国际通行的新闻界行业自律的一种机制。组建新闻评议会，通过新闻评议会的运行，不仅推动新闻伦理规范共识的生成、发展和完善，并在接受公众投诉、调查媒体新闻道德和责任问题、对

---

① ［法］埃米尔·迪尔凯姆：《自杀论》，210 页，北京，商务印书馆，2009。
② 参见杨保军：《认清假新闻的真面目》，载《新闻记者》，2011（2）。

媒体行为进行评议中，使新闻伦理道德动起来、活起来，激励媒体及从业人员讲良心、爱名誉，不需要政府三令五申，不需要记协苦口婆心，甚至不需要法庭判决，虚假新闻等乱象会得到最大程度的治理。

作为新闻行业的自律与仲裁机构，新闻评议会是一项行之有效的制度，也是正义实现的有效机制，可补政府部门和行业协会之不足，并与之形成共治（co-regu-lation）格局，充分调动新闻从业者伦理自主性和内心信念，有效规范媒体及其从业人员的行为。

六、网络内容审查与互联网自律

发微博与封微博的博弈

——以"微博被封第一案"为分析对象·

一、微博被封第一案审结　新浪被判败诉并赔款

2010 年 11 月 17 日，北京居民余女士在新浪网注册了新浪微博，昵称"方静吧-百度帖吧"。之后，余女士在微博中陆续转贴报道了方静在中国教育电视台 1 套《方静两会视线》节目中的相关报道及截图。但 2011 年 4 月 12 日，当余女士再次登录微博时，网页却显示"你当前使用的 IP 地址或者账号由于违反了新浪微博的安全检测规则，暂时禁止访问"。对此，新浪客服的解释是：由于微博中发表的内容包含攻击他人的内容，因此微博功能无法恢复。4 月 18 日，余女士用新邮箱重新注册了新浪微博，可刚用两天就又被禁用。4 月 29 日，新浪客服人员回复称，"通过微博发表的内容或评论干扰其他用户使用微博！违规操作，此功能无法恢复。"

余女士说，她每天都会登录微博，倾注了大量时间和感情，封闭微博伤害了她的感情。自己并未实施任何违法行为，却在没有提前通知的情况下，被新浪封闭两个微博账号，单方面终止网络服务，已构成严重违约。

2011 年 5 月初，余女士委托律师将新浪网技术有限公司、新浪互联信息服务有限公司起诉至海淀法院，要求二被告恢复微博文章、图片等内容及正常使用功能，赔礼道歉并赔偿经济损失。

这是我国在微博出现以来发生的首次因封微博账户引发的官司。

12 月 2 日，海淀法院就此案作出一审判决。判决认为，余女士对方静的回复和其他指向不明的微博内容，除了个别语句用词较为激烈，其他内容主要是向方静道歉、请求谅解、说服建议等，并没有明显贬损性的语言，也没有谩骂和攻击他人。

该判决认为，新浪公司在未提前通知余女士的情况下，擅自关闭其微博账号，超出了采取必要措施的合理限度，行为有失妥当。法院指出，新浪公司对"方静吧-百度贴吧"实行技术屏蔽，并停止该账户服务的行为，属于明显不当。判决新浪向余女士赔偿因违约造成的经济损失2 520元。

在法院下判之前的11月30日，新浪公司恢复了余女士的微博账号"方静吧-百度贴吧"。

目前，我国微博客用户已超过3亿，微博成为发展最快的互联网应用方式。很多微博用户曾有微博内容被删、关闭评论或转发功能，甚至微博被关闭的经历。如何看待和处理微博用户与网络服务提供商之间的关系，成为受到普遍关注的问题。

二、微博是个怎样的新媒体

互联网改变了信息传播的格局，特别是继"2010年微博元年"后，微博获得了举世瞩目的发展。与以往各种互联网应用方式不同，微博使网络传播进入"人人都有麦克风"的时代，过去沉默的"草根"可以借助微博发出自己的声音。这种声音可以是与他人无关的个人私事私情，也可以披露自己捕捉到的身边新闻，还可以发表自己对各种事务的看法和评论。过去一直被传统媒体垄断的话语权被微博这种自媒体所分享甚至取代。在很多事件中，微博取代传统新闻媒体，成了最早的报道者、最大的信源和实际议程的设置者。而且，微博、各类个人网站、网上论坛、社交网站、博客等以用户产生的内容（user generated content，UGC）为主体的传播方式，还成为与传统传播体制相并行的第二类传播体系。这一传播体系被学者称作体制外传播。根据国务院新闻办公室统计，中国5亿网民大概有66%（也就是3亿多）会通过UGC发布内容，这就形成了一个巨大的舆论传播空间。

本文分析的事例中，余女士利用微博这一工具，传播用户自制内容，反映用户的思想感情和观点，就是这一传播方式的一个例证。了解UGC传播方式与传统传播方式的差异，才能了解微博的特点，并对新浪作为网络服务提供商（ISP）对微博内容审查过滤的行为进行考察和判断。

在中国目前新闻传播体制下，传统媒体存在与党政机关自上而下的隶属关系，后者用行政命令和纪律调控媒体的行为。但3亿多微博用户传播的内容，是不可能用纪律组织安排的，用户产制内容不是凭记者证采访或者抄录政府的新闻通稿，这种UGC的方式，与传统大众媒介在诸多方面存在不同。传媒法学者魏永征先生对此专门作了梳理和分析：

第一，在行为目的上，传统大众媒介是宣传和舆论导向；而 UGC 则没有这样的任务，它只是用户的表达、咨询和互动。

第二，在价值判断的标准上，传统大众媒介有一个统一的标准，弘扬主旋律；而在 UGC 的体系中，会出现不同的判断和标准。

第三，关于运作规则，传统媒体是由主管机关随机调控的；而 UGC 则是由用户自发表达的。

第四，在规范方面，传统媒介是法律加纪律；而 UGC 当然要服从法律，但另一方面则是通过自律来遵守规范。

第五，传统大众媒介在传播速度上无论如何都有一定的时差，比如汶川地震是在 18 分钟以后由新华社发布报道的；但网络上的 UGC 媒体最快可以与事件发生同步。

第六，传统大众媒体的涵盖范围有一个确定的边界，比如中央电视台的新闻联播大约有 4 亿观众；但是网络传播的范围却是不确定的，比如现在微博关注度最高的姚晨，有 1 000 多万人关注，要是再算上转发，到底有多少受众就是难以预测的。

第七，传统大众媒介的审查都是在内容发布之前进行的；但是网络传播的事先审查几乎是做不到的。

第八，合法性的依据不同。传统体制内的大众媒介的合法性依据是国家授权的许可证；而网上每个用户的内容表达权利，直接来自宪法规定的言论自由。这是一个很大的区别。

UGC 传播体系的并存，对传统媒体产生明显影响，推动大众媒体当中的一部分发生了变化。举例而言，温州动车事故，第一条消息就是在微博上发出。20 点 27 分，第一条微博发出来，被转发 24 000 次，评论 7 600 多条，它比当年新华社对于四川地震的报道还要快。另外，根据中国传媒大学网络舆情研究所的观察，事发 5 天内，主流媒体的新闻报道数量是 17 595 篇，应该说已经不少了。但是在 UGC 上的消息更多，相关的论坛帖子有 90 000 多篇，博客文章有 53 495 篇，以"温州动车追尾"为关键词的微博有 9 616 248 条。相比之下，传统媒体上的新闻只是它的零头。

依托微博等互联网应用方式，UGC 传播方式首先让普通公众发出自己的声音，加强了舆论的监督力量。2011 年年初，国新办的反腐败白皮书正式使用了"网络监督"一语。而从 2012 年先后发生的"表哥"（陕西省安监局原局长杨达才）、"房叔"（广州市城管局番禺分局政委蔡彬）事件看，网络反腐已形成了强大声势。

其次，提升了网民的政治参与权。不管追问铁道部有没有作用，批评铁道部有没有效果，至少网民有一种满足感。网民会觉得，我给铁道部发出了警告和追问，这些有利于提升公民主人翁的地位，有利于加强网民对社会的认同，在这个社会里面我有话语权。这一点很重要，它使民众融入这个社会。社会不是同我没有关系的，而是我可以有发言权的。这种感觉，对在公权力面前低眉顺眼了几千年、一直没找到当家作主感觉的中国公众来说是意义巨大的。

再次，网民的声音和力量可以倒逼大众媒体顺应时代作出变革，以真正成为"舆论的机关"，反映民意。同时以传统媒体的理性和专业性，引导网上舆论趋于理性和建设性。

最后，是对网民重要的民主训练。网民就是现实中的公民。从清末到现在，很多人都认为，因为中国人"程度太低"，水平不够，所以中国只能实行"开明专制"，很难实行民主制度。应该说，实行民主制度，确实要让广大公民经过民主训练。但并不能等公民水平提高了、程度达到了，再实行民主。公民的民主意识和能力怎么训练呢？在哪里训练呢？就在网上，在表达中学习表达，民主能力也相应提高。[1]

三、微博用户享有什么权利

从媒介演进史的角度来看，网络时代是表达自由的黄金时代。迈克尔·戈德温（Michael Godwin）认为，网络"把出版自由的全部权利交到了每个人手中"。国际伦理与信息技术协会主席、美国学者理查德·斯皮内洛则认为，"网络明显地拓展了人们行使第一修正案赋予他们的表达自由的能力。"微博作为一种崭新的信息发布平台，自出现之日起就显示出释放公众话语的强大力量，被视作公民言论自由实现的利器。

因此，可以说微博用户享有的最重要权利就是宪法赋予公民的言论自由。如前所述，微博等网络用户就是现实世界的公民。微博用户的言论，属于受宪法保护的言论自由范畴。特别是在中国语境下，正是借助互联网技术的支持，微博等的"微功能"放大了表达权，公民得以打破传统环境下对言论的限制，使得言论自由在全新的平台、更大的尺度上得到实现。因此，网络表达自由是公民在网络寻求、获取、传递各种信息和观点的权利依据。对公民个体和社会来说，表达自由都是最重

---

① 参见魏永征：《两种传播体制下舆论的对接》，见魏永征博客，http://weiyongzheng.com/archives/31962.html#more-31962。

要的权利之一，但表达自由并非绝对的不受限制的权利和自由。我们常常听到这样的论调：没有绝对的自由，任何权利都是相对的和受到限制的。但仅仅停留在这一认识上是不够的，而且是危险的，容易成为政府任意限制公民权利的借口。按照基本权利保障的法理，为了保障公民表达自由，应禁止政府和其他机构随意、武断地对表达自由进行限制。也就是说政府限制表达自由的行为要受到严格限制。限制的原则首先包括禁止事先约束，只能依据立法机关制定的法律规定，基于正当的理由、用正当的方式进行限制，而且政府的行为要接受司法审查。这也被称作基本权利限制的法律保留原则。限制的理由也是特定的，如为了国家安全、领土完整或公共安全的利益，为了防止混乱或犯罪，保护健康或道德，为了保护他人的名誉或权利，为了防止秘密收到的情报的泄露，或者为了维护司法官的权威与公正性所需要的约束。在现代社会，法律构成了对言论、出版等表达自由进行限制的主要依据。但我国目前对公民网络表达自由进行限制的依据，很多并不是狭义的法律，而是由行政机关制定的行政法规、规章和规范性文件。另外，对公民表达自由的限制还会因媒介介质不同而有所不同。如欧美法治国家，政府不得对报刊等平面媒体施加许可证之类的事先限制的规定，而对广电媒体，却许可政府基于公共利益进行必要的限制。对网络媒体是否可以基于公共利益进行限制呢？美国联邦最高法院已确认，互联网不具有频谱的稀缺性，应享有与报刊相似的表达自由，政府不应对互联网施加超过报刊的限制。这一观点已得到世界公认。

另一种就是因权利冲突而产生的限制。表达自由会与他人的正当权利产生冲突，行使表达自由必须尊重他人权利。微博等 UGC 内容并不全与公权力运行等公共事务有关，也有很多内容是网民自己的与他人无关的私事，还有的是作为平等民事主体的公民、法人之间的民事关系，有的会涉及当事人的名誉权、隐私权、姓名权等民事权利保护及与表达自由相冲突的问题。另外，UGC 传播的内容也有不少弊病。比如关于谣言、诽谤、隐私的问题等，就是一些非常突出的弊病。这就需要找到行使各项权利的边界，协调各种权利冲突的关系。对于普通网民而言，微博行为的底线就是不能侵犯他人的名誉权、隐私权等人身权利。我国《侵权责任法》第二条规定了公民的若干权利，诸如生命权、健康权、姓名权、名誉权、荣誉权、肖像权、隐私权、婚姻自主权、著作权、专利权、商标专用权等人身财产权益，并第一次将隐私权作为单独人格权加以保护。此外，该法第三十六条规定："网络用户、网络服务提供者利用网络侵害他人民事权益的，应当承担侵权责任。"如果微博用户的行为损害了他人的公众形象甚至人格尊严，便可提起诉讼追究其侵权责任，甚至可以追究其刑事责任。

另外需要注意的是，微博是自媒体，用户作为内容生产者和平台的拥有者，在微博上倾注了心血，"凝结"了劳动，应享有对微博的财产权利。本文分析的事例中，余女士在起诉状中就说明，她每天都会登录微博，倾注大量时间和感情，新浪封闭微博伤害了她的感情。对一些粉丝数量巨大的加 V 用户来说，微博是一笔价值不菲的财产。中国政法大学法学院教授何兵在其微博被新浪封闭后，就曾说，账号被封造成数百万粉丝的丢失，"注意力资源"是可以换算成金钱的。但这个权利"伤害"目前还不能通过司法渠道得到救济。

四、网站凭什么删微博、封微博

在本文分析的案例中，海淀法院认定，新浪对用户实行技术屏蔽，并封闭其账号，属明显不当。虽然认定是不当，但可以推知，新浪对用户内容实施了审查，正是在对用户内容的了解和判断基础上，才做出了技术屏蔽和封闭账号的行为。本案中，新浪披露了屏蔽和封闭余女士微博的原委：余女士在使用昵称"方静吧-百度贴吧"微博过程中，多次使用私信，对另一加 V 认证用户（主持人方静）进行语言骚扰、攻击。2012 年 4 月 12 日，接到用户投诉后，该公司经过审查后停止服务。同时，对"方静吧-百度贴吧"进行了屏蔽。余女士到底说了些什么构成"语言骚扰、攻击"的话？新浪后台数据提供的打印件上显示，4 月初，用户"方静吧-百度贴吧"在评论中回复方静，"你能静下来用头脑好好思考些问题吗？为什么遇到问题首先想到逃避？……""就您能发脾气，我就不能发脾气啊。我承认晚上的言论过激了，别生气了……""干吗乱删粉丝啊，别再删啦！""我很生气后果很严重！最后一次机会，把我从黑名单里解封加关注……这是命令！不照做，后果自负！"另有部分内容未显示回复的具体指向人。

法院的裁判认为新浪的行为明显不当，也就是说微博用户行为的危害与网站的审查和处置行为不成比例，但并未对网站的内容审查的合法性作出判断。现实中，网站主办方对网络内容审查和把关既有客观需要，也有法律依据，只是应当根据网络内容的不同，在行为原则和尺度上进行权衡，不得对公民言论自由进行过度限制，对公民人格权构成损害。

根据从事的基本业务的不同，网站主办者可分为网络内容提供者和网络服务提供者。网站主办者以自己的名义在其创办的网站上发布有关信息，或选择某类信息上载到网站上发布，供公众浏览访问的，是网络内容提供者（ICP）。网站主办者提供电子公告板、聊天室、博客、微博服务，本身并不采编、制作和发布信息，而只是按照用户的指令接受、存储信息，并为信息在网络上的开放式的发布、传播和互动，提供网络平台和中介服务的，是网络服务提供者（ISP）。在具体的网络经营活动中，网站主办者通常会发生经营主体的重合，即其既是网络内容提供者，又是网络服务提供者，但在某一具体的行为中，并不影响对其具体角色的判断和认定。

当网站主办者是网络内容提供者时，其地位与报纸、杂志、电台、电视台等传统媒体主办者并无本质上的不同，自应对其制作、提供和发布的信息负责。即使并非自己制作，而是将已有的有关信息上传到自己网站上发布，网站主办者在发布前也应尽到对该信息内容的合法性、真实性的审查义务，如未尽审查之责，侵犯了他人的合法权益，也应承担侵权的法律责任。而网络服务提供者只是信息的传播者而非发布者，并且无事先审查的义务，因其无过错而不对传播的信息侵犯他人合法权益的情形承担侵权责任。但这并不是说网络服务提供者在任何情况下都不用承担对传播信息的审查义务，网络服务提供者只是没有事先审查的义务，即信息发布前无审查义务，也无法审查，而在信息发布后，仍有审查的义务，应对用户已发布信息的合法性、真实性进行必要的审查，发现有违法情形的，应及时予以修改或删除，否则仍应对受害人承担侵权责任。① 网站为用户提供微博服务的行为，属于服务合同关系。本文分析的案例中，法院也认定新浪与余女士之间构成微博服务合同关系。而在微博服务中，新浪是网络服务提供商。《侵权责任法》对网络服务提供商的注意义务及其责任明确了"避风港原则"和"红旗原则"，防止网络管理者利用微博恣意妄为损害用户的正当权利。

《侵权责任法》第三十六条规定，"网络用户利用网络服务实施侵权行为的，被侵权人有权通知网络服务提供者采取删除、屏蔽、断开链接等必要措施。网络服务提供者接到通知后未及时采取必要措施的，对损害的扩大部分与该网络用户承担连带责任。网络服务提供者知道网络用户利用其网络服务侵害他人民事权益，未采取必要措施的，与该网络用户承担连带责任。"该法条明确的原则即"避风港原则"，网络服务提供商只承担"通知—删除"义务，也就是被侵权人有权向网站提示自己遭到网络侵权，并可要求网站采取相应措施，网站履行义务后不承担侵权责任。如果网站认为被举报的内容未突破法律限度，也可以不予理会。但是这会使网站承担更大的风险责任，因为一旦构成了侵权，那么该网站就必须承担连带责任。本文分析的案例中，新浪的行为就是属于为避免构成侵权而采取的"过火行为"，对被举报的微博用户构成过度限制。

---

① 参见屠世超、边佳勋：《网站主办者的审查义务及其侵权认定》，载《信息网络安全》，2007（3）。

另一个原则是"红旗原则"。学者认为，所谓"红旗原则"是指如果有关他人实施侵权行为的事实和情况已经像一面鲜亮色的红旗在网络服务商面前公然地飘扬，以至于网络服务商能够明显发现他人侵权行为的存在，则可以认定网络服务商的知晓。[1] 有的学者认为"红旗原则"是用来判断网络服务提供者"明知"或者"应知"的工具。[2] 在微博信息传播中，如果用户传播的信息明显属于侵权的情形，网络服务提供商却仍放任该行为，应承担侵权责任。现实中，这种情况也很常见。有些网站为了"博眼球"，提高网站点击率，即使明显有侵权嫌疑的内容，网站也不愿意采取屏蔽或其他措施，即使被侵权人向网站交涉，也常常置之不理，只有等到诉诸法律才会删帖。但是，对微博用户发布的与政府行为、公共事务有关的言论，特别是政治性言论，稍微有点敏感内容，网站往往反应过度，采取过于严格的审查措施，如删帖、关闭评论和转发功能、封闭微博账户等，对网民的言论表达形成"禁言效应"。

相对于传统媒体或新闻性网站"层层把关"的模式，国外的推特等微博采取的是有利于保证微博用户表达权的"自我把关模式"。我国的微博一般采取"自我把关"与"管理员把关"相结合的原则。后者多通过"后台关键词监控"与前台"管理员内容审查"的途径来实现。比如，在人民微博输入某些敏感词汇一般无法发布，系统会自动提醒"发送失败，请检查"；在新浪、网易微博，发布后会被管理员删除，并会收到一则来自系统管理员的删除通知的私信。

删除微博的理由是什么？被删帖的微博用户有什么渠道进行申辩和维护自己权利？网站并无进一步说明，也没有相应的投诉方式。网站的行为是否妥当？谁来对网站的行为进行评判？据笔者了解，除余女士之外，绝大多数网民选择了忍气吞声，顶多在微博上抱怨几句。

微博管理中最为严厉的处罚就是删除账号，即完全剥夺用户的微博表达权。余女士受到的"待遇"就是这种。一般用户没有删除他人账号的权限，但可以利用"加入黑名单"（俗称"拉黑"）功能，剥夺他人在自己微博上的评论、留言、发私信等表达权。微博管理员删除用户账号的情况，一般有以下三种：（1）发布《互联网信息服务管理办法》规定的属于"禁载九条"的信息。（2）未经允许，冒用公众人物的名义开微博、发微博。（3）发布未经微博服务商许可的商业广告，或发布侵犯其商业利益的信息。三种情况中，第一种情况居多。

---

① 参见王迁：《论"信息定位服务提供者"间接侵权的认定》，载《知识产权》，2006（1）。
② 参见史学清、汪涌：《避风港还是风暴角》，载《知识产权》，2009（3）。

除了网站对微博内容的主动审查，还有一种是用户举报。用户举报是指微博用户通过微博的举报系统或电子邮件，对其他微博用户含有违法不良的信息进行投诉，以达到限制一些用户不当表达的目的。如果举报的内容属实，一般会被删帖，或者被"禁止发言××天"。搜狐微博将"违法信息"定义为"违背《中华人民共和国宪法》和《全国人大常委会关于维护互联网安全的决定》、《互联网信息服务管理办法》所明文严禁的信息以及其他法律法规明文禁止传播的各类信息"；将"不良信息"定义为"违背社会主义精神文明建设要求、违背中华民族优良文化传统与习惯以及其他违背社会公德的各类信息，包括文字、图片、音视频等等"。余女士的微博被封，就是新浪在接到该微博私信和评论对象"方静"的投诉后，对余女士微博内容进行审查后作出的决定。但新浪封微博的实体理由是否站得住脚？遵守了什么样的程序？为什么作出了不具备正当性的封微博决定？在"微博被封第一案"中，新浪方面表示，其提供的微博服务是免费的，所以无须通知用户，可以随时停止服务。网站的媒体属性使其区别于一般企业，免费服务不能成为其任意限制甚至剥夺网民表达自由的理由。

严格的网络内容审查还会催生另一种审查，即自我审查。也即理查德·斯皮内洛所说的"规范各自的言论表达"。福柯在《规训与惩罚》一书中，将现代社会称为一个"全景敞视监狱"。马克·波斯特（Mark Poster）则进一步将传播圈及其制造的数据库比作一个"没有围墙、没有窗户、没有瞭望塔和岗哨的监视系统"的"超级监狱"。用这些概念来分析微博的把关，管理员无异于"监狱"顶部的监视者，微博用户则对应于那些诚惶诚恐的"狱中人"。每个人在监视者的目光压力下，"都会逐渐自觉地变成自己的监视者，这样就可以实现自我监禁。"在微博上，用户的这种"自我审查"一般表现为谨慎发言和自己删帖。[①]笔者认为，微博用户对所发内容进行自我把关是必要的，可以避免不负责任的非理性表达和侵权言论。但自我审查则害处多多，直接后果是产生"寒蝉效应"，使网民不敢大胆发言，而万马齐暗的局面将不利于社会进步。

已有很多学者对网站删除微博的行为提出质疑。在中国政法大学教授何兵的新浪微博被封杀后，中国艺术研究院学者吴祚来引述温家宝总理"让权力在阳光下运行"的言论，要求新浪"阳光一次"，公开封微博的理由。何兵也就此评论，言论自由包括一定程度传播错误言论不受追究的自由，因为无人保证自己的言论一定正确。这是微博存在的法理基础。如果因为微博出现错误就封杀，则所有的言论都在

---

① 参见王君超、郑恩：《"微传播"与表达权》，载《现代传播》，2011（4）。

封杀之列，包括政府工作报告。

"以某种表达所传达的信息为理由而进行限制"被日本著名宪法学家芦部信喜称为"表达内容的规制"，这种对表达自由进行限制的做法本身应受到限制。限制的方法就是违宪审查，要让对公民基本权利进行限制的行为和措施受到严格的违宪审查，以防止政府和其他主体，包括网站对网络表达内容的任意和过度的限制。但现在中国并没有违宪审查制度，宪法尚未实现司法化，不具备可诉性，公民宪法基本权利被侵犯还不能通过司法渠道实现救济。就网络表达来说，如何约束网站过滤、限制和禁止网民言论的"权力"，是事关网络表达自由的重要问题。

"微博被封第一案"的司法判决，可以看做以民事裁判间接保护了公民的宪法基本权利。但仅有这些是远远不够的。该案判决后，就有学者称，该案警示微博服务商未来删除微博要慎重，但因敏感词导致的删微博、封微博现象却"不一定会减少"。

互联网：审查还是自律？
——对新浪微博社区规则的解析

一、第一个微博社区公约生效　新浪开罚违规第一案

2012年5月28日，继实行微博实名制之后，新浪出台三个微博社区规则：《新浪微博社区公约（试行）》、《微博社区管理规定》、《新浪微博社区委员会制度（试行）》。这是我国门户网站头一次推出微博社区公约。此举被解读为新浪微博开始实行自律，与微博用户一起对微博内容进行管理。

29日，新规执行后违规"第一案"公示处理结果，令人纠结的是，这个"第一案"从判定过程到结果都争议多多。[①]

举报人、微博网友"铁板烧鱿鱼"指称另一网友"金融八卦女"发布的"央视对'造谣者'果断亮剑，赵普正式被央视革职"博文为"没有相关实证报道"的不实信息，在未经"陪审团"投票的情况下，微博管理方迅速作出判定结果，处罚了被举报人"金融八卦女"。但这个"第一案"似乎未能为新规立威，截至29日晚8时，1 003名网友选择"支持被举报人"，而仅有227名网友"支持举报人"。这令举报人"铁板烧鱿鱼"也感到委屈，并发微博诉苦遭到"大规模谩骂"，质疑实名举报的必要性。

二、新浪微博社区规则的内容分析

我国网民已突破5亿。到2012年5月，新浪微博注册用户数已超过3亿，超过

---

① 参见唐佩阳：《新浪微博开罚违规"第一案"》，载《新快报》，2012-05-30。

半数的用户通过移动终端登录。新浪人士透露，目前新浪微博用户平均每天发布超过1亿条微博内容，人均在线时长为60分钟左右。而新浪出台的三个微博社区规则，对微博用户在微博平台的言论内容、用户与网站的关系等进行了规范，将对每一位用户的微博使用行为产生影响。本文对三个规则所涉的重要问题进行分析。

(一) 微博用户的权利及其限制

公约明确了微博用户权利。(1) 用户享有新浪微博账号的使用权，但该使用权不得以任何方式转让。(2) 用户的个人隐私受到保护。与隐私权对应的是网站保护用户隐私的义务。"新浪微博的用户真实身份验证信息由第三方平台保存。对用户隐私的保护是新浪微博的基本政策，用户自行公开、司法机关依照法定程序要求披露的除外。"(3) 用户有设置个性化账号信息的权利（包括：昵称、头像、个人介绍、账号模板等）。(4) 用户拥有发布信息的权利。

明确权利的同时，对权利进行了更细密的限制。在"用户权利"部分就列出权利限制条款。在"用户行为规范"部分，又细列了用户"不得"表达的内容。(1) 用户在本平台的表达不得侵害他人合法权益，不得与现行法律法规和本公约相冲突。(2) 用户不得转让、受让微博账号使用权，不得盗用他人账号。(3) 用户不得恶意通过机器或软件等非人力手段注册微博账号、发布内容或关注他人，经微博官方许可的软件应用除外。(4) 用户设置的个性化账号信息不得设置含有以下内容的账号信息：违反国家法律法规的；包含人身攻击性质内容的；暗示与他人或机构相混同的；包含非法信息的。还强调不得使用隐晦表达等方式规避以上限制。(5) 用户不得发布含有九个方面内容的信息，该"九不准"的内容与《北京市微博客发展管理若干规定》明确的"十一不准"表述不尽一致，但内容明显来自后者。(6) 用户不应发布不实信息。(7) 用户应尊重他人名誉权，不得以侮辱、诽谤等方式对他人进行人身攻击。(8) 用户不得侵害他人隐私。涉及公众利益或经由当事人同意的除外。隐私包括真实姓名、身份证号、电话号码、家庭住址及用户不愿公开的其他个人信息。(9) 用户应尊重他人肖像权，未经他人同意不得擅自使用或修改其肖像。(10) 用户应尊重他人安宁权，不得利用微博骚扰他人。不应以评论、@他人、私信、求关注等方式对他人反复发送重复、近似、诉求相同的信息。(11) 用户应尊重他人著作权。发布他人原创内容需注明出处或带有明显转载标志。

(二) 什么是违规

新浪微博社区公约明确了三类违规行为，分别为发布危害信息（敏感信息、垃圾广告、淫秽色情信息）、发布不实信息和用户纠纷类违规（泄露他人隐私、人身攻击、冒充他人、内容抄袭、骚扰他人），并对三类行为进行了界定。

社区公约将微博用户对三类信息的发布当做三类违规行为。公约规制的到底是微博用户的言论还是行为？事实上三类信息中除了侮辱、诽谤等侵权言论和色情淫秽等低价值言论之外，多数言论属于公民言论自由的范围。

（三）谁来发现违规

用户发布的有违规嫌疑的信息，由谁来发现？或者说谁来启动违规处理的第一道程序？《新浪微博社区管理规定》建立了用户实名举报制度，靠微博用户举报来发现违规信息。具体而言，完成真实身份验证的用户，可通过新浪微博提供的"举报"功能对违规行为进行举报。完成真实身份验证的用户包括：个人认证用户、机构认证用户、微博达人、绑定手机或其他完成身份验证的用户。用户举报的信息是否违规，由站方根据受理条件进行审核。当然，这并不妨碍站方作为互联网服务提供商，对用户发布的信息进行审查、把关，并从中发现违规信息。

（四）谁来处置违规

过去微博内容主要由微博管理员进行内容审查和处理，随意删帖、关闭评论功能甚至封账号，对处理结果微博用户只能被动接受，缺乏有效渠道申辩和维权。新浪出台的三个文件明确了用户行为规范及社区管理机制，并建立了相应的违规处理机制，改变了原先的做法。实行新规后，谁来审查和处理微博内容呢？

微博社区公约明确，对于可明显识别的违规行为，由站方直接处理；其他违规行为，由社区委员会判定后处理。站方服从社区委员会的判定结果。社区委员会由公开招募的微博用户构成。社区委员会分为两类：判定用户纠纷的普通委员会，判定不实信息的专家委员会。普通委员会成员总数量为 5 000 名至 10 000 名，专家委员会成员总数量为 1 000 名至 1 500 名。

在对用户纠纷类、不实信息类两类涉嫌违规行为的判定中，两个社区委员会都是遵循"多数决"的方式，形成判定结果，再由站方据此完成处理。这意味着过去由站方独揽的权力，分给了作为微博用户的"委员"。用户可查阅除危害信息外任何违规的处理过程（自受理之后到完成处理）。查询范围包括已完成处理的和正在处理的。这种做法比过去网站径行处理、处理程序和标准不公开透明的做法确实有较大进步，因此被有的学者称作"微博自律"，甚至被称作"互联网自律的里程碑"[①]。

---

① 参见朱巍：《新浪微博社区公约：互联网自律的一个里程碑》，见光明网，http：//politics. gmw. cn/2012-05/03/content＿4076154. htm。

（五）违规如何处置

对违规行为处置的措施有警告、删除内容、禁言、冻结账号、注销账号、移除虚假粉丝、标注相关信息、扣除信息发布者信用积分、禁被关注、禁止转发、禁止评论、禁止自行删除、撤销认证等 10 多种。

三、微博社区公约：自律还是审查？

从 5 月 28 日微博社区公约试运行开始，新浪微博用户违规举报受理、处理情况如何？登录新浪微博社区管理中心网页，可以看到实时更新的最新数据。截至笔者写作本文的 2012 年 11 月 7 日 16：15，该中心共受理举报 15 807 件，完成判定 15 729 件。"举报处理大厅"列明的举报类别分别有：不实信息、泄露他人隐私、人身攻击、内容抄袭、冒充他人、其他，每一类的举报、处理情况都一一公示，每一个新浪微博用户都可点击进入，看到举报人、被举报人、举报的微博内容标题、被举报人被扣分处理情况等信息。

在接受笔者访谈时，新浪微博负责人表示，社区公约制度就是让网友来治理网友，把过去由网站承担的微博内容审查、处置权交给全体用户，依托用户的举报、委员的投票来裁判和处理违规信息，处理的过程做到公开透明。社区公约实行之前，正是微博快速增长期，用户数量增长很快，但谣言、人身攻击、低俗信息等各类违规信息也层出不穷，给站方带来很大压力。每天接待、处理 10 多万加 V 用户举报，就让站方的服务专员忙不过来。而且原来由站方径行处理违规信息的方式缺乏公开透明的程序，微博用户即使不认可处理结果也没有申诉和维权渠道，这种做法同时也会给站方带来不利影响。站方认为，再不建立规则，微博这个平台就要坏掉了。微博社区公约建立并运行半年，曾经被称作"谣窝"的新浪微博发生了很大变化。社区公约运行之初，不实信息的举报量一天达 5 000 多条，现在每天的举报量不到 1 000 条，用户体验得到较大改善。

在微博信息传播中，网站主办者只是网络服务提供者，而不是网络内容提供者，其地位有别于传统媒体，仅是为用户发布信息提供设施、技术支持和网络平台服务，且对用户发布信息的合法性、真实性无事先审查义务，但有事后的法律审查义务，审查的标准是法律法规的规定和一般的常理，审查的对象是信息的文字，而对信息的内容没有实质审查义务。但在我国，网络服务提供者的注意义务并未减轻。对网络服务提供商的要求，相关法规、规章和规范性文件多表述为：记录提供的信息内容及其发布时间、互联网地址或者域名；并且保存 60 日，并在国家有关机关查询时，予以提供；以及若发现其网站传输的信息明显属于"禁载内容"的，应当立即停止传输，保存有关记录，并向国家有关机关报告。"禁载内容"表现为《互联网信息服务管理办法》中"禁载九条"和《北京市微博客发展管理的若干规定》中"禁载十一条"的规定，这些网络内容管理的规范多为原则性条款，缺乏对此类信息内容进行判定的明确标准，让依据该要求去认定、处理违法言论的网站困难重重，往往对模糊不清的标准采取扩大标准，结果屏蔽了一些未必是有危害的内容。按照法理，与国家、社会公共事务相关的网民言论和信息的合法性，必须由法律授权管理的国家机关进行判断，而且这一判断还应接受司法审查。网络服务提供商的责任在于"第一时间报告机制"。但现实中对网站的要求远不止于此，网络服务提供商仍要承担内容审查的沉重责任。对侵权内容进行审查的法律依据是《侵权责任法》第三十六条，即网络用户、网络服务提供者利用网络侵害他人民事权益的，应当承担侵权责任。网络服务提供商知道或者在被通知存在网络侵权行为时，应及时采取屏蔽、删除等措施，否则需要承担相应的法律责任。微博内容管理实践中，各大门户网站往往根据该条规定，结合相关法规规章有关"禁载内容"条款和政府提供的过滤关键词名单，对政治性和批评性言论、敏感信息甚至情绪宣泄言论进行删除或屏蔽。网站的行为常常引起网民不满和抗议，认为网站危害了表达自由和舆论监督空间。网站成为矛盾的焦点，承受着来自管理部门和网民的"双重压力"。

学者把微博社区公约看做"互联网自律的里程碑"的理由是，社区规则让微博用户参与违规信息处理，做到了"网络之事，网络解决"。违规信息的"内容处理"和"账号处理"两种方式，都以"删除"、"禁止转发"、"禁止关注"等责任方式做出，这些处理手段既使网民权益得到了有效、及时的保护，又尽量避免了将网络纠纷扩大到法律责任的可能性，会使网民更愿意接受。[①] 这种观点的前提是微博信息是否违规、如何处理都应由用户依据相应制度来判断和处置，或者可以说，互联网自律意味着网站的微博管理员应把审查和处置微博内容的"权力"交给用户。但按照《新浪微博社区管理规定》，包括敏感信息、垃圾信息、淫秽色情信息在内的危害信息，由站方直接处理。即使是由网民充任的委员会处理的不实信息、用户纠纷信息、可明显识别的违规信息也是由站方处理。只有不能明显识别的、有争议的信息，才由委员会来判定，站方服从委员会的判定结果。新浪微博透露，目前由委员

---

① 参见朱巍：《新浪微博社区公约：互联网自律的一个里程碑》，见光明网，http://politics.gmw.cn/2012-05/03/content_4076154.htm。

会处理的违规信息只占 20％，80％的违规信息还是由站方直接处理的。委员会处理的信息比例偏低，主要是由于技术原因。[①] 笔者认为，撇开技术限制的因素，从违规信息处理规则和规则实际运行情况来看，《新浪微博社区公约》至多只能算做"局部的自律"或"有限度的自律"，并不是"互联网自律的里程碑"。

公约把违规信息分为危害信息、不实信息和纠纷信息，其中很多内容是网友对与公共利益相关的人和事发表的观点、看法。事实有真伪，但意见无所谓对错。将敏感、刺激或不受人欢迎的意见当做违规信息，按照"多数决"的方式予以删除、禁止转发、禁止关注、禁止评论、禁言、关闭，这样的"自律"实际上构成对公民言论自由的限制或剥夺。当多数决的对象不涉及宪法权利时它是正当的，当用多数决程序剥夺宪法权利时它就是"多数人暴政"[②]。对言论自由的限制，只能依据法律的明确规定。由网站发布的文件来限制言论，即使将这一"权力"交给由微博用户组成的社区委员，也不能因此具有正当性。多数人的意见并不能成为压制少数人意见的理由，以"多数决"的民主方式来限制或剥夺网民言论表达，只能走向言论自由的反面。新浪此举或许能借网友的参与，减轻网站内容审查的责任，有效缓解网站的压力，降低企业风险，但这一看起来公开合理的机制并没有取消网站对内容的审查，还可能强化网友对自己言论的自我审查。

[①] 比如，判定用户纠纷，要由系统从普通委员会全体成员中随机选出 21 位成员组成判定具体案例的普通委员会。判定不实信息，则要由系统从专家委员会全体成员中随机选出 9 位成员构成判定具体案例的专家委员会。但站方发现，随机选出的委员总是集中在其中的几百人小范围委员中，影响了委员的代表性。具体原因还在查找和技术攻关中。另外，微博用户中的手机用户已达 69％，但很多手机端不支持投票系统，影响了委员投票表决。

[②] 参见姜峰：《多数决、多数人暴政与宪法权利》，载《法学论坛》，2011（1）。

图书在版编目（CIP）数据

新闻传播与媒介法治年度研究报告 . 2011—2012/陈绚，张文祥著 . —北京：中国人民大学出版社，2013.4
（中国人民大学研究报告系列）
ISBN 978-7-300-17217-0

Ⅰ. ①新… Ⅱ. ①陈… ②张… Ⅲ. ①新闻学-传播学-法学-研究报告-中国- 2011—2012
Ⅳ. ①D922.164

中国版本图书馆 CIP 数据核字（2013）第 063773 号

中国人民大学研究报告系列
新闻传播与媒介法治年度研究报告 2011—2012
陈 绚 张文祥 著
Xinwen Chuanbo Yu Meijie Fazhi Niandu Yanjiu Baogao

出版发行	中国人民大学出版社			
社 址	北京中关村大街 31 号		邮政编码	100080
电 话	010 - 62511242（总编室）		010 - 62511398（质管部）	
	010 - 82501766（邮购部）		010 - 62514148（门市部）	
	010 - 62515195（发行公司）		010 - 62515275（盗版举报）	
网 址	http://www.crup.com.cn			
	http://www.ttrnet.com（人大教研网）			
经 销	新华书店			
印 刷	北京宏伟双华印刷有限公司			
规 格	185 mm×260 mm　16 开本		版 次	2013 年 4 月第 1 版
印 张	14.5 插页 1		印 次	2013 年 4 月第 1 次印刷
字 数	264 000		定 价	45.00 元